清华大学
电子信息大类课程体系改革与实践

清华大学电子工程系　编著

清华大学出版社
北京

内 容 简 介

　　清华大学电子工程系经过十多年的本科课程体系建设与改革,针对高等教育知识量的膨胀和学时限制之间的矛盾,提出基于"学习理论"的解决思路,创造性地构建七层逐次递进的电子工程学科核心概念体系,并将其统一在"信息载体与系统的相互作用"这一整体架构之下。基于电子信息科学技术知识架构与核心概念体系,建立了以 10 门专业核心课为主体的必修课程群,以及由专业限选课和其他学科基础课组成的自主发展课程群,同时创建了包含专业导引层、核心基础层、综合系统层、前沿贯通层的分层式实验教学体系。

　　本书总结清华大学电子工程系本科课程体系建设经验和发展成果,希望能为相关领域的研究和实践提供有益的参考,为推动中国和全球电子信息学科和高等教育的发展做出积极贡献。本书适合高等院校电子信息大类专业的师生,以及教育界相关人士,如教学管理人员、教育研究人员等参考使用。

图书在版编目(CIP)数据

　　清华大学电子信息大类课程体系改革与实践 / 清华大学电子工程系编著. -- 北京:清华大学出版社,2025.1. -- ISBN 978-7-302-68102-1

　　Ⅰ. G203

中国国家版本馆 CIP 数据核字第 2025BX6974 号

责任编辑:文　怡　李　晔
封面设计:王昭红
责任校对:刘惠林
责任印制:刘　菲

出版发行:清华大学出版社
　　　　　网　　　址:https://www.tup.com.cn,https://www.wqxuetang.com
　　　　　地　　　址:北京清华大学学研大厦 A 座　　　邮　　编:100084
　　　　　社 总 机:010-83470000　　　　　　　　　邮　　购:010-62786544
　　　　　投稿与读者服务:010-62776969,c-service@tup.tsinghua.edu.cn
　　　　　质量反馈:010-62772015,zhiliang@tup.tsinghua.edu.cn
　　　　　课件下载:https://www.tup.com.cn,010-83470236
印 装 者:三河市龙大印装有限公司
经　　销:全国新华书店
开　　本:185mm×230mm　　印　张:16.75　　　　字　　数:330 千字
版　　次:2025 年 3 月第 1 版　　　　　　　　　印　　次:2025 年 3 月第 1 次印刷
印　　数:1~1500
定　　价:75.00 元

产品编号:106666-01

FOREWORD
序

清华大学电子工程系经过整整十年的努力，正式推出新版核心课系列教材。这成果来之不易！在这个时间节点重新回顾此次课程体系改革的思路历程，对于学生，对于教师，对于工程教育研究者，无疑都有重要的意义。

—

高等电子工程教育的基本矛盾是不断增长的知识量与有限的学制之间的矛盾。这个判断是这批教材背后最基本的观点。

当今世界，科学技术突飞猛进，尤其是信息科技，在20世纪独领风骚数十年，至21世纪，势头依然强劲。伴随着科学技术的迅猛发展，知识的总量呈现爆炸性增长趋势。为了适应这种增长，高等教育系统不断进行调整，以把更多新知识纳入教学。自18世纪以来，高等教育响应知识增长的主要方式是分化：一方面延长学制，从本科延伸到硕士、博士；一方面细化专业，比如把电子工程细分为通信、雷达、图像、信息、微波、线路、电真空、微电子、光电子等。但过于细化的专业使得培养出的学生缺乏处理综合性问题的必要准备。为了响应社会对人才综合性的要求，综合化逐步成为高等教育主要的趋势，同时学生的终身学习能力成为关注的重点。很多大学推行宽口径、厚基础本科培养，正是这种综合化趋势使然。通识教育日益受到重视，也正是大学对综合化趋势的积极回应。

清华大学电子工程系在20世纪80年代有九个细化的专业，20世纪90年代合并成两个专业，2005年进一步合并成一个专业，即"电子信息科学类"，与上述综合化的趋势一致。

综合化的困难在于，在有限的学制内学生要学习的内容太多，实践训练和课外活动的时间被挤占，学生在动手能力和社会交往能力等方面的发展就会受到影响。解决问题的一种方案是延长学制，比如把本科定位在基础教育，硕士定位在专业教育，实行五年制或六年制本硕贯通。这个方案虽可以短暂缓解课程量大的压力，但是无法从根本上解决知识爆炸性增长带来的问题，因此不可持续。解决问题的根本途径是减少课程，但这并非易事。减少课程意味着去掉一些教学内容。关于哪些内容可以去掉，哪些内容必须保留，并不容易找到有高度共识的判据。

探索一条可持续有共识的途径，解决知识量增长与学制限制之间的矛盾，已是必需,也是课程体系改革的目的所在。

二

学科知识架构是课程体系的基础,其中核心概念是重中之重。这是这批教材背后最关键的观点。

布鲁纳特别强调学科知识架构的重要性。架构的重要性在于帮助学生利用关联性来理解和重构知识;清晰的架构也有助于学生长期记忆和快速回忆,更容易培养学生举一反三的迁移能力。抓住知识架构,知识体系的脉络就变得清晰明了,教学内容的选择就会有公认的依据。

核心概念是知识架构的汇聚点,大量的概念是从少数核心概念衍生出来的。形象地说,核心概念是干,衍生概念是枝、是叶。所谓知识量爆炸性增长,很多情况下是"枝更繁、叶更茂",而不是产生了新的核心概念。在教学时间有限的情况下,教学内容应重点围绕核心概念来组织。教学内容中,既要有抽象的概念性的知识,也要有具体的案例性的知识。

梳理学科知识的核心概念,这是清华大学电子工程系课程改革中最为关键的一步。办法是梳理自 1600 年吉尔伯特发表《论磁》一书以来,电磁学、电子学、电子工程以及相关领域发展的历史脉络,以库恩对"范式"的定义为标准,逐步归纳出电子信息科学技术知识体系的核心概念,即那些具有"范式"地位的学科成就。

围绕核心概念选择具体案例是每一位教材编者和教学教师的任务,原则是具有典型性和时代性,且与学生的先期知识有较高关联度,以帮助学生从已有知识出发去理解新的概念。

三

电子信息科学与技术知识体系的核心概念是:信息载体与系统的相互作用。这是这批教材公共的基础。

1955 年前后,斯坦福大学工学院院长特曼和麻省理工学院电机系主任布朗都认识到信息比电力发展得更快,他们分别领导两所学校的电机工程系进行了课程改革。特曼认为,电子学正在快速成为电机工程教育的主体。他主张彻底修改课程体系,牺牲掉一些传统的工科课程以包含更多的数学和物理,包括固体物理、量子电子学等。布朗认为,电机工程的课程体系有两个分支,即能量转换和信息处理与传输。他强调这两个分支不应是非此即彼的两个选项,因为它们都基于共同的原理,即场与材料之间相互作用的统一原理。

场与材料之间的相互作用,这是电机工程第一个明确的核心概念,其最初的成果形式是麦克斯韦方程组,后又发展出量子电动力学。自彼时以来,经过大半个世纪的飞速发展,场与材料的相互关系不断发展演变,推动系统层次不断增加。新材料、新结构形成各种元器件,元器件连接成各种电路,在电路中,场转化为电势(电流电压),"电势与电路"取代"场和材料"构成新的相互作用关系。电路演变成开关,发展出数字逻辑电路,电势二值化为比特,"比特与逻辑"取代"电势与电路"构成新的相互作用关系。数字逻辑电路与计算机体系结构相结合发展出处理器(CPU),比特扩展为指令和数据,进而组织成程序,"程序与处理器"取代"比特与逻辑"构成新的相互作用关系。在处理器基础上发展出计算机,计算机执行各种算法,而算法处理的是数据,"数据与算法"取代"程序与处理器"构成新的相互作用关系。计算机互联出现互联网,网络处理的是数据包,"数据包与网络"取代"数据与算法"构成新的相互作用关系。网络服务于人,为人的认知系统提供各种媒体(包括文本、图片、音视频等),"媒体与认知"取代"数据包与网络"构成新的相互作用关系。

以上每一对相互作用关系的出现,既有所变,也有所不变。变,是指新的系统层次的出现和范式的转变;不变,是指"信息处理与传输"这个方向一以贯之,未曾改变。从电子信息的角度看,场、电势、比特、程序、数据、数据包、媒体都是信息的载体;而材料、电路、逻辑(电路)、处理器、算法、网络、认知(系统)都是系统。虽然信息的载体变了,处理特定的信息载体的系统变了,描述它们之间相互作用关系的范式也变了,但是诸相互作用关系的本质是统一的,可归纳为"信息载体与系统的相互作用"。

上述七层相互作用关系,层层递进,统一于"信息载体与系统的相互作用"这一核心概念,构成了电子信息科学与技术知识体系的核心架构。

四

在核心知识架构基础上,清华大学电子工程系规划出十门核心课:电动力学(或电磁场与波)、固体物理、电子电路与系统基础、数字逻辑与 CPU 基础、数据与算法、通信与网络、媒体与认知、信号与系统、概率论与随机过程、计算机程序设计基础。其中,电动力学和固体物理涉及场和材料的相互作用关系,电子电路与系统基础重点在电势与电路的相互作用关系,数字逻辑与 CPU 基础覆盖了比特与逻辑及程序与处理器两对相互作用关系,数据与算法重点在数据与算法的相互作用关系,通信与网络重点在数据包与网络的相互作用关系,媒体与认知重点在媒体和人的认知系统的相互作用关系。这些课覆盖了核心知识架构的七个层次,并且有清楚的对应关系。另外三门课是公共的基础,计算机程序设计基础自不必说,信号与系统重点在确定性信号与系统的建模和分析,概率论与随机过程重点在不确定性信号的建模和分析。

按照"宽口径、厚基础"的要求,上述十门课均被确定为电子信息科学类学生必修专业课。专业必修课之前有若干数学物理基础课,之后有若干专业限选课和任选课。这套课程体系的专业覆盖面拓宽了,核心概念深化了,而且教学计划安排也更紧凑了。

近十年来清华大学电子工程系的教学实践证明,这套课程体系是可行的。

五

知识体系是不断发展变化的,课程体系也不会一成不变。就目前的知识体系而言,关于算法性质、网络性质、认知系统性质的基本概念体系尚未完全成型,处于范式前阶段,相应的课程也会在学科发展中不断完善和调整。这也意味着学生和教师有很大的创新空间。电动力学和固体物理虽然已经相对成熟,但是从知识体系角度说,它们应该覆盖场与材料(电荷载体)的相互作用,如何进一步突出"相互作用关系"还可以进一步探讨。随着集成电路发展,传统上区分场与电势的条件,即电路尺寸远小于波长,也变得模糊了。电子电路与系统或许需要把场和电势的理论相结合。随着量子计算和量子通信的发展,未来在逻辑与处理器和通信与网络层次或许会出现新的范式也未可知。

工程科学的核心概念往往建立在技术发明的基础之上,比如目前主流的处理器和网络分别是面向冯·诺依曼结构和 TCP/IP 的,如果体系结构发生变化或者网络协议发生变化,那么相应地,程序的概念和数据包的概念也会发生变化。

六

这套课程体系是以清华大学电子工程系的教师和学生的基本情况为前提的。兄弟院校可以参考,但是在实践中要结合自身教师和学生的情况做适当取舍和调整。

清华大学电子工程系的很多老师深度参与了课程体系的建设工作,付出了辛勤的劳动。在这一过程中,他们表现出对教育事业的忠诚,对真理的执着追求,令人钦佩!自课程改革以来,特别是 2009 年以来,数届清华大学电子工程系的本科同学也深度参与了课程体系的改革工作。他们在没有教材和讲义的情况下,积极支持和参与课程体系的建设工作,做出了重要的贡献。向这些同学表示衷心感谢!清华大学出版社多年来一直关注和支持课程体系建设工作,一并表示衷心感谢!

王希勤

2017 年 7 月

注:此段文字摘录自"清华大学电子工程系核心课系列教材——丛书序"。核心课系列教材是清华大学电子工程系课程体系建设与改革的重要成果,丛书序详细回顾了此次课程体系改革的整体思路与发展历程,阐述了电子信息科学与技术知识体系的核心架构。这些内容对于本书而言,具有深远的指导意义。

PREFACE
前　言

电子信息科学与技术大类是以物理和数学为基础,研究通过电磁学形式处理信息的基本规律以及运用这些基本规律实现信息系统的专业领域,覆盖信息与通信工程、电子科学与技术、集成电路科学与工程等学科,涉及通信与信息系统、信息与信号处理、电磁场与微波技术、物理电子学与光子学、电路与系统、复杂系统与网络等多个方向。随着社会进步和科技的发展,电子信息领域知识呈爆炸性增长,学科分化越来越细、学科交叉越来越多,更频繁的技术突破、更多大规模系统级的工程技术挑战,都对电子信息领域高等教育提出了新的要求——必须培养具备多个相关学科知识背景以及处理综合性复杂问题能力的人才。

20 世纪 80 年代清华大学电子工程系(以下简称"清华电子系")的培养方案有 7 个细化专业, 20 世纪 90 年代合并成两个专业,2005 年进一步合并成一个专业招生,即"电子信息科学与技术大类"。专业合并的动因正是我们意识到细化专业的培养方案难以给学生提供"宽口径、厚基础"的知识传授和处理综合性问题所必需能力的训练。在这个背景下,清华电子系在 2007 年开始启动课程改革,旨在打通学科壁垒,建立电子信息大类培养课程体系,在本科阶段为学生打下本领域内宽而厚的基础,使学生具有更强的专业拓展性、适应性,以及处理综合性复杂问题的能力,以适应电子信息领域科学技术发展和产业应用的需求。

17 年来,清华电子系围绕课程改革开展了一系列工作。

首先,分析了高等电子工程教育的基本矛盾是知识量膨胀和学时限制之间的矛盾,并基于"学习理论"和"科学革命"理论确定了解决该矛盾的思路。这不仅为本学科的课程体系改革提供了理论基础,还可以扩展到高等工程教育领域的更多学科,具有一定的普适性。清晰的理念和明确的目标是制定并具体实施有效课程改革措施的前提。

"学习理论"告诉我们,任何一个领域的知识都是有结构的。将知识放到一个大的架构体系下学习,有助于掌握和理解,有益于记忆和应用,可以有效提高学习效率。知识体系是建立在为数不多的"核心概念"基础之上的,很多知识内容不过是这些"核心概念"在某种具体条件下的实例。通过梳理电子信息科学与技术的历史进程,以学科"范式"作为选择标准,提炼出 7 层逐次递进的核心概念体系,并统一在"信息载体与系统的相互作用"这一整体架构之下；将其放到从基础数学物理到工程应用系统的层次结构中，梳理出了电子信息科学与技术的知识体系，为课程体系的规划提供了理论依据。

在梳理出知识体系的基础上构建起了新的课程体系。新构建的课程体系由专业核心课和限选课构成。从本学科知识体系的核心概念及其相互关系出发，将原有的 14门专业基础课凝练成 9 门核心课，新增加了一门核心课"媒体与认知"，构成 10 门专业核心课。这 10 门专业核心课涵盖了本学科的核心概念和主要案例，学生在学完这 10门课程后，将具备本领域涉及的若干学科的所有专业知识基础。这 10 门核心课改变了原有各门课程自成体系的状况，在"信息载体与系统的相互作用"这一核心概念下将本学科的核心概念纳入一个整体的知识构架，明确了核心概念及其案例的内在联系，有利于学生对本学科知识的理解、掌握、记忆、运用，在改善教学效果的同时可以有效提高教学效率。在此基础上，建设了由 30 门专业限选课和数十门其他专业的基础课组成的自主发展课程群，满足学生多样化发展的需求，学生可以根据兴趣和就业预期选择限选课。新的课程体系在 2018 年的国际学科评估中得到麻省理工、斯坦福等高校校长或系主任的高度评价。

为了让学生了解本学科的知识体系，从 2009 年开始我们面向大一新生开设了"学科导引课"，旨在引导新生了解电子信息学科知识体系的架构，初步建立学科知识的核心概念，理解课程体系设置与培养计划安排的背景，激发专业自豪感、认同感和学习兴趣，同时也为学生选课和确定主攻方向打下基础。

同时，加强实验教学中心和实验教学的师资队伍建设，形成基于贯通式综合实验平台的多层次实验课程体系，贯穿以实验导引类、专业基础类、综合系统类和实验前沿探索类的实验课程群。培养学生的专业志趣和综合工程系统能力及创新能力，提出并实践"赛课结合"的学生工程能力培养模式——以比赛牵引实践课程学习，以课程学习提升赛事质量。

课程改革取得初步成果。多门课程入选国家级线下一流课程和清华大学标杆课，出版了 8 本核心课程教材；与清华大学出版社联合发起了"高校电子信息类课程教学改革研讨会"（共 8 期），成功举办了"高校电子信息核心课程研讨会"（共 5 期），2020 年通过全球融合课堂、未央课堂、克隆班、慕课等多种融合教学方式，推广核心课教学；建立了实验技术成果转化机制，产品推广到全国高校电子信息类专业，在实验教学中起到引领和示范作用。

为进一步产生国际影响力，构建了国际化的教育体系和教学环境，推进了专业核心课程的全英文课堂建设，完成了 9 门专业核心课的英语课堂的建设，开课 4 年来选课人数已超过每年 300 人次。开启了"TOP EE ＋"世界顶尖高校电子信息学科学生交流项目，通过不同文化背景的学生的共同学习和实践，为清华学生提供国际化的培养环境和学习体验。

　　本书内容全面汇总了清华电子系基于现代学习理论和专业知识架构的课程体系改革的成果,在给出培养理念与培养方案的基础上,逐门展示了专业核心课、限选课、实验课的课程定位、目标、大纲详细内容,同时介绍了"因材施教"培养项目、课程思政建设以及教材建设情况。

　　人才培养是学校的根本任务。清华电子系历时 17 年的课程改革,旨在满足拔尖创新型电子信息科学与技术的人才培养的需求。在课程改革的过程中,清华电子系的教师积极参与,投入了大量的时间和精力,每门课程的建设都凝聚了很多教师的辛勤劳动。围绕着各门课程的进一步优化调整、高水平主讲教师队伍的建设、英文教材的编写以及课程改革效果评估等多项工作,清华电子系的课程改革工作仍在继续推向深入。

黄翊东

2024 年 11 月

CONTENTS
目 录

第 1 章

培养理念与培养方案

1.1 教学改革思路

目前我国高等工程教育的人才培养存在高层次拔尖创新型人才匮乏、人才开拓创新能力不强、工程实践能力训练不足、国际化视野不够开阔等问题。为适应学科发展及人才培养的需要,清华大学电子工程系于 2007 年启动本科课程体系改革,针对高等教育知识量的膨胀和学时的限制之间的矛盾,提出了基于"学习理论"的解决思路,梳理出了电子信息科学与技术的知识架构和核心概念体系,为课程体系的规划提供了理论依据。在此基础上,清华大学电子工程系经过十多年的本科课程建设,从根本上"删削述正",完成了基础性、整体性的创新探索,在电子信息类本科教学方面探索出一条理论与实践相结合的新路。相关教学成果获 2012 年和 2022 年北京市教学成果一等奖。具体成果包含以下 5 部分。

(1)基本矛盾分析。提出高等电子工程教育的基本矛盾是知识量的膨胀和学时的限制之间的矛盾,并提出了基于"学习理论"解决基本矛盾的思路。明确了课程改革的理念和切入点,为制定和具体实施有效的改革措施提供了前提。该成果不仅为本学科的课程体系改革提供了理论基础,还可以扩展到高等工程教育领域的更多学科,具有一定的普适性。

(2)知识架构梳理。通过梳理电子信息科学与技术的历史进程,以学科"范式"作为选材标准,提炼出 7 层递进的电子工程学科核心概念体系(见下图),并将其统一在"信息载体与系统的相互作用"这一整体架构之下。该体系结构严谨,覆盖面宽,渗透性强,为课程体系的规划提供了理论依据。通过开设"电子信息科学与技术导引"课程,引导新生了解学科知识体系架构,初步建立学科知识的核心概念,理解课程体系设置与培养计划安排的背景,激发新生的学习兴趣和专业自豪感、认同感。

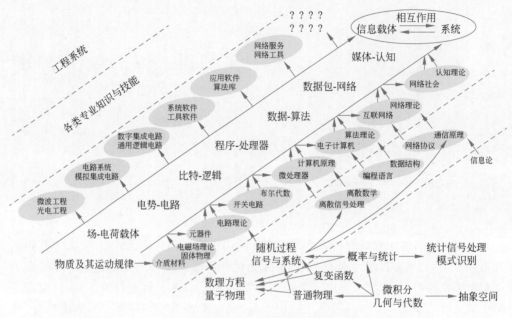

电子信息科学与技术知识体系 MAP 图

（3）课程体系建设。基于全新的理念,打通了"信息与通信工程"和"电子科学与技术"两个一级学科,建立以 10 门专业核心课为主体的课程体系（见下图）,帮助学生奠定宽广而厚实的专业基础,同时节省了必修课的学分；并建成由专业限选课和专业任选课组成的自主发展课程群,推动学生"因材施教"和多样化发展。创建了包括专业导引层、核心基础层、综合系统层、前沿贯通层的实验教学体系。面向大一学生采用"电子系统专题设计与制作"课程与"电子系硬件设计大赛"联合培养方案,鼓励学生从 0 到 1 完成系统实现,帮助学生建立专业认识,培养专业兴趣；建设了高年级的综合系统实验课程群,培养学生综合运用多门课程知识深入分析和设计完整信息系统的能力,创造多元学科融合的科研与工程实景训练的新模式。新课程体系内涵严谨、核心概念凝练、层次鲜明；既有基础知识的宽度,又有专业知识的深度；不仅为学生打下扎实的学科基础,也为学生根据各自的兴趣选择专业课程开辟了广阔的空间。在课程建设过程中,电子工程系 3 门课程入选国家级一流本科课程,11 门课程入选清华大学精品课,核心课授课教师获得北京市高等学校青年教学名师奖、北京市高校青年教师教学基本功大赛奖等荣誉。新课程体系在 2018 年的国际学科评估中得到来自麻省理工学院、斯坦福大学等高校校长或院系主任的高度评价,并被强烈建议在世界范围内宣传和推广——"要不断扩大影响力,积极推广自身经验和发展成果,为推动中国和全球电子信息学科和高等教育的发展做出更大贡献。"

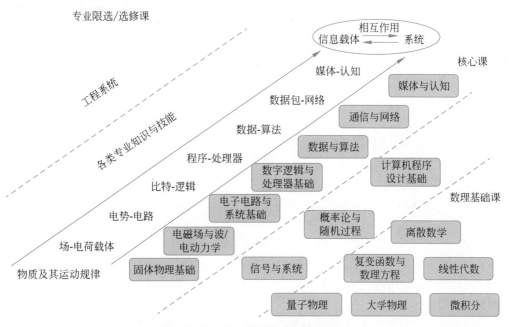

以 10 门专业核心课为主体的课程体系

（4）育人模式探索。为加强学生的价值引导与人格塑造，在专业课中推进课程思政建设，针对 5G、"北斗三号"系统建设中的"卡脖子"难题等，培养学生的民族自豪感、社会责任感以及不畏艰辛、艰苦奋斗、自主创新的精神。针对学生工程实践能力培养，提出"赛课结合"培养模式，打造了"硬件设计大赛""智能无人机挑战赛"两项清华大学三星级赛事，并将其与课程教学深度结合，以比赛牵引实验课程学习，以课程学习提升赛事质量。针对学生国际化视野的提升，构建了国际化的教育体系和教学环境，完成了所有 10 门本科专业核心课的全英文课堂建设；开启了"TOP EE＋"世界顶尖高校电子信息学科学生交流项目，已与 UC Berkeley 等 7 所国际顶尖高校签约，录取学生与清华学生一起参加学习和实践，为不同文化背景的学生提供深度交流的机会，形成国际化的培养环境。

（5）成果经验推广。积极宣传教学理念，并通过多种途径推广课程改革成果，起到引领和示范作用。电子工程系已出版的核心课系列教材在国内多所高校得到应用，多本教材获国家级、市级、校级优秀教材奖；举办的教学改革研讨会与师资培训班吸引了百余所高校和千人次教师参与；完成多门实验课程的多项实验仪器的产品转化及量产工作，提供 80 多项具体实验内容，并将实验教具在全国高校电子信息类专业实验教学中推广；通过未央课堂、克隆班、全球融合课堂等多种融合教学方式，向国内外学生推广核心课程教学。

电子工程系的本科课程建设不是简单的借鉴，也不是简单的修补，而是从根本上的"删削述正"，是基础性的、整体性的创新。这种创新不仅对教育教学的发展意义重大，更进一步深化了对学科基本问题的理解，对于在科研方面占领新的制高点具有很强的指导意义，影响深远。

1.2　电子信息科学与技术专业本科培养方案

1.2.1　培养目标

（1）掌握电子信息科学与技术领域的基础理论和技术方法。

（2）具备使用科学和工程原理进行创新和实践的能力，善于沟通与协作。

（3）有志趣且有能力在本专业或其他领域继续深造，获得职业道路上持续发展的能力。

（4）具有社会责任感和广阔视野，在产业发展和社会进步方面发挥推进和引领作用。

1.2.2　培养要求

电子信息科学与技术专业本科毕业生应达到以下知识、能力和素质的要求。

（1）运用数学、科学和工程知识的能力。

（2）设计和实施实验及分析和解释数据的能力。

（3）考虑在经济、环境、社会、政治、道德、健康、安全、易于加工、可持续性等现实约束条件下，设计系统、设备或工艺的能力。

（4）团队合作的能力。

（5）发现、提出和解决工程问题的能力。

（6）对电子信息科学与技术专业的职业责任和职业道德的理解。

（7）有效沟通的能力。

（8）具备足够的知识面，能够在全球化、经济、环境和社会背景下认识工程解决方案的效果。

（9）对于终身学习的认识和实施能力。

（10）具备从电子信息科学与技术专业角度理解当代社会和科技热点问题的知识。

（11）综合运用技术、技能和现代工程工具进行工程实践的能力。

1.2.3　课程设置与基本学分要求

以 2023 级培养方案为例：总学分 156 学分，其中全校统一设置课程（校级通识教育课程）47 学分，专业教育课程 109 学分（包括基础课程 34 学分、专业主修课程 48 学分、实践训练环节 15 学分、专业限选课 12 学分）。

1. 校级通识教育课程（47 学分）

（1）思想政治理论课（18 学分）。
（2）体育（4 学分）。
（3）外语（8 学分）。
（4）写作与沟通课（2 学分）。
（5）通识选修课（11 学分）。
（6）军事理论与技能训练（4 学分）。

2. 专业教育课程（109 学分）

1）基础课程（34 学分）

（1）数学（20 学分）。

课 程 名 称	学　　分
高等微积分(1)	5 学分
高等微积分(2)	5 学分
线性代数	4 学分
离散数学	3 学分
复变函数与数理方程	3 学分

（2）物理（14 学分）。

课 程 名 称	学　　分
大学物理 A(1)	4 学分
大学物理 A(2)	4 学分
物理实验 B(1)	1 学分
物理实验 B(2)	1 学分
量子与统计	4 学分

2）专业主修课程（48 学分）

（1）专业核心课（43 学分）。

课 程 名 称	学　　分
计算机程序设计基础(1)	2 学分
计算机程序设计基础(2)	3 学分
电子电路与系统基础(1)	2 学分
电子电路与系统基础(2)	2 学分
电子电路与系统基础实验(1)	1 学分
电子电路与系统基础实验(2)	1 学分
数据与算法	3 学分
信号与系统	4 学分
MATLAB 高级编程与工程应用	2 学分
数字逻辑与处理器基础	3 学分
数字逻辑与处理器基础实验	2 学分
通信与网络(含实验)	4 学分
电磁场与波/电动力学	3 学分
固体物理基础	3 学分
概率论与随机过程(1)	2 学分
概率论与随机过程(2)	3 学分
媒体与认知	3 学分

（2）必修环节（5 学分）。

课 程 名 称	学　　分
电子信息科学与技术导引	1 学分
物理电子学基础实验	1 学分
电磁场与微波实验	1 学分
电子系统专题设计与制作	2 学分

3）实践训练（15 学分）

课 程 名 称	学　　分
生产实习	3 学分
综合论文训练	12 学分

4）专业限选课（≥12 学分）

要求选修电子系限选课目录中的课程不少于 12 学分，其中标 * 的实验课不少于 1 门。

电子信息科学与技术专业限选课目录：

课 程 名 称	学 分	备 注
数字信号处理	3 学分	
微波与光波技术基础	3 学分	
视听信息系统导论	3 学分	
操作系统	3 学分	
数字系统设计	3 学分	
模拟电路原理	3 学分	
编码引论	3 学分	
天线原理	2 学分	
通信电路	3 学分	
数字图像处理	3 学分	
信息光电子学基础	3 学分	
统计信号处理基础	3 学分	
通信信号处理	3 学分	
现代计算机体系架构	3 学分	
语音信号处理	3 学分	
通信系统	3 学分	
射频通信电路	3 学分	
光通信技术	3 学分	
信息网络原理与设计	3 学分	
数字集成电路分析与设计	3 学分	
通信电路实验	1 学分	实验课
通信原理实验	2 学分	实验课
基于数字信号处理器的系统设计	2 学分	实验课
微波电路设计	2 学分	实验课
光电子技术实验	2 学分	实验课
*电子系统设计	2 学分	实验课
*智能机器人设计实践	2 学分	实验课
*智能无人机技术设计实践	2 学分	实验课
*光电综合系统专题实验	2 学分	实验课
*通信系统专题设计	2 学分	实验课

1.3　电子信息科学与技术专业选课指导

电子信息科学与技术专业课程设置可参见下面的图表。

秋季学期

第一学年	学分	第二学年	学分	第三学年	学分	第四学年	学分
体育(1)	1	体育(3)	1	量子与统计	4	固体物理基础（限定）	4
思想道德与法治	3	马克思主义基本原理	3	概率论与随机过程(2)	3	专业限选	
英语(1)	2	英语(3)	2	通信网络	4	通识选修课	5
高等微积分(1)	5	复变函数数理方程	3	专业限选	4	综合论文训练（开题）	
线性代数	4	大学物理 A(2)	4	通识选修课	2	体育专项(3)	
离散数学	3	物理实验(1)	1	体育专项(1)			
计算机程序设计基础(1)	2	电子电路与系统基础(2)	2				
写作与沟通	2	电子电路与系统基础实验(2)	1				
		数据与算法	3				
学分合计	22	学分合计	20	学分合计	17	学分合计	9

春季学期

第一学年	学分	第二学年	学分	第三学年	学分	第四学年	学分
体育(2)	1	体育(4)	1	毛泽东思想和中国特色社会主义理论体系概论	2	综合论文训练	12
英语(2)	2	英语(4)	2	习近平新时代中国特色社会主义思想概论	2	体育专项(4)	
中国近代史纲要	3	信号与系统	4	固体物理基础	3		
高等微积分(2)	5	物理实验(2)	1	媒体与认知	3		
大学物理 A(1)	4	概率论与随机过程(1/2)	2	电磁场与微波实验	1		
电子电路与系统基础(1)	2	数字逻辑与处理器基础	3	专业限选	4		
电子电路与系统基础实验(1)	1	数字逻辑与处理器基础实验(1/2)	1	通识选修课	2		
计算机程序设计基础(1/3)	1	电磁场与波/电动力学	3	体育专项(2)			
电子信息科学与技术导引(1)	1	通识选修课	2				
形势与政策(1)	2	四史课程（四选一）	1				
学分合计	22	学分合计	20	学分合计	17	学分合计	12

续表

	第一学年	学分	第二学年	学分	第三学年	学分	第四学年	学分
夏季学期	电子系统专题设计与制作(2)	2	物理电子学基础实验	1	生产实习	3		
	计算机程序设计基础(2/3)	2	MATLAB 高级编程与工程应用	2				
			数字逻辑与处理器基础实验(1/2)	1				
			思政实践课	2				
	学分合计	4	学分合计	6	学分合计	3		

注 1：军训 4 学分，入学教育期间完成。总学分 156。

计算机程序设计基础 3 学分，分别在春（1 学分）夏（2 学分）2 个学期完成。

数字逻辑与处理器基础实验 2 学分，分别在春夏 2 个学期完成，各 1 学分。

注 2：每个学期基础课程和专业课程的学分总量是严格控制的，既有"全面发展"的考虑，也是"学制有限"的具体体现，是课程改革背后的动因。

第 2 章

"因材施教"培养项目

2.1 总体目标和培养方式

电子信息类实施"因材施教"培养项目,致力于在大类培养的基础上为学有余力、专业兴趣明确的学生提供专门的科研指导、产业实践和学术研修条件,进一步激发学生专业志趣、开拓行业视野、培养科研能力、形成创新思维,促进本科生高质量和多样化培养。

党的十八大以来,习近平总书记把创新摆在国家发展全局的核心位置。早在 2018 年,教育部就印发了《关于加快建设高水平本科教育 全面提高人才培养能力的意见》,提出科教协同理念,并指出:"推动国家级、省部级科研基地向本科生开放,为本科生参与科研创造条件,推动学生早进课题、早进实验室、早进团队。"为了响应国家人才培养战略,赋予学生相关领域的良好理解,为学生以后的科研选择提供更多机会。通过本课程的改革创新,不断更新教学内容,可以较好地激发学生的科研兴趣。同时,寻求新型教学方法来提升学生的科研素养,利用多元课程考核方式来培养学生的综合素养。

电子工程系因材施教,采用"虚拟班"方式运行,通过申请-遴选方式面向全校选拔优秀学生进入"因材施教班集体",保留原本的培养方案,同时在课外和培养方案中,部分课程提供特殊的教育资源,在培养过程中还采取"动态选拔"的方式退出和补录部分学生。

目前计划涵盖"光电子""人工智能＋系统""集成电路""未来通信"等方向。该计划自 2021 年实施以来,已有约 150 名学生参加。学生获得了清华大学"人工智能挑战赛"特等奖、"软件设计大赛"特等奖、"硬件设计大赛"特等奖、"华为大学生无线基站'算法与建模'创新大赛"一等奖以及 RobomasterSim2Real、"挑战杯"等赛事的奖项。

2021年全新推出！！！

■ 项目特色

- ■ 方向选择：面向国家重大需求和重点前沿领域
- ■ 培养模式：课内课程学习+课外科创实践紧密结合
- ■ 学术研究：配备**学术导师**指导科研、科创课题
- ■ 资源匹配：奖学金、海外研修、产教融合、科创经费……
- ■ 人才选拔：申请审核及动态选拔制、双向选择学术导师

> 师资、课堂、科研、课外培养等各环节均给予大力度资源和政策支持！

光电子方向
- ■ 学术前沿探索
- ■ 本博贯通培养
- ■ 国际高校联盟

AI+系统方向
- ■ AI+系统软硬结合
- ■ 赛课结合海外研修
- ■ 国家实验室双导师

集成电路方向
- ■ 国家重大需求
- ■ 一师一队一芯
- ■ 产教融合培养

未来通信方向
- ■ 前沿需求引领
- ■ 开放定制系统
- ■ 产研名家指导

"因材施教"培养项目整体设计

2.2 光电子方向

2.2.1 培养目标

面向光电子领域科技前沿创新，通过引导学术志趣、匹配学术导师、精细化培养科研能力，培养光电子创新拔尖人才。

项目配置定制课程体系，大一下开设新生研讨课"光的技术：提升人类生活"，由信息光电子研究所教研系列教师轮流授课，使学生了解各导师的相关学术方向。在此基础上，大二以后为每位学生匹配学术导师，开展科研训练，并选修"电子信息科学技术探索与实践"系列课程配合项目开展，其中设置开题、中期汇报、结题答辩环节。每年度评估学生课程学习状态，跟踪学生发展。

项目前两学年为拓展环节，开设线上/线下行业专家学术讲座与培训，举办光电知识竞赛；组织寒假产业冬令营，调研光电子相关产业，拓宽学生知识视野，引导行业志趣。后两学年为进阶环节，学生进入相应课题组开展学术研究，完成定制化科研子任务，参与发表学术论文与申请发明专利。鼓励学生凭科研成果参与各类科创比赛和光电子领域学术会议。依托国内光电子人才培养高校联盟举办暑期学校，组织学生交流学术成果，大三暑假由学生自主申请或学术导师推荐赴海外研修5周以上。

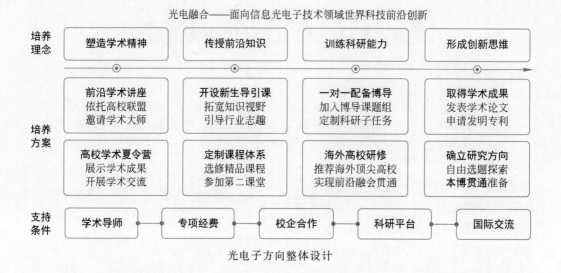

光电子方向整体设计

2.2.2 实施方案

光电子方向实施方案

年 级	时 间	工 作	具 体 内 容
大一预备班	上学期期中后	完成招生,组成预备班	全校约20人
	大一寒假	产业冬令营	参观全国各地的光电子企业
	学期中	新生研讨课、学术讲座	新生研讨课由信息光电子研究所教师授课
	大一暑期	学术夏令营	和国内高校一起举办暑期学校
大二正式成立	大二上	面向电子工程系重新招生	不超过20人规模
	学期中	科学研究、学术讲座	配备学术导师,在导师指导下开展研究
	大二寒假	产业冬令营	参观全国各地的光电子企业
	大二暑假	学术夏令营	和国内高校一起开展暑期学校
大三	大三上	评估	评估科研和学校情况,发放奖学金
	学期中	科学研究、学术讲座	在导师指导下开展研究
	大三寒假	产业或学术冬令营	与国内高校、企业交流
	大三暑假	海外研修	赴海外开展不少于5周的学术交流和研修
大四	大四上	评估	评估科研和学习情况,发放奖学金
	全年	毕设	评估优秀且系内推研者可选修博士生课程

2.2.3 活动案例

第一届光电子项目开展以来,在学术培养、产业实践、班级建设等多个方向都开展了丰富的活动,为学生提供了充分的学习和发展空间。

在学术培养上,项目配套的新生研讨课"光的技术:提升人类生活"每周安排一位电子系信息光电子研究所的教授进行专题讲座,介绍一个光电子领域,为学生的学科认识打下基础,并为之后的科研方向与导师选择提供了解机会。课程之外,项目还定期邀请国内外学者、产业打卡来访交流和举行报告会,进一步拓展学生的科研和应用视野。项目还积极结合研究生阶段资源开展活动,如在系庆开放日安排光电子研究所各实验室研究生为项目学生介绍实验室情况,组织学生参加研究生学术人生讲座,参与博士生论坛等,打通本科和研究生培养体系之间的联系。

在寒假的产业实践中,项目组织学生前往华为、一径科技、京东方等光电子产业的相关公司进行参观学习,近距离了解光电子各领域在技术化、产业化道路上的发展情况,探讨各应用领域的发展和需要以及对学术研究的启发和指导。在学期中的周末,项目组织学生前往南京大学进行交流实践,开展学术报告、实验室参观、师生小组交流等活动,推动光电子因材施教项目学生与南京大学师生开展交流,共同学习进步。

在班级建设上,项目定期通过午餐会、晚餐会等形式组织学生进行团建和交流,营造开放、积极、和谐的班级氛围。在暑假期间,项目精心组织了光电知识竞赛,并为表现突出的学生准备了丰厚的奖品,提高了学生的学习和交流热情。在大二上学期,通过学生和导师双选的形式,为项目所有学生确认了一对一导师,每位学生可以在导师的指导和各实验室资源的支持下有个性地安排自己的发展规划。

参与了一系列学术、实践、班级建设活动后,参与光电子因材施教项目的学生也有了自己不同的体会和收获:"光电子因材施教项目邀请光电子研究所的教师,轮流开设讲座向大一学生通俗地介绍自己所在的研究领域,为缺少知识储备的我提供了珍贵的学习机会。项目在大二上匹配学术导师,让我得以亲自参与到科研实践中去,从最开始的旁听组会、学习技能,到参与一项工作、负责一个小任务,再到亲自开展一个科研项目……我在因材施教项目中得到了快速成长。此外,每两周一次的学术讲座也让我了解了许多不同领域的研究难点、处理与解决问题的思路等,在开阔视野的同时也启发了自己的科研思路。"

"加入因材施教计划以来,我参加了很多想象中研究生才能接触的活动:参观实验室,访问公司、友校,听组会,乃至参与到实验室工作当中。从让师生互相了解的课程,到各个方向的教授、工程师、企业代表的讲座;从双选一对一匹配导师的计划,到听组会、跟实验的'惊喜';从老师们的精心安排,到午餐会上大家的欢声笑语——这里是一个快乐而全新的集体,也是我们在光电起航的港口,指引着我们在点亮世界的道路上努力前行。"

"一年多来,通过参加因材施教光电子项目的参观和讲座专业学术活动,让我们了解到无论做产业还是做研究都要把所学的知识用到实际上,从数学建模分析,理论联系实践,动手实验、做数据分析,到得出结果。科研依靠物理直觉,科研风格影响科研的产出。光电子技术对各领域的应用做了很大的贡献,尤其是化验、分析、诊断等更是越来越依赖光电设备,实现更快、更精、更准。光子、电子理论知识与应用领域的专业知识相结合,促进了物理学的飞速发展,推动化学、生物、医学等方面的发展,人类由电气时代进入了信息时代。"

2.3 "人工智能+系统"方向

2.3.1 培养目标

面向人工智能国家战略和热点前沿,配备学术导师和国家实验室/头部企业双导师,参加 AI 挑战赛,构建软硬结合的 AI 系统。提升学生 AI 系统思维和综合创新能力,培养复合型 AI 拔尖人才。

项目打破按部就班的学习模式,在电子工程系核心课之外,为学生量身打造"前沿课""学术能力培养"和"科研实践"等培养方案,具体包括:企业参观,寒/暑假期间参观人工智能行业知名的公司和相关实验室,了解国家和社会需求;企业实践,大二、大三

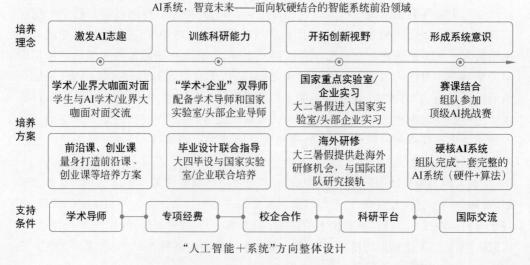

AI系统,智竞未来——面向软硬结合的智能系统前沿领域

"人工智能+系统"方向整体设计

的寒/暑假到实验室或者公司实习,在实践中培养自主发现产业亟待解决真问题的能力;校企/名家讲座,提供与 AI 相关学术/业界大咖面对面交流机会,与行业学会、国家重点实验室、国家研究中心等活动联动;AI 挑战赛,鼓励学生参与 AI 相关的比赛,在比赛中进一步提升算法和系统实现的能力。

2.3.2　实施方案

"人工智能＋系统"方向实施方案

年级	时间	计　划	具体程序及要求
大一上	期中后	完成招生	大一 20 人
	寒假	国家实验室/企业参观	为期 1～2 天
大一下	学期中	参观实验室 AI 学术/业界大咖交流活动 内部交流活动:如跨年级交流等	参观各导师实验室 学术交流每学期至少一次 内部交流每学期至少一次
	暑假	企业/地方政府参观调研	组队到企业/地方参观调研
大二上	学期初	进入实验室	学期初完成二次遴选,学术导师交流,进入实验室
	学期中	AI 挑战赛(预备参与) AI 学术/业界大咖交流活动	挑战赛至少一次 学术交流至少一次
	寒假	AI 系统短期集训	AI 系统基本技能
大二下	学期初	配备企业导师	配备企业导师,与企业导师(组)进行交流
	学期中	AI 系统设计、准备 内部交流活动,如奇思妙想等	内部交流至少两次
	暑假	国家实验室/头部企业实习实践	5 周,明确具体的目标与预期成果
大三上	学期中	AI 挑战赛(主力成员) AI 学术/业界大咖交流活动	挑战赛至少一次 学术交流至少两次
	寒假	AI 系统短期集训	AI 系统提高技能
大三下	学期中	AI 系统构建	组队进行
	暑假	海外研修/企业实习	5 周,明确具体的目标与预期成果
大四	大四初	AI 系统展示	汇报＋展示,开放活动
	学期中	AI 挑战赛(智囊顾问) AI 学术/业界大咖交流活动 内部交流活动,如创业头脑风暴等	挑战赛可选 学术交流至少一次 内部交流至少一次
	学期中	毕业设计	国家实验室/企业研究院导师联合指导毕业设计

2.3.3　活动案例

第一届学生招生以来,"人工智能＋系统"班已经赴微软亚研院、华为、百度、阿里、商汤、思特威、第四范式、上海人工智能实验室、之江实验室、西湖大学、香港大学、香港中文大学、香港科技大学等单位参观实践。学生参观了微软新世界,体验了微软亚研院的 VR、AR、语音合成等多项"黑科技";了解了百度的发展历程,还上车体验了百度的户外无人车;参观了商汤在大规模 AI 平台方面的工作以及在智慧城市等方面的前沿成果;学习了思特威公司的发展历程和前沿技术,以及图像传感器芯片的行业动态。通过这些参观实践,学生亲身感受了不同类型的科研机构以及企业公司,体验了 AI 发展的行业动态和时代脉搏。

"人工智能＋系统"班成立以来,在原来行政班的基础上,为入围学生打造了一个新的"大家庭"。班级开展了一系列活动:艺博咖啡店的破冰相识,上海实践之旅班级小聚,电子工程馆咖啡厅的汇报交流,雁栖湖参会期间户外活动……通过这些班级活动,建设了积极向上的班级文化,营造了温馨和谐的班级氛围。

"人工智能＋系统"方向已经组织了多场学术交流活动和培训,参加了 2022 年和 2023 年国际人工智能会议,多个单位的学术大咖、技术总监、首席研究员等给学生做了精彩报告,并在会后与学生进行了深入的交流。上海人工智能实验室主任汤晓鸥教授、澳大利亚科学院院士陶大程教授、中国工程院院士戴琼海教授与学生面对面亲切交谈,回答学生提出的问题,并鼓励学生进行原始创新、成长成才,为 AI 学术和产业发展贡献力量。

通过这一系列活动,"人工智能＋系统"班学生收获颇多,学生表示:"如果用一个词来形容因材施教活动给我的感受,那么应该是'大开眼界'。暂时放下书本、到企业和实验室进行参观交流,实践让我对于'人工智能＋系统'相关领域的科研以及产业有了全新的体会。在参观时的一次次惊叹中,在前辈们的讲座交流中,在和老师、同学的讨论中,我对自己的发展方向有了更加深入的思考,收获了智慧、眼界与成长。希望我能在'人工智能＋系统'这个领域一步一个脚印、踏踏实实一直走下去,做出自己的一份贡献。"

"因材施教实践包含了太多'第一次',第一次参加寒假实践、第一次参观企业、第一次和实验室的研究员交流……在展厅中我们看见了自动驾驶、混合现实等前沿科技,在报告中我们感受了项目研发的细节与艰辛,但最让我印象深刻的,还是所有参观的单位都告诉我们的那句'你们是未来的希望'。作为大一新生,我从这份期望中真切地感受到了身上的责任,更从中获得了前进的力量。进入清华,进入电子工程系,不断学习、不断进步不仅是我们自己的提高,也是一份义务与责任。实践是一次开阔眼界、丰富知识的经历,也将成为督促我不断前进的动力。"

2.4 集成电路方向

2.4.1 培养目标

面向集成电路国家重大需求和前沿技术,开展集成电路课程教学、企业报告、导学交流、产业实践等活动,基于一队一芯的特色项目,培育集成电路领域拔尖创新人才。

项目发挥电子工程系产教研结合的优势资源,引导学生在集成电路领域的学术与产业志趣,旨在培养我国在集成电路领域的中坚力量。项目安排了集成电路相关的企业参观、课程教学、校企共建讲座、导学交流、产业实践等活动。在此基础上,项目组将为学生在大二暑假开设芯片设计全流程课程,项目组各位导师分别带领一个本科生团队完成一颗芯片的设计与流片,使得学生在本科阶段就可以参与芯片流片,为在集成电路方向上有志趣的学生提供实践平台,提高我国集成电路学科本科生培养的水平。

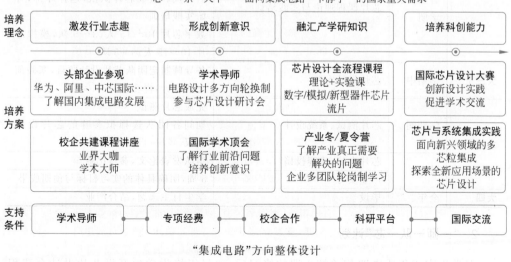

"集成电路"方向整体设计

2.4.2 实施方案

1."集成电路"方向实施方案

年级	时间	工　作	具体程序及要求
大一上	期中后	完成招生	大一 20～30 人
	寒假	制造企业参观	为期 1～2 天,北京市内
大一下	学期中	集成电路校企共建系列讲座 1	注重集成电路的发展历程与现状,研究所教师邀请学术/产业大咖报告并主持,每周/月固定时间 1 次
	暑假	设计企业参观	组队到 2 个或 3 个企业见习,不同电路设计团队,广泛了解集成电路的各方向
大二上	学期	配备学术导师、参与学术研讨	学期初完成二次遴选,配备学术导师,参与导师研究小组研讨会
	学期中	集成电路校企共建系列讲座 2	了解产业的需求与难点挑战
	寒假	新型器件制造企业参观	了解行业新需求
大二下	学期	交换学术导师、参与学术研讨	配备新学术导师,参与导师研究小组研讨会
	学期中	集成电路校企共建系列讲座 3	了解学术研究的新动态
	暑假小学期	芯片课程理论与实践培训	第一周:学习理论,分 4 个模块,包括数字、模拟、EDA 工具、新器件 后 3 周:组成芯片队伍,选择导师,开始实践培训 数字芯片 10～15 人、3～5 队,模拟芯片 10～15 人、3～5 队
大三上	学期中	芯片设计实践	各导师制定团队芯片设计题目,寒假前完成设计,提交流片
大三下	学期间	芯片测试、系统设计	完成芯片测试 期间各团队选择拟参赛的芯片设计会议
	暑假	芯片会议/比赛投稿	组队发表论文,参与比赛
		产业实习	5 周,明确具体的实习目标与预期成果
大四	全年	毕设	学生自主选题,结合产业

2."一师一队一芯"计划

在学生完成集成电路相关核心课的修习后,项目组将为学生开设芯片设计全流程课程。课程涵盖集成电路两大主流分支,开设理论教学与实验课程,为学生奠定集成电路设计的知识基础与基本实践能力。更重要的是,通过该实践课程,帮助学生发现在集成电路专业方向上的兴趣。进而,在大三阶段,学生能够更好地选择导师,参与并完成"一师一队一芯"的芯片设计科研实践。结合校企联合系列讲座,帮助学生与心仪的暑期实践单位建立联系。通过在校内"一师一队一芯"的科研实践与校外的产业实践,帮助学生建立发现产业真问题的能力,并确定未来学术与职业发展的方向。

2.4.3 活动案例

1. 企业参观

第一年寒假期间,项目组首批学生到访北京京东方显示技术有限公司半导体生产基地参观。学生近距离参观了京东方的 8.5 代面板的生产线。在交流讨论会中,京东方显示与传感器件研究院院长袁广才、下一代工艺技术所所长谷新、项目推进部部长杨洋为学生介绍了京东方的发展历程、主要事业、企业文化等内容,致力于推动国家基础制造业发展。学生了解了集成电路芯片的制造流程,如何由沙子一步一步地生产成为芯片。最后,学生参观了芯片制造生产线,对芯片制造工序有了更深刻的理解。通过集成电路制造企业的参观活动,学生对集成电路制造有了直观的认识。

第二年春季学期,项目组组织学生赴上海集成电路相关企业进行参观学习,参访企业包括上海平头哥半导体技术有限公司、沐曦集成电路(上海)有限公司、广州慧智微电子股份有限公司上海分公司以及上海思特威电子科技股份有限公司。在平头哥,学生了解了芯片行业发展情况、企业主要产品,进行了 RISC-V 生态建设分析,还讨论了目前平头哥的主要优势产品和在中国芯片行业中的主要贡献,产品的技术细节和性能指标。在沐曦,学生了解了集成电路领域的工作模式,并参观了企业的展厅和办公区域,对沐曦的研发优势和企业文化有了更深入的了解。在慧智微,学生学习了射频前端的行业发展、慧智微的研发理念,并参观了慧智微的工作实验室,对公司从事的射频前端芯片设计的过程有了初步了解与体会。在思特威,学生学习了图像传感器的产业生态与业界领先的技术及应用,就图像传感器未来在医学与无人驾驶方面的应用以及可能面临的技术问题与挑战展开了讨论。企业参观活动旨在通过参观与交流,深化因材施教项目的学生对于芯片设计技术以及芯片行业现状的了解,培养兼具社会责任感与专业知识素养的集成电路顶尖人才。

2. 课程学习

为了让学生系统地了解集成电路产业的发展历程,项目组为学生开设了"集成电路简史"课程。本课程从"先驱者"电子管介绍电子器件的发展历程,进一步详细讲解了集成电路芯片发明,以及集成电路制造工艺流程,让学生对集成电路制造有了更好的认识。课程还探讨了我国集成电路产业发展进程,并对产业未来的发展进行展望。通过介绍集成电路 60 余年发展历程中的关键事件,学生在大一阶段就能够基本认识集成电路技术及产业发展的规律。正所谓"以古为镜,可知兴替",项目组希望学生未来在集成电路领域的学习与工作中,能够以史为鉴,为我国集成电路学科与产业做出具有创新性的突出贡献。

3. 导学交流

导学交流是集成电路方向的特色活动,为学生提供了与集成电路方向导师交流的机会,使学生与老师的互动不再局限于课堂之内,而是可以了解更多课堂之外的知识,激发学生对集成电路的兴趣,拓展学生的视野。

导学交流包括了学生与项目班主任或助教 1 对 2 的交流,以及学生与电路与系统研究所教师 1 对 1 的交流。在 1 对 2 的导学交流中,班主任或助教与学生进行每月一次交流活动,及时了解学生在学习和生活中遇到的问题,引导学生在集成电路相关课程的自主深入探索。在 1 对 1 的导学交流中,学生自由选择并预约导师,对导师们所教授的课程、从事的研究等各个方面提出疑问,并深入探讨。导学交流中,2~4 人的小组讨论发挥了小而精的优势,可以根据学生的不同兴趣,展开不同层面的电路相关话题的探讨,包括最基础的数理问题、相对复杂电路的分析、电路科学研究的前沿进展等。

通过导学交流,导师和助教定期收集学生的每月成长手册,整理学生近期的收获和困惑。成长记录手册记录了学生在因材施教学习过程中遇到的问题与收获的知识,帮助学生回顾并重新认识自己所学的知识与曾经遇到的困惑。面对面导学交流在解决问题之余,项目组定期整理共性问题,向项目组导师汇总情况,开展教学研讨,并及时调整。

4. 校企联合讲座

集成电路校企联合系列讲座旨在拓宽学生的视野,让学生不仅聚焦于课内知识,更要了解行业前沿,了解企业中集成电路的关键问题,为未来的专业选择与职业规划奠定基础。系列讲座持续邀请相关领域头部企业的研究院院长、设计总监、国际知名教授等嘉宾,深入浅出地为学生讲述集成电路产业关注的问题、遇到的瓶颈以及未来的发展。讲座主题涵盖定制 GPU、软硬件协同设计、生物电子等多领域,并持续拓展更广的领域,帮助学生了解集成电路的产业。

系列讲座主要面向本科生,为学生专门打造讲座内容,学生也在讲座后积极地与嘉宾进行提问与交流,这使得学生对于相关领域的前景与未来的挑战有了更深刻的理解。

5. 学习交流展示

为了促进学生和导师们之间的交流,项目组织了集成电路因材施教年会。年会包括来自学术界专家的主旨报告、学生成果简报、研究所介绍、海报交流环节。在成果简报中,学生每人在 1 分钟内分享了自己在过去一年中参与制作的硬件设计项目以及其他电路与系统相关的成果与心得体会。学生的 1 分钟简报均十分精彩,分享的项目包括可穿戴智能肢体设备、球形机器人、智能无人车等。企业代表对学生的分享和成果进行了点评。代表们表示,学生的设计项目都有一定的创新性、实用性和社会意义,让人印象深刻。企业代表点评结束后,项目组为学生带来了电路与系统研究所研究方向的介绍。通过对电路与系统研究所在职教师及各课题组研究方向的介绍,希望能够在后续的导学交流及"一师一队一芯"活动中为学生的方向选择提供一定的参考。在海报展示环节,2021 级的学生进一步展示了过去一年中个人所参与的项目和取得成果的总结。通过海报展示的形式,嘉宾和学生在自由轻松的氛围中开展了广泛且深入的交流与讨论。

2.5 未来通信方向

2.5.1 培养目标

电子工程系"未来通信"因材施教项目依托通信、微波、信检 3 个研究所的研究基础,带领学生深入了解未来通信与感知的最前沿技术。项目以 5G 网络、北斗导航等国家重大前沿需求为引领,由来自学术界和国家实验室/头部企业的产研名家组成双导师指导团队,实现校企联合教学和培养。基于软硬结合的开放定制系统设计项目,培养未来通信网络拔尖人才。

"未来通信"因材施教项目针对通信与感知领域系统庞大复杂、难以深入理解的问题,为学生配备学术导师和国家实验室/头部企业双导师,通过校企联合讲座、培养的方式,帮助学生深入了解 5G 网络、北斗导航等国之重器大系统。现有合作单位包括中国移动、华为、中兴、中电科、航天科工、航天科技等。课程致力于帮助学生打下扎实全面的跨领域理论基础;培养学生的科研和创新能力;通过和国家实验室/头部企业的合作,学生掌握了行业最前沿的技术和走向;通过赛课结合的方式培养学生对未来通信感知系统的软件/硬件的全面深入认识。课程为学生配备学术导师和国家实验室/头部企业双导师,在导师指导下,组队完成一整套通信子系统或软件协议设计,覆盖从选题、论证、设计,到系统实现、测试、应用等的全流程。在此基础上,组织学生参加知名 5G+及相关创业创新大赛,推动部分技术落地,并在相关领域顶刊、顶会发表高水平论文。

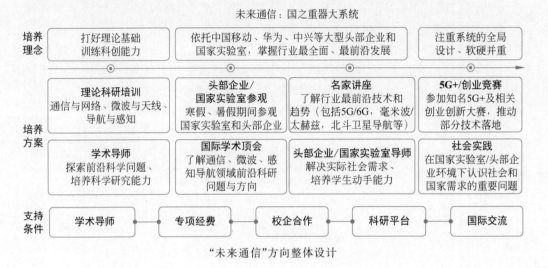

"未来通信"方向整体设计

2.5.2 实施方案

在第一阶段(大二),学生在导师指导下,组队完成一整套通信子系统或软件协议设计,覆盖从选题、论证、设计,到系统实现、测试、应用等全流程。进入第二阶段(大三)后,学生将在导师指导下组队参加知名 5G+及相关创业创新大赛等,推动部分技术落地;并在相关领域顶刊、顶会上发表高水平论文。项目将结合国家实验室、国家研究中心的各项活动,向学生提供与通信、射频、导航、雷达等领域专家/学长面对面交流的机会。

"未来通信"方向实施方案

年级	时间	计　　划	具体程序及要求
大一上	期中后	完成招生	大一 20 人
	寒假	国家实验室/头部企业参观	
大一下	学期中	与通信、微波、信检 3 个研究所的课题组进行交流 国家实验/头部企业室参观	通过与各所课题组交流,确定学术导师讲座活动每学期至少参加两次 国家实验室/头部企业参观要求参加
	暑假	国家实验/头部企业室参观	

续表

年级	时间	计　划	具体程序及要求
大二上	学期初	进入课题组	完成导师学生双向选择,进入课题组
	学期中	完成组队 完成系统设计的选题、论证和设计 校企联合讲座 国家实验室/头部企业参观	讲座活动每学期至少参加两次 国家实验室/头部企业参观要求参加
	寒假	国家实验室/头部企业参观	
大二下	学期初	配备企业导师	配备企业导师,与企业导师(组)进行交流
	学期中	进行系统设计的系统实现、测试、应用设计 校企联合讲座 国家实验室/头部企业交流	讲座活动每学期至少参加两次 国家实验室/头部企业交流要求参加
	暑假	完成系统设计的系统实现、测试、应用设计 国家实验室/头部企业交流	组织成果汇报展示会,各设计小组对所设计系统进行讲解和展示
大三上	学期中	5G+及相关创业创新大赛 国家实验室/头部企业交流	学术交流至少两次
	寒假	国家实验室/头部企业交流	
大三下	学期中	5G+及相关创业创新大赛	大三学年至少参加一次创新赛
	暑假	海外研修/企业实习	5 周,明确具体的目标与预期成果
大四	大四上	5G+及相关创业创新大赛成果展示	汇报+展示,开放活动
	大四下	毕设	国家实验室/企业研究院导师联合指导毕业设计

1. 资源配备

(1) 双导师:配备学术导师和国家实验室/头部企业导师。

(2) 算力平台:天津院算力平台、国家实验室、企业联合研究平台。

(3) 经费支持:专项经费支持。

2. 培养环节

(1) 培养方案:灵活的课程设置,与头部企业合作,建设"前沿研讨课""实践课"等方案。

(2) 赛课结合:组队参加知名 5G+及创业创新大赛,以赛促学,以赛促用。

（3）专家交流：与国家实验室、国家研究中心等活动结合，提供学生与通信、射频、导航、雷达等领域专家/学长面对面交流的机会。

（4）企业实习：假期提供进入国家实验室/头部企业实习机会，由学术导师和企业导师共同指导，实操解决业界实际问题。

（5）海外研修：面向前沿探索，与国际团队研究接轨。

（6）毕设指导：大四毕设与国家实验室/头部企业联合培养，促进"产学联合培养"博士项目。

2.5.3　活动案例

第一届"未来通信"方向班级于 2022—2023 学年春季学期成立，已开展了与 3 位研究所所长的见面交流会，并参与了"水下通信网络技术"学术论坛。

第 3 章

专业核心课

清华大学电子工程系 10 门核心课的建设依据为电子信息科学与技术知识体系 MAP 图,其中有 7 门核心课直接对应于 7 个层次:最底层的"场-电荷载体"对应两门核心课"电磁场与波/电动力学"和"固体物理基础",第 2 层"电势-电路"对应核心课"电子电路与系统基础",第 3 层"比特-逻辑"、第 4 层"程序-处理器"对应核心课"数字逻辑与处理器基础",第 5 层"数据-算法"对应核心课"数据与算法",第 6 层"数据包-网络"对应核心课"通信与网络",第 7 层"媒体-认知"对应核心课"媒体与认知"。

七层结构中的 7 个关系对为信息载体与系统的作用关系对,电子信息科学与技术专业专注的是信息科学,而信息量度量的是不确定性大小,因而除上述 7 门核心课之外,还把研究不确定性的"概率论与随机过程"列为核心课之一。信息载体与系统的作用关系可视为信号与系统的作用关系,用确定性信号进行研究有利于把握系统特性,而线性时不变系统是最为基本、最为简单的系统,确定性信号通过线性时不变系统恰好是核心课"信号与系统"的核心内容。现代信息技术研究的开展无法脱离计算机的辅助,因而"计算机程序设计基础"作为基础性工具也被列为 10 门核心课之一。

如是,电子信息科学与技术知识结构七层结构对应的 7 门核心课,外加 2 门涉及信息、信号、系统的偏数学理论的专业课和 1 门计算机工具类课程,形成了清华大学电子工程系的 10 门核心课。实际授课时,上述 10 门核心课并非按从底层到高层的顺序出现,而是按相对容易把握的程度,工具类课程靠前排,不易把握或需要诸多专业知识前导的靠后排。下面 10 门核心课内容的介绍,出现的顺序基本上是依照教学安排顺序排列的,依次为"计算机程序设计基础""电子电路与系统基础""数据与算法""信号与系统""数字逻辑与处理基础""概率论与随机过程""电磁场与波/电动力学""通信与网络""固体物理基础"和"媒体与认知",如 1.3 节表格所示。

下列 10 门核心课的分节名称以课程名称形式呈现,每个分节中从"课程定位、培养目标、课程大纲、教学安排、实践锻炼、培养成效、课程实践"7 个视角对相应核心课进行全方位的说明。

3.1　计算机程序设计基础

3.1.1　课程定位

"计算机程序设计基础"课程是电子工程系本科生 10 门核心基础课之一,也是与本科新生接触最早的一门核心基础课。本课程的挑战是学生在计算机方面的基础差异非常大、对编程逻辑思维的接受能力差异也非常大。因此,课程的开始以照顾基础比较薄弱的学生为主,授课难度平缓,能够让新生尽快适应本科教学的方式和节奏。本课程秉持"程序是信息的载体,处理器是处理程序的系统"的理念,以传授编程技能、传递工程思想为主要任务,以面向过程编程为载体对最基础的编程语法和思维进行教学,以面向对象为载体培养系统设计与功能抽象能力。采用课上讲授+课下实践的教学方式,课上教学内容指导课下实践,在解决实践问题的过程中强化对课上讲授内容的理解和编程技能的培养。通过有延续性的课下实践内容设计,传授初步的大型系统设计流程,实现编程技能与系统设计的交叉教学与融会贯通。这样的课程组织方式使得学生在学习面向过程编程时能够培养基本的编程素养,为后续课程打好编程基础;而在过渡到面向对象编程之后,能够初步感受大型工程系统设计中的类型抽象、架构设计、模块拆解等常见的工程思想。课下实践环节的设计能够让学生养成动手实验的习惯,同时还能够让学生感受工程系统设计中"架构规划—功能实现—功能调试"的基本流程,培养先设计再动手的思维和习惯。整体课程在教授基本编程技能的基础上,使学生从更高的层面认识到程序设计的本质,有助于学生初步理解信息与系统的关系,感受系统级工程思想,为后续课程的学习与理解打下包括计算机编程基础在内的系统设计基础。

3.1.2　培养目标

课程旨在培养学生利用计算机处理问题的思维方式和程序设计的基本方法。培养学生掌握程序设计的基本原理、概念、方法和编程解题的思路与典型方法;帮助学生掌握 C++ 语言的基本知识,重点掌握基本数据类型、各种表达式的使用;通过实际的编程训练,提升学生结构化程序设计能力和对 3 种基本程序结构的灵活应用能力。培养学生团队合作意识。培养学生使用计算机程序解决现实世界问题的基本能力,为后续的电子信息类专业课程的学习奠定良好的基础。

3.1.3　课程大纲

1. 计算机程序设计基础(1)大纲

序号	主 要 内 容	教学方式	教学时数	课外学时
1	概述： 计算机基础概论，程序设计的初步知识；典型程序实例	讲授＋实验	1＋1	4
2	数据类型： C++的数据类型概述；常量、变量及其定义	讲授＋实验	2＋3	4
3	运算符号： 运算符、表达式与宏定义	讲授＋实验	2＋3	0
4	输入输出： 数据的输入与输出，常见 I/O 方式	讲授＋实验	2＋1	2
5	分支选择： 两路分支选择；多路分支选择；应用举例	讲授＋实验	3＋3	6
6	循环： 当型循环；直到型循环；for 循环；循环的嵌套；应用举例	讲授＋实验	3＋3	6
7	函数： 模块概念和实现；函数和函数间的参数传递；函数的递归调用；应用举例	讲授＋实验	3＋3	8
8	数组： 数据概念和一维数组、二维数组；字符数组；数组作为函数参数	讲授＋实验	4＋7	10
9	指针： 指针的基本概念和指针变量；数组与指针；字符串与指针；指针数组与指向指针的指针；应用举例	讲授＋实验	5＋8	12
10	结构体： 结构体类型变量；结构体数组；结构体与指针；联合体	讲授＋实验	4＋5	8
11	文件： 文件的概念；文件的打开与关闭；文件的读写；文件的定位	讲授＋实验	3＋3	4
		课时合计	32＋40	64

2. 计算机程序设计基础(2)大纲

序号	主要内容	教学方式	教学时数	课外学时
1	类与对象(1): 类与对象的基本概念;成员函数、构造函数、析构函数;成员访问控制;封装性与信息隐蔽	讲授+实验	6+7	16
2	类与对象(2): 对象的数组与指针;对象的动态建立与释放;对象的赋值与复制;类的静态成员;类的友元	讲授+实验	4+5	10
3	运算符重载: 基本概念;运算符重载为成员函数、友元函数;应用举例	讲授+实验	3+4	10
4	继承与派生: 基本概念;派生类的声明方式与构成;派生类的访问控制属性;派生类的构造函数和析构函数;多重继承	讲授+实验	4+6	10
5	多态性与虚函数: 基本概念;纯虚函数与抽象类;应用举例	讲授+实验	4+5	10
6	输入/输出流与流类库: I/O流的概念;流类库的结构;标准输出流;标准输入流;文件操作与文件流;应用举例	讲授+实验	3+5	8
		课时合计	24+32	64

3.1.4 教学安排

"计算机程序设计基础"课程分为两学期,在秋季、春季学期同时开设多个平行课堂,课程讲授进度同步,书面作业与上机实验一致,方便教师、学生交流学习。本课程旨在引领学生入门计算机编程,注重实验与理解,成绩的组成部分包括各个方面。在夯实理论基础的同时,为提高学生的编程经验,设计了如下的成绩评定方式。

1. 计算机程序设计基础(1)

(1) 平时实验作业(30%):帮助学生复习课堂知识点,独立自主进行程序设计,提高编程能力。

(2) 期中机考(10%):考试内容涉及前半学期知识点,学生在规定时间内完成编程任务。

(3) 期末机考(20%):考试内容涉及整个学期知识点,学生在规定时间内完成编程任务。

(4) 期末考试(闭卷,40%):旨在考查学生对课程知识点的掌握情况,重点考查循环、函数、数组和指针等内容,基础概念的理解与程序阅读的考查相结合。

2. 计算机程序设计基础(2)

(1) 平时实验作业(30%):帮助学生复习课堂知识点,并在实验中引入一些基本软件工程知识点,为大型程序的设计打下基础。

(2) 期末考试(闭卷,40%):考查面向对象编程的重点内容,包括类和对象、运算符与重载、继承与派生、多态性与虚函数的概念与实操。

(3) 大作业(30%):包括 C++ 和 Python 语言的大型程序设计训练,帮助学生综合掌握面向对象编程以及大型程序的结构设计,复习深化理论课知识。

3.1.5 实践锻炼

课程每学期安排 12 次左右的上机编程实验,实验内容覆盖课程教学大纲,安排与课程讲授进度同步。此外,课程安排了一次课程设计大作业,内容融合了本课程所涵盖的所有重要知识点,结合现实世界的具体问题,涵盖需求分析、总体设计、模块设计、系统调试等程序开发环节,充分锻炼学生对小型项目的整体把控能力和创新思维能力,提升学生利用计算机程序规范、高效解决现实需求的能力。课程组在每个教学周设置了约 17.5 小时的机房上机时间,并配置多名助教参与线下答疑,通过线下实时反馈,大幅提升了编程实验的效率和训练价值,提高了学生编程实践的积极性。

3.1.6 培养成效

在任课教师、课程助教的共同努力以及选修学生的配合下,本课程的教学质量和效果不断提高,受到了电子工程系学生的广泛认可。本课程也获得了兄弟院系学生的关注,交叉信息学院、集成电路学院、车辆学院等多个院系的学生选修本课程。

"计算机程序设计基础"课程内容体系完整,本课程教学于 2014 年获得清华大学教学成果二等奖。

3.1.7 课程实践

课程教学在展开正常的课堂教学和编程训练之外,还进一步拓展了多渠道的学生互动模式,增强学生课外查找编程相关知识的能力,通过加强教学辅助设施建设,包括线上机考平台等配套资源的开发,强化了上机编程调试能力的训练。课程还召开了学生编程创新和编程经验交流研讨会,并鼓励学生参加校内外的各种编程或软件设计比赛。

"计算机程序设计基础"课程内容体系也在逐年优化和更新,以跟随编程技术与编程语言的发展。课程在完善程序设计教学支撑环境建设的同时,还积极推广《C/C++程序设计教程》教材在其他高校的使用,以扩展该教材在国内外的影响。

另外,本课程计划在2024级开设英文课堂。英文课堂的教学大纲、教学要求、时间安排和考核要求与中文课堂保持一致。

3.2 电子电路与系统基础

3.2.1 课程定位

"电子电路与系统基础"课程是电子工程系本科生10门核心基础课程之一。

电路作为信息系统的物理层支撑渗透到了人类生活的方方面面,电路基本知识的掌握成为理工本科学生的基本素养。由于电路极其重要的历史地位,在其发展过程中形成了多门在电子信息类专业课程中学分占据比重很大的电路课程,如2011年之前,清华大学电子工程系本科生的必修电路课程就有"电路原理""模拟电路"和"数字电路"。"通信电路"虽然不是必修,但90%以上的学生均视其为必修而选修。电路类课程是电子工程系学生在原课程体系中学分比重最大的课程群。然而随着计算机技术、通信技术和网络技术的发展,电子信息类专业学生需要掌握的各类知识和技能呈现高速扩张态势,尤其是顶层信号处理和数据挖掘需求旺盛,学生不得不花费大量的课时修全电路类相关课程以掌握底层的基本电路知识,这种情况已不适应当前高校电子信息类专业全面均衡发展的要求。本课程就是在这个背景下建设起来的,上述4门电路课程核心概念合一后形成电子工程系所有学生必修的一门4学分的电路基础核心课,对电路专业有志趣的学生可另外选修后续的电路类专业限选课,以进一步提升电路分析和设计的熟练度。

电路核心课"电子电路与系统基础"以电路抽象为主干,以线性电阻电路、非线性电阻电路、一阶动态电路和二阶动态电路4个分支作为基本架构。课程以电路分析方法为明线,以基本元件、受控源、开关、负阻的应用为暗线,将基本单元电路和电路基本概念有机编织、整合于一体。课程从网络视角统一基本器件、基本单元电路和电路系统,用网络参量整合线性电路,用非线性的线性化处理整合非线性电路,是清华大学电子工程系教学改革推进所形成的新电路原理课程,是电子信息类本科学生的电路素养课。

　　课程授课分 A、B 班,其中 B 班内容按从简单到复杂、从元件到器件、从线性到非线性的模式逐步扩展课程内容:第一学期电电 1B 为线性电路内容,第二学期电电 2B 为非线性电路内容。而 A 班则按一条主干、四个分支的结构展开课程内容:第一学期电电 1A 是以代数方程为数学基础的电阻电路内容,第二学期电电 2A 是以微分方程为数学基础的动态电路内容。

3.2.2　培养目标

　　通过本课程学习及配套实验课训练,学生将具备以下 5 项基本电路素养。

　　(1) 电路基本定律、定理和基本分析方法的切实掌握。

　　(2) 电路抽象思维方法和电路分析工程近似手段的掌握。

　　(3) 电路基本器件及基本单元电路(放大器、滤波器、振荡器、数字门电路等)基本结构、基本原理、基本特性的理解。

　　(4) 电路系统基本概念(信号放大、滤波、产生、存储;系统的线性非线性、有源无源、有损无损等;正负反馈等)的理解。

　　(5) 具备基本单元电路、简单电路系统测量、调试能力,电路 CAD 工具使用能力和简单电路设计能力。

3.2.3　课程大纲

　　课堂授课分 A、B 班。

　　下面 4 个列表分别为电电 1A——电阻电路、电电 2A——动态电路、电电 1B——线性电路、电电 2B——非线性电路课堂教学中教学内容的一个展开范例。教师具体授课时,应当根据自己的专业背景,对课堂教学内容和教学顺序做适当的调整,按最适合教师个人理解的授课逻辑推进课程相关内容。

1. 电电 1A——电阻电路

课程序号	主　要　内　容	教学方式	教学时数	课外学时
1	电路定律: 课程简介;分层抽象:电路系统-功能电路-电路器件-材料;基本电量:电流、电动势、电压、功率;电路基本定律:基尔霍夫电流定律、基尔霍夫电压定律、欧姆定律;基本设定:电量单位、科学记数、dB 数	讲授	2	3

课程序号	主 要 内 容	教学方式	教学时数	课外学时
2	电阻电源： 基本概念：端口与网络,有源与无源,线性与非线性,时变与时不变；端口条件,电磁场抽象为电路的准静态条件；串联,并联,对接；电阻：串联电阻相加,并联电导相加；开路,短路；开关；电源；理想电压源,理想电流源,戴维南电压源,诺顿电流源；电源串并联；电源对接负载：直流,交流,平均值,有效值；最大功率传输匹配,额定功率；对偶原理	讲授	2	3
3	分析方法： 等效电路,加压求流,加流求压；单端口等效；叠加定理,戴维南-诺顿定理,替代定理；二端口等效；受控源；完备电路方程列写：拓扑分析,结点、支路,回路,结点电压法,回路电流法；解正确性判定：量纲检查,极端检查；电阻分压、分流电路,惠斯通电桥,以受控源为核心的 4 种基本放大器(电压、电流、跨阻、跨导),Π形、T 形电阻衰减器,含受控源的线性电阻电路分析；电路分析流程：拓扑分析,方程列写,方程求解,功能解析	讲授	2	6
4	网络参量： 二端口网络端口加压求流,加流求压；网络参量：阻抗 z、导纳 y、混合 h、逆混 g、传输 $ABCD$、逆传 $abcd$；不同连接方式下的最适参量：串串 z,并并 y,串并 h,并串 g,级联 $ABCD$；不同属性网络参量特性：线性/非线性,时变/时不变,阻性/动态,互易/非互易,对称/非对称,有源/无源,有损/无损,双向/单向；利用网络参量求传递函数,输入电阻,输出电阻	讲授	2	5
5	典型网络： 理想变压器：等效电路,阻抗变换功能；理想回旋器：等效电路,对偶变换功能；运算放大器：线性区模型,理想运放的虚短、虚断特性；负反馈判定；虚短虚断应用：反相放大,同相放大,加法,DAC；电压跟随器；差分放大：差模与共模,共模抑制比	讲授	2	4

课程序号	主　要　内　容	教学方式	教学时数	课外学时
6	电子基础： 物质材料：价电子；导体、半导体、绝缘体；电导率；半导体基础：电子与空穴；掺杂，P 型与 N 型；PN 结；内建电位差；正偏导通、反偏截止、反向击穿特性；二极管模型：正偏 0.7V 恒压源模型，反偏开路模型，反向击穿恒压源模型	讲授	2	4
7	二极管： 整流应用：半波整流，半波信号分析，全波整流，全波信号分析，桥式整流；稳压应用：齐纳二极管模型，稳压电路分析；运放配合：运放饱和区恒压源模型；指数、对数运算；限幅；半波信号产生；二极管电路分析的一般思路	讲授	2	3
8	MOSFET： MOS 结构确定了晶体管的受控非线性电阻伏安特性：截止区、欧姆区、恒流区；分段线性化电路模型：截止区开路模型，欧姆区受控线性电阻模型，恒流区受控电流源模型，厄利效应；电流源：二极管连接，电流镜；分压偏置电路，负反馈降低不确定性	讲授	2	5
9	BJT： BJT 结构确定了晶体管受控非线性电阻伏安特性：恒流区,饱和区,截止区；分段线性化电路模型：截止区开路模型,饱和区恒压源模型,恒流区受控电流源模型,厄利效应；电流增益 β 的高度不确定性,分压偏置电路串串负反馈结构可极大地降低 β 的不确定性,灵敏度分析；电流镜：提高两条支路的匹配度	讲授	2	5
10	反相器： NMOS 反相器：电阻分压原理分析,对接端口图解分析,解析分析,电路功能解析(反相放大、数字非运算)；MOS 反相器分段折线分析：线性电阻偏置,非线性电阻偏置；CMOS 反相器；BJT 反相器	讲授	2	5
11	数字门： 基本逻辑：与或非,运算规则,德·摩根律,卡诺图；门电路符号；门电路实现：开关并联或运算,开关串联与运算,旁路开关非运算,反相开关先求非；CMOS 门电路的一般结构	讲授	2	4

课程序号	主 要 内 容	教学方式	教学时数	课外学时
12	放大器(1)： 局部线性化原理：泰勒展开零阶直流项和一阶线性项分析；晶体管交流小信号电路模型；晶体管放大器分析流程；耦合电容，高频扼流圈；3种组态；理想晶体管：理想压控流源；串串负反馈的跨导增益；CB组态电流缓冲器模型，CC组态电压缓冲器模型	讲授	2	5
13	放大器(2)： 高增益放大：有源负载，缓冲隔离，级联；大信号放大：A类，B类，AB类；效率；差分放大：电桥结构，平衡电桥共模抑制特性，不平衡电桥差模放大特性，非线性转移特性，小信号线性模型，差模地，单端输出转双端输出	讲授	2	5
14	作业选讲： 二极管电路，晶体管电路作业选讲及深度理解	讲授	3	3
15	期末复习： 晶体管放大电路作业选讲及深度理解	讲授	3	4
		课时合计	32	64

2. 电电 2A——动态电路

课程序号	主 要 内 容	教学方式	教学时数	课外学时
1	电容电感： 电容、电感：结构，伏安特性；记忆性、连续性、无损性；含初值电容、电感的戴维南、诺顿源等效；冲激、阶跃；电容、电感串并联分析：无初值、有初值分析；电荷守恒；电路理论无法解读冲激伴随的能量丢失。附录内容：复数的幅度相角表述，虚数单位 j 的理解；正弦波信号的复数表述，正负频率	讲授	2	4
2	一阶时域： 电容分压，无初值，有初值；电容分流；电感分流，电感分压；RC串联：直流激励，阶跃激励；零状态电容充电，零输入电容放电；全响应＝零输入响应＋零状态响应；电感充放磁。附录内容：傅里叶分析的物理含义，频谱结构分析：正弦信号，直流信号，方波信号，单位阶跃，单位冲激；用电磁辐射解读冲激伴随的能量丢失	讲授	2	5

课程序号	主 要 内 容	教学方式	教学时数	课外学时
3	瞬态稳态： 三角函数运算；正弦激励稳态分析：相量法；阻抗，导纳，分压，复功率；正弦激励瞬态分析：全响应＝瞬态响应＋稳态响应；三要素法：时间常数，初值，稳态响应。三要素法举例	讲授	2	6
4	一阶时频： 一阶 RC 电路：传递函数，幅频特性，相频特性，伯特图；冲激响应，阶跃响应，微积分关系，傅里叶变换关系；一阶低通、高通；方波响应：时域稳态分析，时频对应关系；一阶非线性 RC：半波整流电路，纹波分析；倍压整流电路	讲授	2	5
5	二阶时域： LC 谐振腔分析：自由振荡频率，特征阻抗；品质因数，阻尼系数；串联 RLC 分压：低通、高通、带通、带阻；状态方程列写与求解：特征根求解；待定系数法；过阻尼，欠阻尼；五要素法：稳态响应，初值，微分初值，阻尼系数，自由振荡频率；五要素法举例；无阻尼自由振荡分析举例；稳态响应求解方法	讲授	2	4
6	二阶时频： 理想低通；二阶低通：频域分析，谐振峰；幅度最大平坦，群延时最大平坦；时域分析，冲激响应，阶跃响应；二阶高通时频分析；二阶带通时频分析：电压谐振，电流谐振；二阶带阻时频分析：时频对应；伯特图画法	讲授	2	4
7	典型应用： 有源滤波器；积分器，电容回旋等效为电感；一阶节，二阶节；LC 匹配：共轭匹配，匹配网络设计：串小并大 Q 相等；互感变压器：端口方程，同名端，储能分析；z 参量 T 形等效；理想变压器抽象；h 参量励磁漏磁等效；变压器阻抗匹配电路设计	讲授	2	4
8	寄生效应： 理想元件与实际器件：电阻器、电容器、电感器的寄生效应；晶体管寄生电容效应；数字非门延时、动态功耗分析	讲授	2	4

续表

课程序号	主 要 内 容	教学方式	教学时数	课外学时
9	频率特性： 晶体管高频电路模型；CE 组态放大器频率特性研究；仿真获得频率特性；定性分析；定量简化分析；开路时间常数法估计高端 3dB 频点，短路时间常数法估计低端 3dB 频点；对仿真频率特性的解读；时频对应	讲授	2	4
10	作业选讲： 一阶/二阶系统时频分析及滤波器设计作业选讲	讲授	2	2
11	负反馈： CE 组态晶体管放大器串串负反馈分析的数学过程；负反馈分析的一般原理；负反馈放大器分析的一般流程：连接方式判定，反馈网络分析，开环放大网络分析，闭环放大器分析	讲授	2	5
12	正反馈： 施密特触发器，运放正反馈形成的 S/N 型负阻特性；晶体管正反馈形成的 S/N 型负阻特性；负阻实现的有源功能：负阻放大、负阻振荡。负阻振荡仿真波形，准线性分析，振荡条件：起振、平衡、稳定条件	讲授	2	4
13	振荡器： 负阻振荡仿真研究：从正弦振荡到张弛振荡；张弛振荡分段折线分析：方波、三角波、锯齿波；正弦振荡准线性分析；正反馈振荡条件：起振，平衡，稳定条件。正弦振荡举例：文氏电桥、RC 移相、三点式 LC 振荡器。部分接入。正反馈振荡器分析的一般流程	讲授	2	6
14	期末复习： 正负反馈作业选讲	讲授	3	3
15	电路抽象： 两学期课程内容综述；材料与器件；器件与功能单元电路；功能单元电路与电路系统；课程重点：电路分析方法；电路抽象三原则，分层抽象，理想模型；课程中的电路分析套路；本课程应把握的电路基本概念	讲授	3	4
		课时合计	32	64

3．电电 1B——线性电路

课程序号	主 要 内 容	教学方式	教学时数	课外学时
1	电路定律： 课程简介；分层抽象：电路系统-功能电路-电路器件-材料；基本电量：电流、电动势、电压、功率；电路基本定律：基尔霍夫电流定律、基尔霍夫电压定律、欧姆定律；基本设定：电量单位，科学记数，dB 数	讲授	2	3
2	电阻电源： 基本概念：端口与网络，有源与无源，线性与非线性，时变与时不变；端口条件，电磁场抽象为电路的准静态条件；串联，并联，对接；电阻：串联电阻相加，并联电导相加；开路，短路；开关；电源：理想电压源，理想电流源，戴维南电压源，诺顿电流源；电源串并联；电源对接负载；直流，交流，平均值，有效值；最大功率传输匹配，额定功率；对偶原理	讲授	2	3
3	分析方法： 等效电路，加压求流，加流求压；单端口等效：叠加定理，戴维南-诺顿定理，替代定理；二端口等效；受控源；完备电路方程列写：拓扑分析，结点、支路、回路，结点电压法，回路电流法；解正确性判定：量纲检查，极端检查；电阻分压电路，分流电路，惠斯通电桥，以受控源为核心的 4 种基本放大器（电压、电流、跨阻、跨导），Π形、T 形电阻衰减器，含压控流源线性电阻电路分析；电路分析流程：拓扑分析，方程列写，方程求解，功能解析	讲授	2	6
4	网络参量： 二端口网络端口加压求流，加流求压；网络参量：阻抗 z、导纳 y、混合 h、逆混 g、传输 $ABCD$、逆传 $abcd$；不同连接方式下的最适参量：串串 z，并并 y，串并 h，并串 g，级联 $ABCD$；不同属性网络的网络参量特性：线性/非线性，时变/时不变，阻性/动态，互易/非互易，对称/非对称，有源/无源，有损/无损，双向/单向；利用网络参量求传递函数，输入电阻，输出电阻	讲授	2	5

续表

课程序号	主 要 内 容	教学方式	教学时数	课外学时
5	典型网络： 理想变压器：等效电路,阻抗变换功能；理想回旋器：等效电路,对偶变换功能；运算放大器：线性区模型,线性区工作理想运放的虚短、虚断特性；负反馈判定；虚短、虚断应用：反相放大,同相放大,加法,DAC；电压跟随器；差分放大：差模与共模,共模抑制比	讲授	2	4
6	电容电感： 电容、电感结构,伏安特性；记忆性、连续性、无损性；含初值电容、电感的戴维南、诺顿源等效；冲激、阶跃；电容、电感串并联分析：无初值、有初值；电荷守恒；直流/交流,开路/短路；电路理论无法解读冲激伴随的能量丢失。附录内容：复数的幅度相角表述,虚数单位 j 的理解；正弦波信号的复数表述,正负频率	讲授	2	4
7	一阶时域： 附录内容：傅里叶分析的物理含义,频谱结构分析：正弦信号,直流信号,方波信号,单位阶跃,单位冲激；用电磁辐射解读冲激伴随的能量丢失。电阻分压/分流；电容分压/分流,无初值,有初值；电容分流；电感分流,电感分压；RC 串联：直流激励,阶跃激励；零状态电容充电,零输入电容放电；全响应＝零输入响应＋零状态响应；电感充放磁	讲授	2	5
8	期中复习： 线性代数方程描述的线性电阻电路作业选讲	讲授	2	3
9	正弦稳态： 三角函数运算；正弦激励稳态分析：相量法；阻抗,导纳,分压,复功率；正弦激励瞬态分析：全响应＝瞬态响应＋稳态响应；三要素法：时间常数,初值,稳态响应；三要素法举例	讲授	2	6
10	一阶时频： 一阶 RC 电路：传递函数,幅频特性,相频特性,伯特图；冲激响应,阶跃响应,微积分关系,傅里叶变换关系；一阶低通、高通；方波响应：时域稳态分析,时频对应关系	讲授	2	5

续表

课程序号	主 要 内 容	教学方式	教学时数	课外学时
11	二阶时域： LC 谐振腔分析：自由振荡频率，特征阻抗；品质因数，阻尼系数；串联 RLC 分压：低通、高通、带通、带阻；状态方程列写与求解；特征根求解；待定系数法：过阻尼，欠阻尼；五要素法：稳态响应，初值，微分初值，阻尼系数，自由振荡频率；五要素法例；无阻尼自由振荡分析例；稳态响应求解方法	讲授	2	4
12	二阶时频： 理想低通；二阶低通：频域分析，谐振峰；幅度最大平坦，群延时最大平坦；时域分析，冲激响应，阶跃响应；二阶高通时频分析；二阶带通时频分析：电压谐振，电流谐振；二阶带阻时频分析：时频对应；伯特图画法	讲授	2	4
13	二阶应用： 有源滤波器：积分器，电容回旋等效为电感；一阶节，二阶节；LC 匹配：共轭匹配，匹配网络设计；串小并大 Q 相等；互感变压器：端口方程，同名端，储能分析；z 参量 T 形等效；理想变压器抽象；h 参量励磁漏磁等效；变压器阻抗匹配电路设计；寄生效应，器件与元件	讲授	2	4
14	作业选讲： 一阶/二阶习题时频分析作业选讲	讲授	3	4
15	期末复习： 二阶系统、二阶滤波器分析与设计作业选讲	讲授	3	4
		课时合计	32	64

4. 电电 2B——非线性电路

课程序号	主 要 内 容	教学方式	教学时数	课外学时
1	器件基础： 器件与元件回顾；物质材料：价电子；导体、半导体、绝缘体；电导率；半导体基础：电子与空穴；掺杂，P 型与 N 型；PN 结：内建电位差；正偏导通、反偏截止、反向击穿特性；二极管模型：正偏 0.7V 恒压源模型，反偏开路模型，反向击穿恒压源模型；二极管整流电路：半波整流，半波信号分析，全波整流，全波信号分析，桥式整流，纹波分析，倍压整流	讲授	2	4

课程序号	主 要 内 容	教学方式	教学时数	课外学时
2	二极管： 二极管稳压应用：齐纳二极管模型，稳压电路分析；运放配合二极管电路：运放饱和区恒压源模型；指数、对数运算；限幅；半波信号产生；MOS 结构确定了晶体管的受控非线性电阻伏安特性：截止区，欧姆区，恒流区；分段线性化电路模型：截止区开路模型，欧姆区受控线性电阻模型，恒流区受控电流源模型，厄利效应；电流源：二极管连接，电流镜	讲授	2	5
3	晶体管： MOSFET 分压偏置电路，负反馈降低不确定性。BJT 结构确定了晶体管受控非线性电阻伏安特性：恒流区，饱和区，截止区；分段线性化电路模型：截止区开路模型，饱和区恒压源模型，恒流区受控电流源模型，厄利效应；电流增益 β 的高度不确定性，分压偏置电路串串负反馈结构可极大地降低 β 不确定性，灵敏度分析；电流镜：提高两条支路的匹配度	讲授	2	7
4	反相电路： NMOS 反相器：电阻分压原理分析，对接端口图解分析，解析分析，电路功能解析（反相放大、数字非运算）；MOS 反相器分段折线分析：线性电阻偏置，非线性电阻偏置；CMOS 反相器；BJT 反相器	讲授	2	5
5	门电路： 基本逻辑：与或非，运算规则，德摩根律，卡诺图；门电路符号；门电路实现：开关并联或运算，开关串联与运算，旁路开关非运算，反相开关先求非；CMOS 门电路的一般结构；晶体管寄生电容效应导致的数字非门延时、动态功耗分析	讲授	2	4
6	放大器(1)： 局部线性化原理：泰勒展开零阶直流项和一阶线性项分析；晶体管交流小信号电路模型；晶体管放大器分析流程；耦合电容，高频扼流圈；3 种组态；理想晶体管：理想压控流源；串串负反馈的跨导增益；CB 组态电流缓冲器模型，CC 组态电压缓冲器模型	讲授	2	5
7	期中复习： 二极管、晶体管电路分析作业选讲	讲授	2	2

课程序号	主 要 内 容	教学方式	教学时数	课外学时
8	负反馈： CE 组态晶体管放大器串串负反馈分析的数学过程；负反馈分析的一般原理；负反馈放大器分析的一般流程：连接方式判定，反馈网络分析，开环放大器分析，闭环放大器分析	讲授	2	4
9	放大器(2)： 高增益放大：有源负载，缓冲隔离，级联；大信号放大：A 类，B 类，AB 类；效率；差分放大：电桥结构，平衡电桥共模抑制特性，不平衡电桥差模放大特性，非线性转移特性，小信号线性模型，差模地，单端输出转双端输出	讲授	2	5
10	频率特性： 晶体管高频电路模型；CE 组态放大器频率特性研究；仿真获得频率特性；定性分析；定量简化分析：开路时间常数法估计高端 3dB 频点，短路时间常数法估计低端 3dB 频点；对仿真频率特性的解读	讲授	2	4
11	正反馈： 运放正反馈：施密特触发器，S 型负阻，N 型负阻；晶体管正反馈：S 型负阻，N 型负阻；负阻实现的有源功能：负阻放大、负阻振荡。负阻振荡的仿真波形，准线性分析，振荡条件：起振、平衡、稳定条件	讲授	2	4
12	振荡器： 负阻振荡仿真研究：从正弦振荡到张弛振荡；张弛振荡分段折线分析：方波、三角波、锯齿波；正弦振荡准线性分析：正反馈振荡条件：起振，平衡、稳定条件。正弦振荡举例：文氏电桥、RC 移相、三点式 LC 振荡器。部分接入。正反馈振荡器分析的一般流程	讲授	2	6
13	作业选讲： 晶体管放大器作业选讲	讲授	2	2
14	期末复习： 振荡器作业选讲	讲授	3	3

续表

课程序号	主 要 内 容	教学方式	教学时数	课外学时
15	电路抽象： 两学期课程内容综述；材料与器件；器件与功能单元电路；功能单元电路与电路系统；课程重点：电路分析方法；电路抽象三原则，分层抽象，理想模型；课程中的电路分析套路；本课程应把握的电路基本概念	讲授	3	4
		课时合计	32	64

　　教师通过课堂授课给出基本概念和基本应用例题，再通过作业和 CAD 作业强化理解。由于本课程是大一下、大二上学生的专业核心课，需要有答疑和习题讲解环节引导学生顺利跨过专业课学习的门槛，同时应确保学生能够对电路分析与设计相关概念有全面的深度把握。CAD 工具操作层面问题的答疑应当由助教完成，作业内容方面的讲解及答疑，授课教师可自行决定采用如下 4 种模式之一或其他替代模式：

　　（1）教师把作业讲解和理论课讲解融于一体，把 2 课时课堂教学延拓为 3 课时课堂教学，总体课时中有 1/3 为习题讲解课时。这种模式下教师课堂授课内容安排相对较为灵活，学生对课程内容的深度理解相对容易控制。前面的列表内容为模式 1 课程内容排布举例。

　　（2）教师严格执行 2 课时课堂教学，同时提供 1 课时的习题讲解录像内容，供学生课后自学。

　　（3）教师严格执行 2 课时课堂教学，习题中出现的问题答疑全部交给助教在课外习题课完成。这种模式对助教要求较高，助教应当提前培训或满足相应条件以确保学生对课程内容的深度把握。

　　（4）教师在授课时段用每周 3 课时共 10 周讲授课程内容，剩余 4～5 周同一授课时段穿插习题讲解及现场答疑。采用这种模式教师时，在时间安排上比较灵活，习题选讲和现场答疑可以安排由助教完成，也可由教师自行实施。

3.2.4　教学安排

　　"电子电路与系统基础"课堂正班课堂教学和错季课堂教学同步推行，配套实验课"电子电路与系统基础实验"（见 4.3.2 节）和正班课堂教学同步展开。

　　如下方式为一个成绩评定的范例，授课教师可根据自己的历年教学情况，适当调整比重。成绩评定方式和比重应当在第一节课明确告知学生。

　　（1）书面作业（5%）：帮助学生切实掌握课堂教学内容。如果课外习题讲解环节是由助教完成的,那么作业占比可以适当上调。

(2) CAD 作业(每学期 10 次以上,10%):通过仿真理解电路原理。如果仿真作业挑战性强,可以适当提高比重。

(3) 考试(闭卷,如果没有期中考试,那么期末占 85%;如果期中成绩高于期末成绩,那么期中占 40%,期末占 45%;如果期中成绩低于期末成绩,那么期中占 10%,期末占 75%):考查学生对课程内容的掌握情况。

其中,10 次 CAD 作业应当紧密结合授课内容与进度,从 CAD 工具入门到熟练使用,再到通过仿真结果解析电路原理,还包括少量的简单电路设计环节。

不同教师的教学资源共享,可以参考或直接使用其他教师的教学案例,也可自行设计教学案例。

3.2.5　实践锻炼

理论课课程每学期安排 10 次以上的 CAD 作业,通过仿真巩固对电路概念的理解。同时,配套实验课"电子电路与系统基础实验"与正班课堂同步。正班课堂学生应当同步选修配套实验课,错季课堂学生可延迟一个学期选修。实验课将通过基本测试仪器操作、基本单元电路调试、简单系统联测和功能电路设计与调测,使得学生掌握基本的电路调试和设计能力。

3.2.6　培养成效

"电子电路与系统基础"课程一条主干四个分支的新框架体系在 2013 年首次提出,当年课堂教学的学生评教就获得"全笑脸"评价。自 2017 年以来,本课程已连续 8 年在清华大学毕业生调查中入榜"本科学习期间受益最深课程"。本课程于 2018 年获清华大学首批"标杆课程"称号,于 2020 年获得"国家一流本科课程"称号,于 2022 年获得"北京优质本科课程"称号。《电子电路与系统基础》教材于 2022 年获评清华大学优秀教材一等奖。

本课程及其配套实验课在校内的影响力逐年扩大,不仅是电子系本科必修核心课,同时也是为先书院、未央书院等院系相关专业的专业核心课。另外,目前群体性选修本课程的还包括车辆学院、新雅书院等院系的学生。

3.2.7　课程实践

"电子电路与系统基础"新课程建设分 3 个阶段实施。

第一阶段:2011—2017 年,通过增加额外的习题课和对课程内容不同角度的反复讲解完成原课程体系 4 门电路课程内容的全面融合,形成新的框架体系和对电路原理新的解读。以 2017 年新教材出版为第一阶段结束标志。

第二阶段：2017—2023 年，通过开设无额外习题课课堂的 B 班，并逐步扩大无额外习题课实验班覆盖范围，最终将其推广到 A 班教学中，优化压缩课堂教学内容，以解决学生课外学时过多与课程学分不匹配的问题。同期还完成了配套实验课程改革，加强了仿真和系统实验的训练，以配合理论课的课时压缩。以 2021 年全面取消额外习题课、2023 年所有 A、B 班课堂全面落实 2 课时正点下课为标志。

第三阶段为课程推广阶段。2020 年由于新冠疫情，课程逐步形成了"雨课堂线上录屏直播＋线下课堂讲授＋课程讲授视频会议直播"的线上线下融合式教学模式。自 2021 年以来，线上线下融合课堂以"未央班"形式对全校师生以雨课堂形式线上开放，2022 年以"研修班"形式对参加研修的校外教师开放，以"克隆班"形式对因新冠疫情停课的学校提供雨课堂视频直播线上教学支持，2023 年之后以"克隆班"形式通过雨课堂平台对研修教师开放，2024 年之后对外校教师通过雨课堂平台开放线上旁听。

A、B 班英文课堂的教学已经筹划完毕，将适时开设英文课堂。

3.3 数据与算法

3.3.1 课程定位

"数据与算法"课程是电子工程系本科生 10 门核心课之一。在传统的电子信息专业课程设计中，相关内容通常用两门或者更多的课程加以涵盖，造成学生课时负担沉重，而且两类问题间的关联无法显性地在教学中展现。本课程突破传统教学模式和内容组织方式，创新性地提出了"数据是信息的载体，算法是处理数据的系统，数值/非数值计算问题的本质都是数据与算法间的相互作用"的全新理念。并以此为线索，首次在一门课程中全面介绍如何对数值和非数值问题进行分析和处理，帮助学生做到融会贯通。以数据的结构特点为经，以算法的设计思想为纬，将非数值与数值计算问题统一到一个框架下进行讲授。通过这种独特的知识框架构建方式，使得学生在学习中能够认识到数据与算法的相互作用关系才是主题，而具体的数据结构和算法则都是在这样的相互作用中随着人类认知和技术手段的变化而逐步演化出的特例，数值和非数值并不是问题划分的本质。这样的知识框架实际上也已经被近年来信息技术，特别是人工智能技术的发展所佐证。数值计算问题和非数值计算问题既有差异，又存在共性。电子信息学科的本科生需要对两类计算问题及其相关的数据结构与算法都具有良好的认知与应用能力。

3.3.2　培养目标

课程旨在帮助学生巩固在大一所学习的程序设计基础知识,进而通过使用更为复杂的数据结构和算法,提高学生对实际问题进行建模并利用通用计算机平台加以解决的能力。同时帮助学生建立数据与算法之间相互作用的概念,并通过实际的编程练习训练学生优化算法和程序的能力。帮助学生提升用现代计算方法解决现实世界实际问题的能力,为后续的电子信息类专业课程的学习提供基础。通过本课程的学习,可使学生建立数据、数学模型和算法的基本概念,为培养学生利用计算机解决实际问题打下基础;使学生初步掌握利用数学模型描述数据,并采用算法进行处理的基本思想。

3.3.3　课程大纲

序号	主 要 内 容	教学方式	教学时数	课外学时
1	概述: 数据与算法概念,数学模型,算法复杂度分析	讲授	4	6
2	数据结构: 二元关系,线性结构(顺序、链式),非线性结构,抽象数据类型	讲授+实验	3+4	10
3	表栈队列: 线性表,顺序表,链表,栈,递归,队列,字符串,模式匹配	讲授+实验	5+6	12
4	树: 树,结点,路径,度,二叉树,最优二叉树,二叉搜索树,堆	讲授+实验	5+6	12
5	图: 图,邻接矩阵,邻接表,深度优先遍历,广度优先遍历,最小生成树,Prim 算法,Kruskal 算法,最短路径,Dijkstra 算法,Floyd 算法	讲授+实验	6+6	12
6	查找和排序: 静态/动态查找结构,折半查找,散列表,开放定址,索引文件,排序的稳定性,冒泡/插入/选择排序,快速排序,归并排序,堆排序	讲授+实验	3+6	10
7	数值计算(1): 数值计算,误差分析,浮点数的表示,向量与矩阵的范数,矩阵的条件数,线性方程组直接解法,线性方程组迭代解法,非线性方程特性及迭代解法,牛顿法与反插法	讲授+实验	8+12	10

续表

序号	主 要 内 容	教学方式	教学时数	课外学时
8	数值计算(2)： 最小二乘,Householder 变换,多项式插值,优化基本概念,无约束优化,等式约束优化,最速下降法,牛顿法,障碍法	讲授	6	14
9	算法： 算法设计基础,蛮力法,分治法,贪心法,动态规划,计算复杂性理论基础,图灵机,P 问题,NP 问题	讲授＋实验	8＋16	14
		课时合计	48＋56	100

3.3.4　教学安排

"数据与算法"课程在秋季学期同时开设多个平行课堂,课程讲授进度同步,书面作业与上机实验一致,方便学生学习,也可以强化教学效果。课程在春季学期设置一个独立课堂,与秋季学期讲授内容和考核方式一致。

在课程成绩的评定上摒弃了唯考试论,以提高学生的知识掌握与应用能力为牵引,设计了如下的成绩评定方式。

(1)书面作业(10%)：帮助学生复习课堂讲授的基础知识。

(2)编程实验(10 次,40%)：训练学生针对具体问题进行数学建模,并设计高效率的算法实现。编程实验内容与教学内容密切相关。

(3)期末考试(闭卷,50%)：考查学生对课程重点内容的掌握情况,重点考查对于数据与算法相互作用的理解,以及针对特定数据的特点设计优化算法的能力。

其中,10 次编程实验紧密结合授课内容与进度,适当引入课程中没有涵盖的新的数据与算法方法,并利用在线编程平台为学生提供 7×24 小时的"全天候"编程训练环境。

3.3.5　实践锻炼

课程安排了 10 次上机编程实验,实验内容覆盖课程教学大纲,安排与课程讲授进度同步。为解决助教资源有限导致的学生在完成课程实验过程中难以得到及时反馈的问题,课程组开发了用于课内实验的即时提交和批改平台,该平台利用网络与信息技术,实现了多用户并发提交与即时响应。

3.3.6　培养成效

经过授课教师和选课学生的共同努力,课程的教学效果不断改进,得到了电子工程系学生的普遍认可。课程还受到了其他院系学生的关注,被本校车辆学院、医学院、数学系、集成电路学院等院系的本科生选修。课程组织开发用于课内实验的即时提交和批改平台,于 2014 年秋季学期正式投入使用。目前已经有超过 1500 名学生注册使用,接受程序提交超过 20 万次。通过及时给学生提供反馈大幅提升了编程实验的效率与训练价值,提高了学生编程实践的积极性。经过十多年努力,"数据与算法"课程逐步成熟,于 2019 年入选"首批北京高校优质本科课程",2020 年入选"首批国家级一流本科课程"。2021 年获评清华大学教学成果二等奖。

3.3.7　课程实践

经过十多年的发展,我们已经初步建立了完备的"数据与算法"课程体系,包括教学大纲、授课内容、作业、上机实践、考试等各个环节,各平行课堂统一教学进度,统一作业和考试,课程运行平稳。在教学过程中,任课教师、助教与学生形成了良好互动。通过课程的学习,学生对数据与算法的联系与互动有了初步的认识,掌握了数据结构、数值与非数值算法的基础知识,一些上机实验进一步激发了部分学生学习算法知识的热情。

在下一个阶段,课程组仍需要进一步完善教学辅助材料等相关配套支持,并积极推广"数据与算法"的课程体系和教学方法,并希望能和更多的高校合作,进一步推进课程的不断完善。

课程组在 2023 年完成了英文课堂的建设。

3.4　信号与系统

3.4.1　课程定位

本课程围绕确定性信号通过线性时不变系统传输和处理的基本理论和基本方法,坚持知识、能力、素质有机融合,在讲授核心数学概念的基础上构建电子信息技术的物理图像,培养学生抽象思维能力和解决复杂问题的综合能力;坚持理论联系实际,在强化数理概念的同时努力增加电子信息专业案例,激发学生学习数学、计算机并将其与专业相结合的兴趣,以及迫切学习专业课的强烈愿望;本课程努力落实思政建设要求,通过专业知识教育与思想政治教育的紧密融合,将价值塑造、知识传授和能力培养三者融为一体,以提高学习兴趣为抓手,尝试增强新的趣味性教学和实践案例,探索将思政教育自觉融入专业课教育的授课方式。

3.4.2 培养目标

本课程的主要内容是信号的变换域表示和信号通过线性时不变系统的分析方法。希望学生熟悉时域和频域的对应关系,重点掌握信号和线性时不变系统的变换域分析方法。通过本课程的学习,一方面将提高信号分析的能力,掌握从变换域分析信号的方法,在傅里叶级数的基础上进一步学习从变换域分析非周期信号、分段连续信号和奇异信号(函数);另一方面将提高系统分析的能力,理解线性时不变系统,将对系统的认识落实到电路和网络分析中,理解微分方程的物理意义,特别是系统函数零极点对理解系统特征的重要意义。

3.4.3 课程大纲

序号	主 要 内 容	教学方式	教学时数	课外学时
1	绪论: 信号的描述、分类和典型示例,信号的运算;阶跃信号和冲激信号;信号的分解;系统模型及其分类,线性时不变(LTI)系统,LTI系统的分析方法	讲授	4	8
2	连续时间系统的时域分析: 系统数学模型(微分方程)的建立,用时域经典法求解微分方程;起始点的跳变——从 0_- 到 0_+ 状态的转换;零输入响应与零状态响应;冲激响应与阶跃响应;卷积,卷积的性质,利用卷积分析通信系统多径失真的消除方法;用算子符号表示微分方程	讲授	4	8
3	傅里叶变换: 周期信号的傅里叶级数分析,典型周期信号的傅里叶级数;傅里叶变换,典型非周期信号的傅里叶变换,冲激函数和阶跃函数的傅里叶变换;傅里叶变换的基本性质;卷积特性(卷积定理);周期信号的傅里叶变换,抽样信号的傅里叶变换,抽样定理	讲授	10	20

续表

序号	主 要 内 容	教学方式	教学时数	课外学时
4	拉普拉斯变换——连续时间系统的 s 域分析： 拉普拉斯变换的定义,收敛域；拉普拉斯变换的基本性质；拉普拉斯逆变换；用拉普拉斯变换法分析电路, s 域元件模型,系统函数(网络函数) $H(s)$；由系统函数零、极点分布决定时域特性,由系统函数零、极点分布决定频域特性；二阶谐振系统的 s 平面分析,全通函数与最小相移函数的零、极点分布；线性系统的稳定性；双边拉普拉斯变换；拉普拉斯变换与傅里叶变换的关系	讲授	8	16
5	傅里叶变换应用于通信系统——滤波、调制与抽样： 利用系统函数 $H(j\omega)$ 求响应,无失真传输,理想低通滤波器,系统的物理可实现性；佩利-维纳准则；利用希尔伯特变换研究系统函数的约束性质；调制与解调,带通滤波器的运用；从抽样信号恢复连续时间信号；脉冲编码调制(PCM),频分复用,时分复用,码速与带宽	讲授	8	16
6	信号的矢量空间分析： 信号矢量空间的基本概念；信号的正交函数分解,完备正交函数集,帕塞瓦尔定理；相关,能量谱和功率谱,信号通过线性系统的自相关函数,能量谱和功率谱分析；匹配滤波器；码分复用、码分多址(CDMA)通信	讲授	4	8
7	离散时间系统的时域分析： 离散时间信号——序列,离散时间系统的数学模型；常系数线性差分方程的求解；离散时间系统的单位样值(单位冲激)响应,卷积(卷积和),解卷积(反卷积)	讲授	4	8
8	离散时间系统的 z 域分析和离散时间傅里叶变换： 变换的定义；典型序列的 z 变换, z 变换的收敛域；逆 z 变换； z 变换的基本性质； z 变换与拉普拉斯变换的关系；利用 z 变换解差分方程；离散系统的系统函数；序列的傅里叶变换,离散时间系统的频率响应, z 变换的应用实例	讲授	8	16

序号	主 要 内 容	教学方式	教学时数	课外学时
9	反馈系统和状态变量分析： 反馈系统的基本特性及其应用；连续时间系统状态方程的建立，连续时间系统状态方程的求解；离散时间系统状态方程的建立，离散时间系统状态方程的求解；状态矢量的线性变换；系统的可控制性与可观测性	讲授	6	12
		课时合计	56	112

3.4.4　教学安排

本课程在春季学期同时开设多个平行课堂，课程讲授进度同步。本课程考核方式充分体现过程评价和学习效果评价，总评成绩由作业、期中考试、期末考试、课程设计4部分组成。

（1）每周助教评判作业后返还给学生，通过平时练习帮助学生掌握基础性知识。

（2）期中和期末考试都是全开卷，侧重于灵活运用概念和准确计算，挑战度较大。特别是期中考试，覆盖前半学期的全部教学内容，题量和难度都比较大，增强学生经过刻苦学习收获能力和素质提高的成就感；期末考试以后半学期的知识点为主，难度和题量适中，全面客观地反映学生的收获。

（3）课程设计（大作业）旨在以趣味性和时代感调动学生学习积极性，挑战性大，在总评成绩中比重不高，也非强制必须完成，但根据经验，一般70%的学生会选择做课程设计，而且20%的学生完成度非常高。

（4）总评成绩：期中30%＋期末50%＋作业17%＋课程设计3%。

3.4.5　实践锻炼

为培养学生的动手能力和在理论指导下的实践能力，同时反映学术前沿性和时代性，本课程每年都会紧密围绕信号和系统基本概念，密切结合时政或热点事件，制作一个集开放性、挑战性和趣味性于一体的综合课程设计（大作业），积极引导学生进行探究式与个性化学习，极大地激发了学生的学习热情，取得了良好的实践教学效果。

3.4.6　培养成效

本课程得到了学生的广泛认可，2011—2019年，本课堂连续9次在年度教学评估中位于全校200多个同类课堂（100人以上的理论课）的前5%。学校从2016年起设立年度教学优秀奖,至今已颁发 5 届,本课程负责人连续 5 次获奖。新冠疫情突发后全面转到线上授课并继续保持了高质量教学,获得新冠疫情防控期间在线教学优秀奖。2019—2021 年,本课程负责人连续 3 次被毕业生选为"心目中的好老师及课程"。经过不断实践探索,本课程于 2021 年获评"北京市优质本科课程",同年入选清华大学兼具基础性、创新性与示范性的标杆课(全校本科生课共 3468 门,累计评选标杆课 33门),听课专家评价:"教学思路非常开阔,旁征博引,引发学生的兴趣;突出数学概念与物理概念之间的联系,给学生以思维方式方面的启发。课堂气氛活跃,互动性好";"课程设计精巧,内容丰富,极具感染力,授课教师对讲授内容非常熟练,通过不同方式来讲解和展示课程内容,详略得当,具有很强的示范性"。2023 年入选国家级一流本科课程(线下一流课程),同年获评"北京市优质本科教案"。本课程负责人分别于 2018年和 2022 年获得"北京市青年教学名师奖"和"北京市教学名师奖",2018 年获得"宝钢优秀教师奖"。

3.4.7　课程实践

"聚沙成塔,积微成著。"在教材编写、教学设计、课件制作、教辅平台搭建等多层级课程建设基础上,本课程正考虑更深入的课程内容改革和教学逻辑梳理。

本课程教材《信号与系统(第三版)》已经出版十多年,虽然理论内容仍然保持先进不影响使用性,但可以进一步更新应用案例,目前第四版编写工作正在进行中。

英文课堂自 2008 年开设至今,课堂教学使用英文 PPT 和英文讲解。考虑到电子工程系课程的安排,使用统一的中文教材和英文参考书。学生来自本校计算机系、工程物理系、生物系、电机系、自动化系、英文系等院系,以及美国、加拿大、澳大利亚、法国、德国、日本、韩国、马来西亚、尼泊尔等国家。

3.5　数字逻辑与处理器基础

3.5.1　课程定位

本课程属于电子工程系核心基础课程,目标是通过数字逻辑与处理器的讲授来搭建基础逻辑门与抽象算法之间的桥梁。本课程以基本原理和方法为核心,围绕数字电路与系统中的基本模块展开,系统地讲授数字逻辑电路和处理器的基本概念与原理、发展规律与理念(知识层面)、分析与设计方法(能力层面),使学生领悟且积极实践现代信息系统的数字化、结构化、同步化的设计思想(价值塑造)。在电子工程系宽口径的大类培养体系中,这是"数学物理基础—基础电子器件—逻辑电路与处理器—程序与算法—媒体与认知"链条中的关键环节,是电子信息专业核心素养的重要组成部分。

3.5.2 培养目标

本课程以数字电路和处理器的基本原理为核心,围绕数字电路与处理器系统中的核心模块的分析与设计展开,要求学生具有理解、分析、设计和评价基本数字电路与处理器的能力。

(1)熟悉数字电路与处理器的发展历史、基本概念、评价指标和实现方法。

(2)掌握基础数字电路和处理器的分析和设计技能。

(3)理解数字系统的数字化、结构化、同步化的设计思想。

3.5.3 课程大纲

序号	主 要 内 容	教学方式	教学时数	课外学时
1	概论: 课程信息与要求;课程背景与目标;核心问题与方法;历史、现状与发展规律	讲授	3	3
2	布尔代数: 数的表示;逻辑与布尔代数及化简	讲授	3	3
3	组合逻辑: 布尔表达式与开关电路的实现;组合电路定义与分析方法;组合逻辑电路设计方法和评估	讲授	3	3
4	时序逻辑: 从组合逻辑到时序逻辑;时钟,状态和有限状态机;时序逻辑基本电路单元;时序逻辑的分析、设计和实例	讲授	6	6
5	期中考试(课上)	考试	3	6
6	指令系统: 从算法到处理器的过渡;通用处理器的基本结构和程序执行流程;指令集设计思想;典型指令集介绍;基础汇编程序设计	讲授	6	6
7	微处理器基础: 计算机体系结构的基本概念;处理器的几个核心电路模块;单周期处理器的数据通路设计;单周期处理器数据通路的性能分析;多周期数据通路的设计与分析;单周期与多周期处理器的对比;中断与异常	讲授	6	6

续表

序号	主 要 内 容	教学方式	教学时数	课外学时
8	流水线处理器： 从单周期到多周期的过渡；流水线数据通路设计与分析；冒险检测与消除；中断与异常	讲授	9	9
9	存储器与I/O总线： 存储器架构；寄存器、SRAM、DRAM；缓存技术；I/O系统	讲授	6	6
		课时合计	45	48

3.5.4　教学安排

"数字逻辑与处理器基础"课程春季学期与秋季学期均开设,提供多个中英文平行课堂,课程大纲、讲义、作业、考核方式一致,课程讲授进度同步,方便教师、学生交流学习。在本课程负责人召集下,每个授课学期均设立由授课教师和助教组成的教学团队。每学期开始前,会进行学期教学规划研讨,统筹本学期讲课重点和调整思路。每经过一段时间,都会通过问卷调研等方式进行情况总结分析,并适当调整教学安排。每一讲或者期中与期末考试开始前,组织备课讨论会,总结前一讲中出现的问题,讨论新一讲的具体内容、授课方式、作业或考试的布置和评分思路。每一讲或两讲后,组织习题课,分析习题中出现的典型问题。每周组织答疑会,固定时间和地点为学生提供答疑安排,并提供预约答疑和邮件、微信答疑等灵活的答疑方式。每周教师提供开放交流时间,供学生前来交流讨论。授课材料在课前课后均根据实际需要及时提供。经过多年努力,课程新教材已完成出版,作者是汪玉、李学清、马洪兵、马惠敏,同时有多位资深助教参与教材编写。自 2022 年春开始,本课程开设英文课堂,实现授课、作业、考试的全英文流程。

本课程的考评方式为平时表现 5%＋课后作业(大、小作业)35%＋期中考试 25%＋期末考试 35%。

3.5.5　实践锻炼

本课程配套安排 2 学分的"数字逻辑与处理器基础实验"课程,需另选课学习,实验课程介绍详见 4.3.3 节。

3.5.6　培养成效

本课程源自原课程体系"数字逻辑电路"和"微机原理"两门课程的融合,近年来在多位教师的共同努力下，开创了国内独具一格的跨越逻辑门到处理器的单门融合课程。本课程的教学与实践，带领大批学生领会到了现代集成电路和信息处理计算之美，培养学生跨层次融合与折中优化的理念和能力，期望能够吸引更多的学生进入集成电路领域。

3.5.7　课程实践

本课程在第一周的绪论课后，先后讲述第一部分的数字逻辑电路和第二部分的处理器。绪论课定位较高，不仅介绍学科体系与现实应用中的背景，通过历史与发展规律、现状与趋势让学生形成基本概念，还生动形象地展示了支撑各种算法目标任务的数字化、结构化、同步化的数字电路处理器这个核心思想，从而让学生深刻意识到本课程不可取代的意义、众多仍可探索的空间以及有趣性。紧随其后的数字逻辑主要讲述布尔代数，目的是培养数字化思想，组合时序逻辑的分析设计旨在培养结构化和同步化的思想，并初步形成跨层次设计与折中优化理念。随后的处理器部分主要讲述指令集、冯·诺依曼处理器架构和流水线处理器，完成和上层算法的衔接，并达到进一步强化结构化和同步化思想的课程效果。本课程多课堂集中备课，支持融合讲授，配备诸多实例和课上交互、课外阅读任务及作业，并安排期中和期末考试。2020 年新冠疫情期间，本课程在校内首个成功实践线上期中考试，为其他课程和研究生复试提供了参考方案。在理论课之余，还配备实验课以进一步锻炼课程核心思想的实际动手转化能力，邀请工业界资深人士介绍处理器、存储器和人工智能加速器等方面的最前沿技术，强化综合课程效果。

本课程未来将改进方向定位于以下方面。

（1）充分与生活相结合，让教学更有趣，让学生更感兴趣。

（2）凝练最核心的课程内容体系，强化对数字逻辑与处理器基础概念、主流技术、核心思想的理解与掌握。

（3）继续完善教材，提高教材质量，提供更全面的小视频、课件、录像等教学配套资料。

3.6　概率论与随机过程

3.6.1　课程定位

本课程为电子工程系本科生的核心课。在教学体系中起到承前启后的作用，一方

面,作为微积分、线性代数等数学基础课的后续,完成从确定性思维到随机统计思维的
过渡;另一方面,作为后续通信、网络、信息等方面课程的先修,在知识与方法等方面打下
基础。"概率论与随机过程"是两学期课程,大二下学期的概率论重点讲授和讨论随机数
学与概率论的研究思想和基本处理方法,主要内容有概率空间、随机变量与分布、独立与
条件、离散/连续随机变量、多元分布、条件期望、特征函数等;大三上学期的随机过程讲
授和讨论随机模型与随机过程领域的研究思想和处理方法,主要内容有相关理论,包括
功率谱、Gaussian 过程、Poisson 过程、离散时间 Markov 链、连续时间 Markov 链等。

3.6.2　培养目标

通过本课程的学习,学生应该能够了解概率模型与随机过程领域的基本问题,明
确概率论与随机过程学科和电子信息学科间的相互联系,掌握基本思想和重要方法,
具备使用随机方法分析和解决问题的能力。

3.6.3　课程大纲

本课程分两学期授课。
第一学期"概率论与随机过程(1)"概率论的课程大纲。

序号	主 要 内 容	教学方式	教学时数	课外学时
1	**第 1 章　课程介绍与古典概型** 　1.1　概率的直观概念 　1.2　等概模型与古典概型 　1.3　古典概型的应用 　1.4　样本空间的基本概念	讲授	2	3
2	**第 2 章　概率空间** 　2.1　样本空间的概念深化 　2.2　σ 代数的基本概念与不可测集合 　2.3　概率的定义与基本性质 　2.4　概率空间的定义 　2.5　容斥原理的概念与应用	讲授	2	3
3	**第 3 章　独立性** 　3.1　独立的基本概念 　3.2　独立与两两独立 　3.3　集合指示函数的基本概念与应用 　3.4　集合的上下极限 　3.5　Borel-Cantelli 引理	讲授	2	3

序号	主 要 内 容	教学方式	教学时数	课外学时
4	**第 4 章　条件概率** 4.1　条件概率的定义 4.2　乘法原理与条件概率 4.3　加法原理与全概率公式 4.4　Bayesian 公式及其应用	讲授	2	3
5	**第 5 章　随机变量与分布函数** 5.1　随机变量的基本概念 5.2　随机变量与 σ 代数的适应 5.3　分布函数与概率密度的基本概念 5.4　连续/离散分布的一致表达 5.5　随机向量和其他随机对象	讲授	2	3
6	**第 6 章　离散随机变量** 6.1　Bernoulli 分布 6.2　二项分布及其应用 6.3　Poisson 分布 6.4　几何分布与超几何分布 6.5　Poisson 逼近的初步介绍	讲授	2	3
7	**第 7 章　期望（Ⅰ）** 7.1　期望的基本概念 7.2　期望的基本计算方法 7.3　期望的线性性质及其应用 7.4　方差的基本概念及其应用	讲授	2	3
8	**第 8 章　期望（Ⅱ）** 8.1　矩的基本概念 8.2　凸函数与 Jensen 不等式 8.3　高阶矩的概率含义 8.4　熵的基本概念 8.5　熵的性质与计算方法	讲授	2	3
9	**第 9 章　连续随机变量** 9.1　基于最大熵的连续分布导出 9.2　均匀分布 9.3　指数分布及其应用 9.4　一元高斯分布及其性质 9.5　高斯积分的估计方法	讲授	2	3

续表

序号	主 要 内 容	教学方式	教学时数	课外学时
10	**第 10 章　随机变量的函数** 10.1　随机变量函数分布的基本导出方法 10.2　典型随机变量的初等函数举例	讲授	2	3
11	**第 11 章　特征函数** 11.1　特征函数的基本概念 11.2　特征函数的基本性质 11.3　利用特征函数计算高阶矩 11.4　利用特征函数研究随机变量的和	讲授	2	3
12	**第 12 章　极限定律** 12.1　随机变量的收敛概念 12.2　大数定律 12.3　中心极限定理	讲授	2	3
13	**第 13 章　概率不等式** 13.1　Chebyshev 不等式 13.2　Markov 不等式 13.3　Chernoff 不等式 13.4　概率不等式的应用	讲授	2	3
14	**第 14 章　多元随机变量** 14.1　多元分布的基本概念 14.2　多元分布的性质 14.3　二元随机向量的一维函数的分布 14.4　二元随机向量的二维映射的分布	讲授	2	3
15	**第 15 章　条件分布与条件期望（Ⅰ）** 15.1　条件分布的基本概念 15.2　条件分布的基本性质 15.3　条件期望的基本概念 15.4　条件期望的基本性质	讲授	2	3
16	**第 16 章　条件分布与条件期望（Ⅰ）** 16.1　条件期望的典型应用 16.2　条件期望的几何意义 16.3　条件期望几何意义的应用	讲授	2	3
		课时合计	32	48

第二学期"概率论与随机过程(2)"随机过程的课程大纲。

序号	主 要 内 容	教学方式	教学时数	课外学时
1	**第 1 章** 概率论基本知识回顾 1.1 概率公理,概率三元组 1.2 随机变量,分布,密度 1.3 随机变量的数字特征:期望、方差、熵 1.4 常见的离散随机变量:Bernoulli、Binomial、Geometric、Poisson 1.5 常用的连续随机变量:Uniform、Exponential、Gaussian、Rayleigh 1.6 条件概率和条件期望 1.7 概率计算的重要工具:特征函数、概率不等式 1.8 大数定律和中心极限定理	讲授	3	5
2	**第 2 章** 高斯过程(Ⅰ) 2.1 高斯过程的基本概念 2.2 多元高斯分布 2.3 多元高斯的特征函数 2.4 多元高斯分布的性质:线性变换 2.5 多元高斯分布的性质:联合分布与边缘分布 2.6 多元高斯分布的性质:独立与不相关 2.7 多元高斯分布的性质:条件分布 2.8 多元高斯分布的性质:非线性变换 2.9 Price 定理和 Bussgang 性质	讲授	3	5
3	**第 3 章** 高斯过程(Ⅱ) 3.1 高斯过程与机器学习 3.2 非线性回归 3.3 从参数模型到高斯过程 3.4 高斯过程回归 3.5 相关函数(核函数)举例 3.6 高斯过程模型的学习 3.7 高斯回归举例	讲授	3	5
4	**第 4 章** 高斯过程(Ⅲ) 4.1 Brown 运动的基本概念 4.2 Brown 运动的基本性质:反射 4.3 Brown 运动的基本性质:二次变差 4.4 基于 Brown 运动的随机积分 4.5 Ito 积分与 Ito 公式 4.6 Ito 公式的应用——期权定价	讲授	3	5

续表

序号	主 要 内 容	教学方式	教学时数	课外学时
5	**第 5 章　Poisson 过程（Ⅰ）** 5.1　点过程的基本概念 5.2　Poisson 过程的三条基本假设 5.3　Poisson 过程的导出 5.4　Poisson 过程的基本性质：平稳性、事件间隔分布、事件时刻分布 5.5　Poisson 过程的基本性质：事件时刻的条件分布 5.6　顺序统计量（Order Statistics）简介	讲授	3	5
6	**第 6 章　Poisson 过程（Ⅱ）** 6.1　Poisson 过程的拓展：非齐次 Poisson 过程 6.2　Poisson 过程的拓展：复合 Poisson 过程 6.3　Poisson 过程的拓展：过滤 Poisson 过程 6.4　Inspection Paradox 6.5　Poisson 过程在排队论中的应用：$M/G/\infty$	讲授	3	5
7	**第 7 章　离散时间 Markov 链（Ⅰ）** 7.1　Markov 性质的含义 7.2　Markov 链的基本定义 7.3　Markov 链的平稳性 7.4　Markov 链举例 7.5　Chapman-Kolmogorov 方程 7.6　Markov 链的转移概率计算 7.7　Markov 链的基本性质：可达、相通、不可约	讲授	3	5
8	**第 8 章　离散时间 Markov 链（Ⅱ）** 8.1　Markov 链状态分类 8.2　Markov 链的常返性 8.3　Markov 链常返性的判定方法：转移概率 8.4　Markov 链常返性的判定方法：本质态 8.5　Markov 链常返态举例：随机游动	讲授	3	5
9	**第 9 章　离散时间 Markov 链（Ⅲ）** 9.1　Markov 链的进一步分类：正常返，零常返 9.2　Markov 链的周期性 9.3　Markov 链的不变分布 9.4　Markov 链的极限分布	讲授	3	5

续表

序号	主 要 内 容	教学方式	教学时数	课外学时
10	**第 10 章** 离散时间 Markov 链（Ⅳ） 10.1 离散时间 Markov 链的应用——PageRank 10.2 离散时间 Markov 链的应用——MCMC 10.3 离散时间 Markov 链的应用——HMM 10.4 离散时间 Markov 链的应用——强化学习	讲授	3	5
11	**第 11 章** 连续时间 Markov 链（Ⅰ） 11.1 连续时间 Markov 链的基本概念 11.2 Markov 链的无穷小生成元 11.3 Kolmogorov-Feller 方程 11.4 两状态连续时间 Markov 链 11.5 极限分布与连续分布 11.6 生灭过程	讲授	3	5
12	**第 12 章** 连续时间 Markov 链（Ⅱ） 12.1 生灭过程与排队论 12.2 排队论的基本问题 12.3 M/M/1 12.4 M/M/k 12.5 Little 公式与 Erlang 公式	讲授	3	5
13	**第 13 章** 随机过程的相关理论（Ⅰ） 13.1 相关的基本概念 13.2 相关的几何含义 13.3 内积与 Cauchy-Schwarz 不等式 13.4 相关函数的定义与性质 13.5 随机过程的宽平稳特性 13.6 正定函数与相关函数的正定性 13.7 正定性的判别与 Bochner 定理	讲授	3	5
14	**第 14 章** 随机过程的相关理论（Ⅱ） 14.1 非平稳过程——周期平稳过程 14.2 周期平稳过程举例——通信调制 14.3 非平稳过程——正交增量过程 14.4 正交增量过程举例——Brown 运动	讲授	3	5
15	**第 15 章** 随机过程的相关理论（Ⅲ） 15.1 多元相关的基本概念 15.2 多元相关举例——去相关 15.3 多元相关举例——主成分 15.4 多元相关举例——双正交 15.5 Karhunen-Loeve 展开及其应用	讲授	3	5

续表

序号	主 要 内 容	教学方式	教学时数	课外学时
16	**第 16 章 随机过程的谱分析** 16.1 确定性信号的谱分析方法回顾 16.2 随机信号谱分析的困难所在 16.3 解决途径之一——功率谱密度与 Wiener-Khinchine 关系 16.4 解决途径之二——谱表示与谱分布 16.5 谱表示的应用——Shannon 采样定理 16.6 功率谱的应用——随机信号通过线性系统后功率谱的变化	讲授	3	5
		课时合计	48	80

3.6.4 教学安排与教学实践

本课程的中英文课堂大纲、平时作业、期中期末考试及其计分方式完全一致。考评方式如下：平时表现 5%＋课后作业(小作业＋大作业)25%＋期中考试 35%＋期末考试 35%。

课外安排学生阅读相关文献，了解概率论与随机过程在本学科以及其他相关学科的应用以及最新的研究进展，开拓学生视野，拓宽知识面。在条件允许的情况下，给学生布置一些具有研究性质的大作业，鼓励学生利用课上所学知识，建立适当的模型，分析与解决实际问题。

学生通过本课程学习，在概率论与随机过程方面形成一定的知识基础，掌握一些基本方法并形成初步能力，有利于后续课程学习。

课程后续将进一步完善习题，提高教学的针对性，实现和其他核心课的更深入的配合。

3.7 电磁场与波/电动力学

3.7.1 课程定位

"电磁场与波/电动力学"课程是电子系本科生 10 门核心基础课程之一，与核心课"固体物理"共同构成电子信息科学与技术知识体系 MAP 图的物理层底层基础，在"场与物质"相互作用关系中，本课程重点考查场的特性。电磁理论在雷达、通信、导航、遥感及光电子等诸多领域有着极其重要的应用。电磁理论的学习对于学生从事电子工程相关方向的科研工作具有重要意义,对于从事凝聚态物理、等离子体物理、粒子加速器等领域的研究也有极大的帮助。

本课程承接大学"普通物理",从麦克斯韦方程组出发,介绍电磁场/电磁波的一般规律,包括静电场、静磁场、电磁波传播与辐射等内容,为"微波工程""微波与光导波技术""天线技术"等后续专业限选课提供支撑。

"电磁场与波"和"电动力学"的课程大纲基本相同,只是根据课时的不同而有所取舍。"电磁场与波"为 48 学时,可满足电子工程系大部分学生的学习需求,而"电动力学"为 64 学时,主要面向那些希望对电磁场理论有更深入了解的学生。相比于"电磁场与波","电动力学"对于格林函数在静电场边值问题求解以及电磁波辐射问题中的应用进行了更深入的介绍,并增加了稳恒电流场的内容。同时,补充了关于荷电粒子辐射特性的介绍,从而让学生对于经典电磁理论有更为全面的认识和理解。

3.7.2　培养目标

本课程介绍电磁场的基本性质,帮助学生掌握分析求解电磁场问题的基本方法。从大学物理课程中对电磁现象的定性描述过渡到本课程对电磁场问题的定量描述,了解电磁场的基本规律,掌握核心概念,熟悉电磁问题分析求解的典型方法。培养学生分析和解决现实世界实际问题的能力,为后续的电子信息类专业课程的学习打下基础。

3.7.3　课程大纲

"电动力学":4 学分(课程内容更深入),所列内容全部讲授。
"电磁场与波":3 学分,标 * 的内容选讲。
"电磁场与波"(英文课堂):3 学分,标 ** 的内容选讲。

"电磁场与波/电动力学"课程大纲

序号	主 要 内 容	教学方式	教学时数	课外学时
1	**第 1 章　自由空间的 Maxwell 方程组** 　1.1　电荷与电荷守恒、Lorentz 力 　1.2　Coulomb 定律 　1.3　静电场积分与微分定律 　1.4　Biot-Savart 定律 　1.5　静磁场微分与积分定律 　1.6　Faraday 电磁感应定律 　1.7　Maxwell 的位移电流学说 　1.8　Maxwell 方程组及电磁场边界条件 　1.9　电磁波方程与准静态场	讲授	6/8	6/8

续表

序号	主 要 内 容	教学方式	教学时数	课外学时
2	**第 2 章　静电场** 2.1　静电场的标量势（位）函数，标量 Poisson 方程与 Laplace 方程 2.2　静电标量势函数的多极展开 2.3　电偶极矩与电偶极子 2.4　电四极矩与电多极矩 ** 2.5　静电场中的导体 2.6　媒质的极化 2.7　电介质，电感应强度，束缚电荷 2.8　介电率，本构方程，静电场和静电势的边界条件 2.9　静电场的能量 2.10　储能密度 2.11　Laplace 方程的边值问题 2.12　唯一性定理 2.13　导体存在时的唯一性定理 2.14　分离变量法 2.15　镜像法 2.16　Green 函数 ** 2.17　恒定电流场 * / **	讲授	15/22	15/22
3	**第 3 章　恒定磁场** 3.1　恒定磁场的矢量势（位）函数，Coulomb 规范，矢量 Poisson 方程 3.2　给定电流分布的磁矢势和磁感应强度 3.3　磁矢量势函数的多极展开，磁偶极子 3.4　媒质的磁化，磁场强度，磁导率，磁性材料 3.5　磁场的能量和储能密度 3.6　静磁场边值问题及唯一性定理 3.7　恒定磁场的标量势函数 **	讲授	4/6	4/6
4	**第 4 章　时变电磁场与电磁波的传播** 4.1　介质中的 Maxwell 方程组 4.2　电磁场能量守恒，瞬时值形式的 Poynting 定理 4.3　频域的 Maxwell 方程组，时谐场 4.4　复数形式的 Poynting 定理 4.5　波动方程和 Helmholtz 方程 4.6　均匀平面电磁波	讲授	14/18	14/18

续表

序号	主 要 内 容	教学方式	教学时数	课外学时
4	4.7 平面波在介质界面上的反射与折射,Snell 定律 4.8 Fresnel 公式,Brewster 角,临界角与全反射 4.10 导电媒质中的平面波,良导体与完纯(理想)导体 4.11 平面波在导体面上的反射 4.12 波导与谐振腔 ＊＊ 4.13 介质的色散	讲授	14/18	14/18
5	第 5 章 电磁波的辐射 5.1 时变电磁场的动态势(位)函数,Lorentz 规范,d'Alembert 方程 5.2 连续电荷系统的推迟势,Jefimenko 公式 5.3 动态势的多极展开 ＊＊ 5.4 电偶极辐射,短天线,半波天线 ＊＊ 5.5 磁偶极辐射 ＊＊ 5.6 Lienard-Wiechert 势 ＊/＊＊ 5.7 荷电粒子的辐射 ＊/＊＊	讲授	9/10	9/10
		课时合计	48/64	48/64

3.7.4 教学安排

"电磁场与波/电动力学"课程在春季学期同时开设多个平行课堂(包括中文和英文课堂),各个课堂的课程大纲基本一致。其中,"电动力学"为 4 学分,"电磁场与波"为 3 学分。不同课堂的书面作业与考试内容略有差别。同时课程还在秋季学期设置一个独立的错季课堂,与春季学期讲授内容和考核方式一致。

不同平行课堂的期末考试形式不同,既有闭卷考试,也有开卷考试,为不同学生提供了最适合自己学习习惯的考试形式。为保证平行课堂考试成绩的可比性,所有平行课堂的最终给分比例固定,其中 20％学生评价 A,50％学生评价 B,30％学生其他评价。闭卷考试包括简答题和计算题,开卷考试仅包含计算题。简答题主要考查基本概念和核心知识点,部分介绍性的知识也是通过简答题进行考查;而计算题包含绘图、计算和推导,每题包含 2～4 个小问题,由浅及深考查学生运用核心知识点解决具体计算问题的能力,并能够区分学生对概念理解的深浅和对知识掌握的熟疏。考试完全涵盖了教学大纲中 Maxwell 方程组、静电场、标量电势、静电场、恒定磁场、矢量磁势、标量磁势、时变电磁场、波动方程、Poynting 定理、能量和能流、平面电磁波、反射与折射、波导与谐振腔、时变场的标势与矢势、偶极辐射的内容。

3.7.5　实践锻炼

"电动力学"及"电磁场与波"课程有配套的实验课,安排在"微波工程"或"微波与光导波技术"课程后进行,包括电磁场与微波技术的相关内容。

"电磁场与微波实验"是配套的实验课程,针对电磁场"看不见、摸不着"的特点,采用以动画演示,电磁波综合测试仪、驻波测量线系统、矢量网络分析仪 3 套实验系统的操作实验以及 ADS 仿真实验等多种方式相结合的模式完成教学内容。本课程共安排 4 个实验项目,内容涵盖研究电磁波在空间的传播特性,包括反射折射特性、极化特性等,以及频率选择表面对电磁波的作用;在驻波测量线系统上研究驻波分布和测量负载阻抗;使用矢量网络分析仪进行关于各类微波元器件的阻抗、匹配、传输参数等特性的测量研究;使用 ADS 仿真软件对传输线的特性和各类匹配电路进行研究分析。

3.7.6　培养成效

经过授课教师和选课学生的共同努力,课程的教学效果不断提高,受到了电子工程系学生的普遍认可,同时还有工程物理系、未央书院及行健书院等外系学生选修本课程。

作为一门知识体系相对完善的课程,在教学过程中除了讲授课程的基本知识外,重点引导学生掌握归纳和演绎的基本思维方法,从而为在未来的科研工作中分析和解决实际问题打下基础。

3.7.7　课程实践

"电磁场与波/电动力学"课程作为知识体系较为完善的课程,通过多年的建设已经形成较为成熟的教学体系。同时,课程组各位教师根据自己的最新科研进展,结合课程内容,科普前沿电磁学内容。例如,在"电磁场与波"课程中,微波方向的张志军教授介绍了有限差分、时域有限差分等计算电磁学相关的知识,而光电子方向的刘仿和薛晓晓老师则补充了表面等离子体激元、光学微腔等相关知识;在"电动力学"课程中,则介绍了光子轨道角动量的相关概念及其应用。这种课程知识与学科前沿相结合的授课方式,获得了良好的反响。未来将进一步加以完善,使得电磁场课程教学能够与时俱进。

3.8　通信与网络

3.8.1　课程定位

"通信与网络"课程是电子系本科生 10 门核心基础课程之一。在传统的电子信息专业课程设计中,相关内容通常由两门或者更多的课程涵盖,造成学生课时负担沉重,而且两类问题间的关联无法显性地在教学中展现。本课程突破传统教学模式和内容组织方式,创新性地提出了"有什么样的信道,就有什么样的信息传输方式"的课程组织理念。并以此为线索,首次在一门课程中全面涵盖了通信与网络的系统知识,有效地帮助学生认识信息传输系统的逐层构架方式。利用信息传输矛盾在不同信道环境中的不同表现形式和解决方法,将通信与网络问题统一到一个框架下进行讲授。通过创新知识框架构建方式,使得学生在学习中能够认识到信息传输通道(约束)和信息传输方式的相互关系和相互作用是核心主题,而具体的网络协议、编码方法和调制方式则都是在这样的相互作用中随着人类认知和技术手段的变化而逐步演化出的特例,通信和网络并不是问题划分的本质。这样的知识框架实际上也已经被近年来信息网络发展,特别是分组交换网络和无线网络的发展所佐证。网络协议、信源和信道编码、基带和载波调制问题既有差异,又存在共性。电子信息学科的本科生需要对各类信息传输问题及其相关的信息传输方法都具有良好的认知与应用能力。

3.8.2　培养目标

本课程旨在帮助学生在前两年数学类或偏数学类课程(特别是"线性代数""概率论与随机过程""信号与系统")基础上,掌握设计、分析、优化和评估信息传输系统的方法,具备信息网络架构、端到端可靠传输、路由与多址、差错控制、数字调制和信息压缩的基础知识和设计能力。本课程使得学生具有使用数学工具和物理概念设计现实世界中复杂信息传输系统的能力,为后续的电子信息类专业课程的学习打下基础。通过本课程的学习,学生将建立起通信与网络的数学模型和核心概念,为他们利用数学建模和抽象解决实际问题打下了基础;学生将初步掌握利用数学模型描述通信与网络,并采用协议、编码和调制进行处理的基本思想。

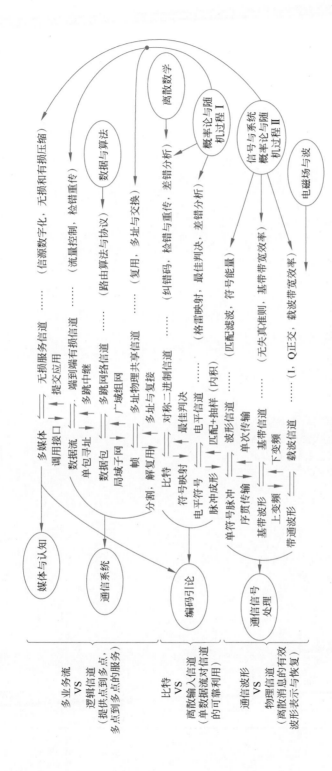

"通信与网络"课程知识体系

3.8.3　课程大纲

序号	主 要 内 容	教学方式	教学时数	课外学时
1	通信与网络概论	讲授	2	3
2	信息的数字化与压缩： 模拟信号的数字化，抽样与量化；无损压缩及其极限，信源编码与熵	讲授＋实验	4＋2	9
3	数字调制： 电平信道与最佳判决；波形信道的单符号传输与匹配滤波；波形信道的序贯传输与 Nyquist 准则；带通信道的载波传输	讲授＋实验	16＋2	27
4	差错控制(1)： BSC 信道、重复编码与冗余；码距与纠错、检错能力；系统码、线性码与标准阵列译码；Hamming 码及其性能	讲授＋实验	8＋2	15
5	差错控制(2)： 链路层传输模型；典型 ARQ 及其性能	讲授＋实验	2＋2	6
6	多址接入： 通信资源的划分与确定性多址（TD/FD/CD）；随机多址接入及其性能（Aloha、Slotted Aloha、CSMA/CA、CSMA/CD）	讲授＋实验	4＋2	9
7	交换结构： 电路交换与分组交换；无阻塞结构、排队及性能	讲授	2	3
8	网络路由： 网络的图模型、边代价与最大流；最短路径算法与典型路由协议	讲授＋实验	3＋2	8
9	流量控制： 端到端模型与拥塞的成因；拥塞控制的滑窗协议	讲授＋实验	3＋2	8
10	通信与网络的整体观： 可靠传输的性能极限；系统的性能分析案例	讲授＋实验	2＋2	6
11	学科前沿选讲	讲授	2	2
		课时合计	48＋16	96

3.8.4　教学安排

"通信与网络"课程在秋季学期同时开设 3 个或 4 个平行课堂,课程讲授进度同步,书面作业、实验、考核方式及试题均一致。课程在春季学期设置一个独立的英文课堂,与春季学期的讲授内容和考核方式保持一致。

在课程成绩的评定上摒弃了唯考试论,以学生知识掌握与应用能力的提高为牵引,设计了如下成绩评定方式。

(1) 书面作业(15%):帮助学生复习课堂中学习的基础知识,内容紧扣教学内容,包含一部分挑战题型(不超过 20%)。

(2) 实验(8 次,25%):训练学生通过实验,在实践中进一步理解通信与网络的核心知识及其工程实现考虑。实验内容与教学内容、授课进度密切相关。

(3) 期末考试(60%):考查学生对课程核心知识的掌握情况,重点考查对于通信与网络的核心知识点的理解,以及运用数学工具设计、分析、优化和评估通信与网络的综合能力。

3.8.5　实践锻炼

课程设计了 8 次需要实际操作的实验,实验内容覆盖了通信与网络的核心知识点,特别是对于网络协议这种需要在实际操作中进行理解的内容,让学生体会"纸上得来终觉浅,绝知此事要躬行"的学习方法,重视通信与网络的工程实践。而在通信原理中,通过实验让学生深刻理解为什么理论上的推导是正确的、最优的,为什么可以建立如此的信道数学模型并由此设计符合信道的信息传输方法。相关实验由教师和助教全程指导,并根据现场情况和实验报告评定成绩。

3.8.6　培养成效

经过授课教师和选课学生的共同努力,课程教学内容及其展开方式逐渐收敛,课程的教学效果也在不断提高中。

3.8.7　课程实践

经过十年的建设,"通信与网络"课程体系已经基本搭建完成,但教材的出版一直还未实现,教学辅助材料等配套支撑还不充分,应进一步完善相关资源,以配合"通信与网络"课程在国内的推广,争取有更多的高校采用我们的课程体系与教学方法。与此同时,还需进一步出版英文教材和教辅资料,包括 PPT 和实验指导书等。

3.9　固体物理基础

3.9.1　课程定位

"固体物理基础"课程是电子工程系本科生 10 门核心基础课程之一。通过本课程的学习,学生将掌握固态物质的基本结构和其中粒子的运动规律,奠定开展电子科学与技术和现代信息技术相关工作所需要的基本物理基础。在 2012 年的课程改革中,我们将原有课程体系中的"固体物理"(48 学时)和"半导体物理"(32 学时)两门课程按照现有学时要求以及电子工程系本科生培养目标和多年教学实践的经验,合并为现在的"固体物理基础"(48 学时)课程。本课程力求把固体物理的知识体系化和结构化。固体物理是研究固体微观结构及其组成粒子(原子、离子、电子等)之间相互作用与运动规律的科学。这些粒子以及准粒子的运动规律均可以用量子力学的薛定谔方程来描述和处理。薛定谔方程不仅可以描述自由电子和晶体中电子的运动,同时也适用于研究描述原子热振动的声子,乃至表面等离子等准粒子系统。本课程以薛定谔方程贯穿始终,强调固体物理的知识结构以及各个基本概念之间的相互联系。

本课程注重基本概念和基本规律的教学,简化了多种半导体器件的细节分析,例如,三极管和场效应管等;同时,结合电子工程系科研方向,着重强调电特性部分的内容,增加了光与物质相互作用的部分,兼顾磁效应、热效应并做了适当的简化,例如,课程中重点讲述的是一维电子的薛定谔方程,而对数学上较为复杂,但是物理概念没有不同的三维模型进行了大幅的简化。这样既保留了原有两门课程中最为重要的核心概念,又减少了课时数和学生的作业量,并且更为符合本课程名称"固体物理基础"中的"基础"二字。本课程旨在给电子信息科学与技术大类本科生建立固体物理的基本概念,故根据电子信息科学与技术大类本科生的学习特点调整了内容顺序。与多数的固体物理课程不同,我们将晶格振动-格波以及热特性的内容放到电子能带理论和固体电特性的内容之后,这样更有利于学生对声子能带概念的理解,也更适合电子信息类的学生对于电子运动规律及固体电特性的集中掌握。

3.9.2　培养目标

本课程的主要内容是诠释固体中电子的运动规律,同时也给出了晶格振动的分析。包括运用量子力学的理论,描述原子结合、晶体结构、能带理论、晶格振动等固体物理学的核心概念和理论;在此基础上,推导出固体的电学、磁学、热学、光学特性及其在器件中的应用。本课程具体的教学目标为:通过本课程的学习,学生不仅可以掌握本学科相关主要物质材料的结构、特性,为理解电子/光子器件的工作原理打下基础,还将建立起对物质世界正确的认识方法。理解物质世界是"测不准"的、非确定性的、量子化的,又是相互联系相互作用的,物质与电磁场的相互作用是构成各种器件的基础;同时认识到人类对物质世界的认识是不断发展的,了解固体物理学的发展脉络,把握物质材料及其结构研究的前沿,激发在新器件和新系统研发中的创新思维。

3.9.3 课程大纲

"固体物理基础"课程大纲

序号	主 要 内 容	教学方式	教学时数	课外学时
1	绪论: 固体物理学的研究内容(凝聚态物理、固体物理、晶体物理);人类对物质结构认识的发展简史;固体物理学发展简史;本课程的教学内容及安排和考核方式	讲授	2	2
2	晶体的结构: 晶格与点阵,晶格的几何描述(晶胞、晶向、晶面),晶体的宏观对称性;倒格子与布里渊区,晶格结构的观测;晶格中的缺陷与扩散,非晶体、准晶体。 (实验:认识晶体——晶体的对称性)	讲授+实验	4+3	8
3	固体的结合: 固体结合的规律,固体结合的量子理论——分子轨道理论;固体结合的类型(离子结合、共价结合、金属性结合),原子和分子固体	讲授	3	3
4	固体电子论: 自由电子论(德鲁德模型和索末菲模型,波函数与 E-k 关系、能级与态密度),周期势场中电子运动状态(布洛赫定理、近自由电子近似、紧束缚近似),费米统计分布	讲授	6	12

序号	主 要 内 容	教学方式	教学时数	课外学时
5	固体的电特性： 外场中电子运动状态的变化(波包和电子速度、加速度、有效质量、准动量、恒定电场作用下电子的运动、导体、绝缘体和半导体的能带论解释),金属中电子输运过程,半导体中载流子的输运过程(载流子浓度、本征激发、杂质能级与杂质激发、载流子的迁移及扩散、非平衡载流子),霍尔效应	讲授	9	12
6	固体间接触的电特性： 功函数与接触电势,PN结(PN结的形成、结的单向导电特性),异质结,金属-半导体结和金属-绝缘体-半导体系统	讲授	9	12
7	晶格振动和固体的热特性： 一维原子链的晶格振动(晶格振动的简谐近似、一维单原子链和双原子链的晶格振动),晶格振动的量子化-声子,固体的热特性(热容、热传导、非简谐效应)	讲授	6	6
8	固体的磁特性： 原子的磁性(固有磁矩、感生磁矩),固体磁性概述(抗磁性与顺磁性、铁磁性)	讲授	3	3
9	超导态的基本现象和基本规律： 超导态的基本现象(零电阻性、迈斯纳效应、磁通量子化、超导能隙、同位素效应),超导态的理论模型(唯象理论、微观理论、约瑟夫森效应)	讲授	3	3
10	电磁场与物质的相互作用： 电磁场与介质的相互作用(非共振相互作用、共振相互作用),电磁场与金属导体的相互作用	讲授	3	3
		课时合计	48+3	64

3.9.4　教学安排

"固体物理基础"课程在春季学期同时开设多个平行课堂(包括中文和英文课堂),各个课堂的课程大纲、书面作业与考试完全一致。同时课程还在秋季学期设置一个独立的错季课堂,该课堂专门为春季学期未能通过考核或者因特殊原因春季学期无法选课的学生开设,不能自由选课。讲授内容和考核方式与春季学期完全一致。

在课程成绩的评定上,以考查学生对知识的掌握与应用为牵引,设计了如下的成绩评定方式。

(1) 书面作业(15%): 11 次纸版作业,一次大作业和一次实验。

(2) 期中考试(闭卷,30%～35%)。

(3) 期末考试(闭卷,55%～50%)。

期中和期末考试采用闭卷考试的形式,包括了填空题和计算题两种形式。填空题主要考查基本概念和核心知识点,部分介绍性的知识也主要是通过填空题进行考查;而计算题包括绘图、计算和推导,每题包含 2～4 个小问题,由浅及深考查学生运用核心知识点解决具体计算问题的能力,并能够区分学生对概念理解的深浅和对知识掌握的熟疏。考试完全涵盖了教学大纲中固体的结合、固体电子论、固体的电特性、固体的磁特性、固体热性质 5 部分的内容,其中固体的磁特性知识是介绍性的内容,主要通过填空题进行考查,而其他部分也有涉及。

3.9.5　实践锻炼

课程安排了 1 次实验"认识晶体——晶体的对称性",时间安排在第 4 周,全体学生分 6 次进行实验。实验内容为搭建晶格结构的实验,用球棍模型组成面心立方晶格、金刚石晶格以及面心立方晶格的原胞,并用特定颜色的小球标明密堆结构、嵌套结构以及原胞顶点位置等。通过该实验课增加学生对于晶体结构的形象认识,加深对晶格、原胞、惯用晶胞和晶格常数等描述晶体结构相关基本概念的理解。

3.9.6　培养成效

"固体物理"是电子信息科学与技术专业的基础课程。为了适应电子信息学科的快速发展,满足国家的需求,我们意识到应该培养掌握电子信息工程和电子科学与技术两个学科领域的知识、具有更强专业适应性的人才。电子工程系于 2007 年启动的课程改革,打通了两个专业的课程,其中重要的一项工作就是将"固体物理"列为全系本科生必修的 10 门核心课之一。由于是新增的必修课程,部分学生对学习"固体物理"抱有抵触心理,学习动力不足;同时由于"固体物理"涉及内容繁多,知识体系不够清晰,也增加了课程学习的难度。为此授课团队的思路是从激发学习动力,注重知识体系入手,一方面让学生认识到学习"固体物理"的重要性和必要性,提高学生学习本课程的积极性和热情;另一方面梳理知识体系结构,帮助学生更好地掌握本课程的内容。从 2011 年"固体物理"作为必修核心课实施以来,经过十多年的努力,学生逐步认识到打通两个专业课程的重要性,对"固体物理"课程的学习态度有明显转变,学生愿意投入时间精力认真学习。同时,授课团队在知识体系梳理上下功夫,把众多概念的相互关系绘制成图,帮助学生理解掌握。《固体物理基础》教材已于 2023 年出版。

3.9.7　课程实践

本课程力求把固体物理的知识体系化、结构化,运用量子力学理论,以薛定谔方程贯穿始终,给出固体物理的知识结构以及各个基本概念之间的相互联系。同时,针对电子系的专业特点调整了内容顺序,将晶格振动以及热特性的内容放到电子能带理论和固体电特性的章节之后。这样一方面有利于对声子这种准粒子能带概念的理解,也更加适合电子信息类的学生对于电子运动规律及固体电特性的集中掌握。从 2011 年"固体物理"作为必修核心课实施以来,在知识体系梳理上下功夫,把众多概念的相互关系绘制成图,帮助学生理解掌握;黄翊东老师编写的教材,作为讲义试用了多年,已于 2023 年正式出版。

在教学方法方面,则根据"学习理论",充分研究学生的"先验知识",将学生在其他已学课程中建立起来的概念纳入本课程的教学之中,促进学生对新概念和信息的接受;知识体系是建立在为数不多的"核心概念"之上的,在教学中让学生明晰哪些内容是核心概念,哪些内容是核心概念在某种具体条件下的实例,通过这些实例的学习加深对核心概念的理解和掌握。同时,注重"元认知"的重要性,设计了用小球、细棒插件制作晶格模型的实验,学生通过实验对晶格构造建立起了直观的感性认识。每堂课后除作业外,还会布置课后测试题,帮助学生了解自己对授课内容的掌握程度。这些做法提升了教学效果,提高了教学效率,也使学生逐步认识到打通两个专业课程的重要性,对"固体物理"课程的学习态度有明显转变,学生愿意投入时间精力认真学习,也逐渐认可了本课程。

经过十多年来多个课堂的教学实践,"固体物理基础"课程大纲目前已经基本稳定。总体来看,课程大纲内容难度合适,各章节课时分配合理,与其他课程内容衔接也较好,课程组下一步将尝试增加可视化模拟仿真教学材料。课程组还将继续推进 30～50 人小班教学的尝试,通过小班教学更有利于因材施教以及增加课上讨论。同时,为了配合小班教学,在现有任课教师的基础上再吸收 2 名或 3 名年轻教师,充实到教学团队中。

目前,本课程除中文课堂外,还在 2021 年秋季学期开设了英文课堂。其中英文课堂与中文课堂的教学大纲和教学内容保持完全一致,上课时间、作业和考题也完全一致。中英文课堂之间的差别仅为课件和授课语言不同,这样,学生选择中文或者英文课堂可完全根据自身对语言的需求,而不会有其他公平性的问题。事实上,我们发现有部分学生为了练习英文特别选择了英文课堂,而有部分留学生选择了中文课堂。从目前教学实践来看,课程组统一中英文课堂的教学内容和考核的做法是成功的。

3.10　媒体与认知

3.10.1　课程定位

"媒体与认知"课程是电子系本科生 10 门核心课之一,也是电子信息科学与技术知识体系 MAP 图最顶层对应的核心课。

本课程在学生前期所学习的"信号与系统""数据与算法""程序设计"等核心课基础上,进行人工智能、机器学习、媒体信息处理等相关领域的专业知识学习。与人类视听觉感知密切相关的图像、语音和文本(语言)等跨媒体多模态信息在社会、经济和国家安全等领域中具有重要作用,并在今后相当长的时间内仍将继续体现出其重要价值。本课程的学习目标是探索这类跨媒体多模态信息如何被人类直接感知和理解的机制和机理,并研究网络模型使之也可用计算机等智能机器进行处理。目前,尽管计算机的计算能力已经超出人类,但计算机的信息感知和理解能力还远逊于人类,且智能处理效率远不能满足当今社会的发展需求。如何借鉴人类的认知机理和相关人工智能领域的最新研究成果,建立新的计算模型和推理方法,从而大幅提高计算机对这类信息的理解能力与处理效率(含功耗),不仅可有力推动人工智能和信息科学的快速发展,也将为国民经济、社会服务以及国防军事的发展做出重大贡献。

在传统的电子信息专业课程设计中,人工智能、机器学习相关内容通常都是侧重媒体识别算法的知识内容,对以人为本的认知心理学相关的知识介绍较少,缺少对人工智能寻根溯源的理解。同时,对媒体与认知之间的相互作用及其关联机制介绍甚少,导致两者关联无法显性地在教学中得到展现,使得学生的视野和知识基础受到一定的局限。本课程突破传统人工智能、机器学习课程只偏重算法学习的教学模式和内容组织方式,创新性地提出了"媒体是信息的载体,认知的生物机理是算法的基础,智能的本质源于媒体与认知间的相互作用"的新理念,并以媒体、认知以及两者的相互作用为主线,有效地帮助学生由浅入深、融会贯通。进一步使学生了解人工智能、机器学习、信息媒体技术领域国际前沿的研究动态和成果,培养学生分析和解决实际模式识别问题的能力;掌握以深度学习为主的机器学习基本理论、方法和技术;熟练应用建模与训练,解决实际的模式识别问题,提高学生在本领域的技术创新力。加强学习认知心理学以及媒体与认知相互作用的机制和机理,为今后学生在人工智能和机器学习领域创新研究和深造夯实理论基础。

3.10.2　培养目标

本课程旨在使学生掌握人工智能、机器学习、媒体信息处理等相关领域的专业知识,通过认知的生物机理和认知心理学相关知识的学习,掌握认知心理学以及媒体与认知相互作用的机制和机理,使得学生在机器学习领域今后的研究中具有基础创新优势。同时,本课程不仅讲授模式识别的经典知识,还通过神经元感知模型使学生了解神经网络模型的架构起源以及深度学习的原理机制,帮助学生建立数据、算法与模型之间相互关联的概念。在此基础上,通过模式识别、机器学习的理论和算法的学习,帮助学生学习模型设计和掌握对数据样本进行建模并利用计算机进行模型训练的知识。通过实际的模型训练,提高学生使用算力平台编程的能力以及利用机器学习方法解决现实世界实际问题的能力,为后续在电子信息类专业的进一步深造奠定坚实基础。

同时,本课程以文、理、工融合的创新思维为理念,为学生介绍人工智能、媒体信息技术领域的研究对象、目的、方法和最新研究进展,包括其与认知科学、媒体传播学、认知心理学等学科的内在联系,使学生在充分了解相关领域知识的前提下,用文、理、工相融合的眼光看待人工智能的发展历史、研究现状以及未来发展趋势,为今后开展高水平、创新性研究奠定坚实的人工智能和机器学习基础。同时,以认知科学和媒体信息技术为依托,向学生介绍和展示人工智能、媒体信息技术领域的研究课题以及国际上最前沿的研究成果,为国家培养具有科学基础坚实、人文素养充实、创造力丰富的科技人才,为清华大学成为世界一流大学提供有力支撑。

3.10.3　课程大纲

序号	主 要 内 容	教学方式	教学时数	课外学时
1	媒体与认知及人工智能: 媒体与认知基本概念,人工智能技术特征,人工智能三大流派,人工智能应用,计算机视觉,生物特征识别,智能交通	讲授	3	6
2	认知的生物机理: 脑与认知心理学,人类大脑,人类视觉感知结构,视觉与信息处理机制,知觉,知觉的信息加工,注意,注意与特征整合理论,记忆	讲授	6	12
3	媒体信息表征: 媒体信息表现形式,媒体信号的时频分析,Gabor变换,媒体数据特征提取,特征降维,媒体内容分析,线性鉴别分析	讲授	3	6

续表

序号	主 要 内 容	教学方式	教学时数	课外学时
4	模式识别： 模式识别系统,统计模式分类,贝叶斯公式,贝叶斯决策,基于隐含马尔可夫模型的序列建模,评估问题求解,学习问题求解	讲授	6+6	12
5	机器学习： 机器学习概述,逻辑回归与线性分类,支持向量机,决策树,集成学习方法,Bagging 方法,Boosting 方法,非监督学习	讲授+实验	6+6	12
6	深度学习： 人工神经元模型,感知器,全连接前馈神经网络,多层感知器,激活函数,损失函数,BP 学习算法,优化方法	讲授+实验	6+12	12
7	卷积神经网络： 卷积神经网络的基本结构,卷积层,池化,批归一化处理,典型的卷积神经网络结构,ResNet,卷积神经网络的神经学基础,卷积神经网络应用	讲授+实验	6+12	12
8	序列建模-循环神经网络： 循环神经网络的概念。基本单元,优化学习,变体及拓展结构,梯度截断,长短时记忆网络,门控循环单元,Transformer,自注意力机制,深度置信网络	讲授	6	12
9	视觉感知与认知计算： 视觉特征计算模型,视网膜细胞响应模型,简单感受野模型的数学模型,视觉注意模型,注意机制与图像显著性,模拟视觉注意机制的感知计算,图像分类与检索	讲授	3	6
10	媒体与认知相互作用： 人类认知系统特点及其局限性,新媒体技术与认知拓展,视觉暂留与影视技术,立体视觉与立体显示,计算机断层扫描成像,虚拟现实与增强现实	讲授	3	6
		课时合计	48+36	96

3.10.4 教学安排

"媒体与认知"课程设有中文和英文课堂。"媒体与认知"课程在春季学期开设中文课堂,秋季开设英文课堂,组成教师课程组进行教学管理。中文课堂由多位教师分多个班级讲授,课程讲授按照教学大纲进度同步,书面作业与上机实验类型相似,既便于学生学习,又可以强化教学效果。期末考试考核方式统一,统一出题,统一判卷。在课程学习中,安排答疑,并定期开设习题和辅导课。

课程成绩的评定以多方面考查学生的学习状态和效果为主,以提高学生的知识掌握与应用能力为目标,设计了如下的成绩评定方式。

(1) 课后书面作业(15%):帮助学生复习课堂学习的基础知识。

(2) 课堂互动(5%):主要现场考查学生在课堂上的即时学习效果。

(3) 上机实验(2 次,30%):训练学生针对具体问题进行建模和训练,分为机器学习和深度学习两个上机实验,要求设计高效率的算法并实现。上机实验内容与课堂教学内容密切相关。

(4) 期末考试(半开卷,50%):可带一页 A4 纸的知识点参考内容。考查学生对课程重点内容的掌握情况,重点考查对于媒体与认知及其相互作用的理解,以及针对基础知识的掌握程度、分析具体问题、求解模型与计算算法的能力。

其中,2 次上机实验紧密结合授课内容与进度,适当引入实际场景所涉及的问题、数据与需求,做到理论联系实际,学以致用。同时利用辅导课和算力平台为学生提供上机指导和上机编程训练的计算环境。

3.10.5 实践锻炼

课程安排了 2 次上机编程实验,实验内容覆盖课程教学大纲,重点涉及机器学习和深度学习内容。上机实验安排与课程讲授进度同步。在布置上机实验后,专门安排时间用于讲解上机实验的目的、内容、要求和进度安排。为了保证上机实验顺利进行,除了定期安排助教上辅导课和答疑以外,还开设了微信群进行全天候答疑。同时,为避免学生临近交作业时才开始突击上机,将上机实验的检查和验收分为方案设计、中期进展、最终验收 3 个阶段,保证了上机实验全时段、全过程的把握,通过及时向学生提供反馈,大幅提升了上机实验的效率与训练价值,提高了学生上机编程实战的能力。

3.10.6 培养成效

经过多位授课教师、十多位助教和选课学生的共同努力,课程的教学效果不断提高,得到了电子工程系学生的普遍认可。通过本课程的学习,学生初步掌握了人工智能、媒体信息、认知心理学、机器学习、深度学习以及媒体与认知相互作用相关的基础知识、理论方法、算法模型和训练实验，并初步具备了利用相应的理论方法、技术原理、算法模型对实际场景中出现的具体情况进行分析问题和解决问题的能力。经过近十年的努力，"媒体与认知"课程的教学框架正在逐步成型，相关教材也将在多年讲义的基础上于近期出版。

3.10.7　课程实践

经过近十年的课程建设，"媒体与认知"课程体系已经基本构建了包括知识体系和教学内容在内的框架，近期将重点完成教材的编写完善和修订出版。同时，教学辅助材料等配套支撑还不十分充分，还需要进一步增加补充，以配合"媒体与认知"课程在国内的推广，争取有更多的高校采纳我们的教学理念，采用或借鉴我们的课程体系与教学方法。

本课程于 2022 年秋季开设了英文课堂，使用英文课件与英文原版教材作为参考资料，授课与考核均使用英文。课程内容方面，不仅依托国际上的经典教材教授成熟的现代媒体形式、认知方法，更基于近年来国际顶级期刊、会议论文探讨前沿的媒体新形式、认知新方法。在介绍学科基础问题与常规方法的基础上，引导学生主动探索学术与业界最新的热点关注话题与先进技术路线。本课程的学生来自电子工程系、计算机系、交叉信息学院等校内院系，以及奥地利、意大利等国家。

第 4 章

专业实验课

4.1 电子工程系实验课程改革思路

4.1.1 实验中心简介

为了进一步实现专业背景下通识教育的培养模式,实施在教师引导下学生主动学习的教学方法,加强设计型、研究型、实践型教学内容,2007 年成立了"清华大学电子工程系实验教学中心",2008 年,实验教学中心被评为清华大学一级实验室。

清华大学电子工程系实验教学中心拥有 8 个专业教学实验分室,覆盖"信息与通信工程""电子科学与技术"2 个一级学科以及下属的 6 个二级学科——物理电子与光电子学、电路与系统、电磁场与微波、通信与信息系统、信号与信息处理、集成电路与系统,并且建有 8 个校企联合实验室。

专业教学实验分室包括电子电路实验室、通信与网络实验室、计算机与网络实验室、电磁场与微波实验室、物理电子与光电子技术实验室、电子系统设计实验室、信号处理实验室、媒体认知实验室、集成电子系统设计实验室,并建有学生科创中心。联合实验室包括清华-是德科技电子系统设计实验室、清华-是德科技现代通信实验室、清华-是德科技电磁场与微波实验室、清华-是德科技 EEsof ADS 微波仿真联合实验室、华硕-清华下一代便携式数字设备教学科研联合实验室、中兴通讯 NC 教育认证管理中心清华大学电子工程系网络教学实验室、清华大学-Intel 公司可编程逻辑与异构计算联合实验室、清华大学-Xilinx 公司数字系统联合教学实验室。

实验中心位于中央主楼 9 层,教学面积超过 $1500m^2$,设备数 1500 余台(件),资产总额近 3000 万元人民币;现有专职人员 11 名,其中正高 2 名,副高 6 名,中级职称 1 名;中心每年承担实验课程 40 门,实施实验项目 270 项,年接纳电子工程系以及清华大学其他专业的本科生和研究生 2000 余名,年完成总教学工作量约 18 万学时。近 5 年经费投入 1500 万元,新建实验课程 6 门,新增实验项目几十项。

电子工程系实验中心简况

建立日期	2007 年 8 月
实验室面积	1552.65m²
含专业实验分室	8 个
企业联合实验室	8 个
近 5 年经费投入	1500 万元
年学生人数	超过 2000 名
年承担教学工作量	18 万学时
实验课程数	40 门
实验项目数	超过 270 项

4.1.2　实验教学改革理念

清华大学电子工程系从 2007 年开始展开本科课程体系改革工作,梳理出了学科的知识体系,并在此基础上构建起了以 10 门核心课为主体的新课程体系,打破原有各门课程相对独立成体系的状况,构建起学科的整体知识脉络。在电子信息科学的知识体系图中,贯穿"信息"与"电子"两个学科的核心概念是"信息载体与系统的相互作用"。基于上述知识体系,设置了 10 门必修专业核心课以及由 24 门课程构成的专业课程群。

与此同时,结合学习理论,配合电子系课程改革,确立电子工程系实践教学体系改革策略。以电子科学与技术、信息与通信工程两个一级学科为依托,以电子、光子的运动及在不同介质中的相互作用规律等理论为基础,以实践与理论的结合为核心,丰富、发展和完善电子工程系实验教学体系,培养学生综合掌握和运用理论知识解决实际问题的能力;激发学生的创新思维、增强创新意识。

随着我国电子信息产业从技术跟随阶段进入技术原创与引领阶段,从聚焦本专业技术的产品与服务扩展到对前沿与跨学科领域进行探索。这对高等教育电子信息高水平创新人才培养提出了新的挑战:对宽基础要求更高,对跨学科专业领域学习的综合性系统性要求更高。实践育人是创新人才培养的重要途径,探索课内+课外实践育人新模式,创造多元学科融合、多方资源支撑的大工程实景训练的课内实验教学体系结合课外竞赛推动的创新人才培养的新格局。

4.1.3　实验课程体系改革概述

"十四五"以来,电子工程系在前期实验课程改革的基础之上,再次进行实验课程改革,重新梳理并完善实验课程体系。采取了如下具体举措。

1. 创建以专业导引层、核心基础层、综合系统层、前沿贯通层的实验教学体系

(1) 配合 10 门核心课的建设,完善核心基础实验课程群(见下图)。

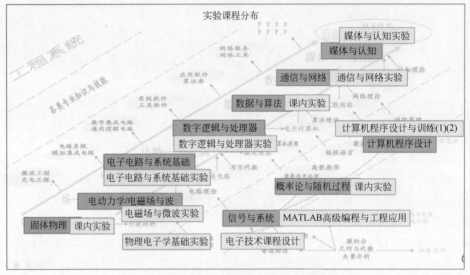

配合 10 门核心课的必修专业基础实验课分布

(2) 重点建设大一年级暑期学期的必修实验导引课"电子系统专题设计与制作",开展赛课结合新模式(见下图)。

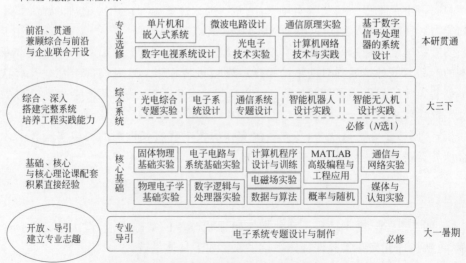

当前"十四五"规划的分层式的实验课程体系

（3）建设综合系统实验课程群，创造多元学科融合的科研与工程实景训练的新模式。

2. 结合因材施教项目，深入推广赛课结合新模式

引入多元化的人力与科研资源支持实验教学。突出实践教学"课内"＋"课外"两条主线相结合，形成层次体系与支撑内容，注入工程元素与创新环节。

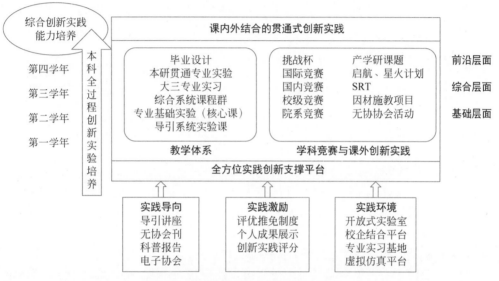

电子工程系贯通式工程实践教育体系

3. 建立多元学科融合的贯通式实验教学平台，鼓励科研转化教学

建立并逐步完善"无限空间"电子信息类本科生创新培养实践平台，包含 4 个子平台：电路设计子平台、微波与光电子平台、通信网络与信号处理子平台、智能系统子平台。

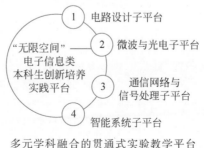

多元学科融合的贯通式实验教学平台

4.2　专业导引课——电子系统专题设计与制作

　　"电子系统专题设计与制作"课程是一门实践性较强的专业实验课程,主要面向电子工程专业的低年级本科生。本课程旨在培养学生初步掌握电子系统设计的基本理论、方法和技能,提高学生的实际动手能力、创新能力和团队协作能力。

1. 课程内容简介

　　(1) 电子系统设计基础知识:介绍电子系统的基本概念、设计流程、可靠性设计等内容。

　　(2) 电子元器件与电路:讲解常用电子元器件的原理、特性及应用,分析典型电路的设计方法。

　　(3) EDA 工具应用:学习原理图绘制、PCB 设计、电路仿真等技能,熟练使用 Altium Designer、Multisim 等电子设计自动化(EDA)软件。

　　(4) 嵌入式系统设计:介绍嵌入式系统的基本原理,学习硬件编程、接口技术、驱动开发等知识。

　　(5) 传感器与检测技术:讲解常见传感器的工作原理、接口电路设计及应用。

　　(6) 项目实践:组织学生进行电子系统设计项目实践,培养学生的实际动手和团队协作能力。

2. 教学目标

　　(1) 使学生掌握电子系统设计的基本原理和流程,具备分析和解决实际问题的能力。

　　(2) 培养学生熟练使用 EDA 工具,进行原理图绘制、PCB 设计、仿真测试等技能。

　　(3) 培养学生具备一定的硬件编程能力,能够设计简单的嵌入式系统。

　　(4) 提高学生的项目组织、管理能力和团队协作精神。

3. 预期学习成效

　　"电子系统专题设计与制作"课程的预期学习成效主要包括:学生将掌握电子系统设计的基本理论和实践技能,能够使用 EDA 工具进行原理图绘制和 PCB 设计,具备嵌入式系统编程能力。通过课程学习,学生将能够独立设计和制作简单的电子系统,提高创新思维和问题解决能力。同时,课程强调团队协作,培养学生项目管理能力和职业素养,确保学生能够胜任电子技术相关领域的工作。总之,课程旨在初步培养学生的专业能力、创新意识和实践操作技能。

4．课程特色

（1）理论教学：采用课堂讲授、案例分析、讨论互动等方式，使学生掌握电子系统设计的基本理论和方法。

（2）实践教学：安排实验、课程设计等环节，让学生在实际操作中提高设计能力。

（3）项目驱动：以项目为导向，引导学生自主学习和实践，培养学生的创新能力和团队协作精神。

（4）企业参观：组织学生参观企业，了解企业实际生产过程和电子系统设计需求。

5．课程安排

（1）平时成绩：包括课堂表现、作业、实验报告等。

（2）项目实践：根据项目完成情况、设计报告、答辩表现等方面进行综合评价。

本课程配套开设夏季学期的硬件设计大赛，采用赛课结合的方式，通过6次课程的讲解，学生学习单片机的基本知识，感受硬件设计的魅力，并且亲自动手制作了"脑洞大开"的创意作品。本课程主要使用 Arduino 系列开发板，学生也可以选择使用STM32 等其他开发板。1～3 人组队参加，合作完成作品。课程不限制选题，学生可以充分发挥想象力，自由选题，设计完成富有个性的创意作品。

6．学生作品举例

1）Deskbot 桌宠机器人

该设计是一款小巧优雅的桌宠机器人——Deskbot，旨在打破传统桌宠体积庞大、噪声过大、缺乏移动交互的局限。为了最大限度地优化体积与性能，团队亲自绘制了所有 PCB，精心挑选硬件解决方案，经过 3 次迭代设计，最终呈现出如今精巧且高度集成的方案。

Deskbot 具备强大的 AI 语音对话功能,支持离线语音唤醒,并通过 OLED 屏幕展现丰富的情感,带来生动有趣的互动体验。机器人采用无刷电机和双足平衡系统,能够在桌面上自主巡游,支持手机/PC 端实时查看摄像头画面。此外,它还具备时间、电量显示功能,优化用户体验,轻松适应桌面场景。我们相信 Deskbot 小巧、优雅、安静的设计,将带来全新的智能桌宠体验。

2)FPS 体感射击手枪

生活中,大家或多或少都在游戏厅、商场等地体验过一些体感枪战游戏。但它们往往有以下缺点:

(1)设备笨重,只能在特定场所游玩。

(2)游戏体验差,游戏质量远远低于市面上流行的几款 PC 端 FPS 游戏。

于是我们制作了一款针对 PC 端的 FPS 体感射击手枪,其作为外设可以十分方便快捷地连接在任意一台计算机上,使参与者可以摆脱对于键盘和鼠标的依赖,用更加拟真的方式畅玩各种 PC 端 FPS 大作。

该项目通过 MPU6050 陀螺仪模块与 Arduino Leonardo 板,实现了枪械姿态的识别以及光标的控制。为了提高拟真感以及操作的顺滑度,设计了 3 种持枪姿势来分别对应游戏内角色的 3 种操作状态(行走、奔跑、开镜)。同时还在枪上加装了推拉式电磁铁以及震动模块来模拟真实枪械的后坐力。考虑到产品与用户的交互性,课题组还加装了一块 OLED 屏来显示当前的系统工作状态,便于用户进行各种模式的切换。目前,本产品只开发了针对《彩虹六号围攻》的游戏模式。但由于 FPS 游戏的操作逻辑大体是类似的,因此通过扩展该设计在未来可以适配更多款 PC 端 FPS 游戏。

3）集群四足机器人

团队的宗旨是 QY-PLATFORM FOR EVERYONE！由此，团队用接近最低的成本开发了四足机器人平台，并保留极大的可拓展性。该机器人可通过 UWB 进行定位，将与定位基站的相对位置回传。平台采用 Wi-Fi 通信，可采取上位机控制及静态网页控制两种方式。同时实现了群体移动、单体较复杂运动等功能。该设计实现了功能的模块化，超声波雷达可进行二维平面建模，温湿度传感器、噪声检测模块可回传周围环境数据，通过 ESP-CAM 实现大图回传及人脸识别功能。软件方面，团队参考 QT 自制 TCPserver 相关文档，在上位机中集成了可收可发的网络调试工具，并制作了操作界面，实现了群发、单发等手动控制机器人及测试 ESP8266 连接的调试窗口。硬件方面，采用多种软件进行建模，通过 3D 打印、激光切割等多种方式设计并制造了机器人零件，并由此对内部封装进行了极大的优化。

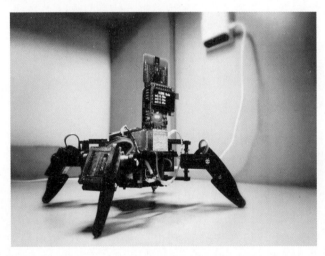

总之，通过本课程的学习，学生将具备电子系统设计的基本能力，为今后从事电子技术相关领域的工作和研究打下了较好的基础。

4.3　核心课/必修课实验课程

4.3.1　前言

围绕学科电子信息路、场、信号的 3 个基本概念，电子工程系建立起了核心课的配套实验,包括数电、模电、电磁场与微波、程序设计与数据算法等5个基础实验模块,在此基础上,延伸拓展了固体物理、物理电子学、概率论与随机过程、通信与网络、媒体与认知5个综合实验模块,构成了点面结合,层线呼应的核心课实验教学体系。

电子信息是以实验为基础的学科,实验不仅是教学的重要手段,也是研究科学的重要方法。实验有助于学生从实验事实出发,学习科学理论和知识,提高思维能力和培养实验意识,对提高学生的动手能力和非智力水平有着不可替代的作用。

电子工程系构建的多层次、模块化的核心课实践教学体系,通过多种实践教学方式和途径的综合运用,完成对未来工程技术型人才创新能力的培养和塑造。在实验教学设计上,注重前沿性和创新性,跟踪学科发展动态,融入教师的在研项目和科研成果,培养学生科学的思维方式和研究方法;强调综合性,加强多知识点的交叉融合,运用多种实验方法和设备,培养学生综合运用所学知识、实验方法、实验技能分析问题的能力;在实验教学方法上,教师要激发学生对电子信息的浓厚兴趣,引导学生以兴趣驱动实验,坚持学生独立实验,即实验过程由学生自主设计、独立完成、自我管理。

4.3.2 电子电路与系统基础实验(1)(2)

1. 课程内容简介

本课程是与"电子电路与系统基础(1)(2)"理论课对应的实验课程,为独立开设的基础实验课,是电子工程系本科生的必修课。课程内容本着"由易到难,循序渐进,跟理论课紧密结合,结合实际应用"的基本原则,着重单元电路与系统之间的关系,分别从"自顶向下"和"自底向上"两条线索组织实验。具体开设的实验内容包括:心电图系统的搭建和仪器使用及常用电路参数的测量、二极管特性及其应用,三极管和MOS管放大器、运算放大器应用,RC电路、与非门电路测试、波形产生电路等基本单元电路。各基本单元电路内容连贯,最终可完成"示波器上的万花尺"电路系统的搭建。

2. 教学目标

(1) 了解常用电路元器件。

(2) 掌握常用电子仪器的使用。

(3) 掌握常用基本电量和电路参数的测量方法。

(4) 了解电子系统自顶向下的设计思路和放大器滤波器等单元电路的外部特性。

(5) 掌握二极管与三极管的特性和应用。

(6) 掌握运算放大器的特性与应用。

(7) 掌握集成与非门等数字门电路的内部结构、特性和应用。

(8) 会设计一阶、二阶无源和有源滤波电路等动态线性电路。

（9）会设计张弛振荡和正弦振荡电路为代表的动态非线性电路。

（10）了解 SPICE 类电路仿真软件的使用。

（11）初步学会设计小型电子系统。

3. 预期学习成效

（1）运用数学和电路基本定律定理等分析和解释实验数据的能力。

（2）应用常用电路元器件和集成电路等设计放大、滤波、振荡等电路的能力。

（3）运用理论计算或电路仿真软件分析和解决实验过程中出现的电路实际问题的能力。

（4）设计以"晶体管输出特性曲线测试电路""示波器上的万花尺"为代表的小型电子系统的能力。

4. 课程特色

本课程致力于使学生建立系统概念，提高学生系统认识和系统整合能力：将电子电路与系统基础实验课程分解任务，随理论课知识点的推进逐个完成组成系统的各个模块。使前面实验的电路和结果在后面实验中得以延展应用，压缩重复性的内容，减轻学生负担，同时可以复习已有内容，使知识连贯起来。前一部分完成的目标可以被下一部分利用，继续完成本课程目标。在过程中，学生将充分感受系统结构的构建过程。

本课程注重提高学生实际操作能力，激发学生的硬件工程兴趣，与时俱进，接轨工业界前沿：引入教学前沿的虚拟仪器理念，通过虚拟仪器模块的发放，让实验室仪器如计算机一样普及，使得工程理论与工程实践紧密结合，学生随时可沉浸到实验室环境，消除学生对硬件调测的畏难情绪。通过使用业界成熟软件，使得学生跨出校门的那只脚就已跨入工业界门槛，这种无缝对接将使学生具有领先优势。

5. 课程安排

学生单人一组完成实验，每学期 32 学时。

课程分为春季学期和秋季学期开设。

春季学期的课程内容包括绪论课与安全教育、元器件的识别、仪器使用、心电图系统的搭建、二极管的特性与应用、运算放大器的特性与应用等。

秋季学期的内容包括 RC 电路的特性与应用、BJT 和 MOSFET 构成的放大器、与非门电路的特性与应用、常用波形产生电路的设计、"示波器上的万花尺"综合设计实验。

成绩通过实验完成情况和实验报告综合评定。

4.3.3　数字逻辑与处理器基础实验

1. 课程内容简介

本课程领域包括基于硬件描述语言的数字系统建模方法、基本数字电路设计与实现、简单处理器硬件设计与实现。本课程主要以硬件描述语言（HDL）为手段，以可编程逻辑器件（FPGA）为平台完成各项数字系统实验，掌握现代数字系统设计的基本理论和方法，实验内容覆盖基础逻辑、简单系统、软硬件混合系统（处理器）等。通过本课程的学习，使学生能够正确观察和分析实验现象，掌握基本实验方法，培养基本实验技能，通过运用所学知识，设计制作较为复杂的功能电路，培养学生数字逻辑设计与综合应用的能力、使用计算机辅助设计工具的能力，全面提高学生的素质、动手能力和创新能力。

2. 教学目标

本课程主要通过授课与实验相结合的方式将数字逻辑与处理器的基础理论应用于实际系统设计，使学生掌握基于硬件描述语言的数字系统建模方法、基本数字电路设计方法和基于简单处理器的软硬件混合系统设计方法，加深对基础理论的理解。

3. 预期学习成效

（1）运用硬件描述语言设计组合和时序电路。
（2）掌握基于硬件描述语言的简单流水线处理器的设计方法。
（3）掌握基于 FPGA 的数字电路开发流程和商用设计软件的设计方法。

4. 课程特色

强调 Verilog 设计语言与 FPGA 硬件结构结合设计，强调综合概念的建立，了解电路的实际实现。融汇工程思维，在设计实验内容时，使学生充分体会对同一问题，采用不同工程实现方式的优缺点。

5. 课程安排

数字逻辑与处理器基础实验为 2 学分，跨春季学期和夏季小学期开课，春季学期与数字逻辑与处理器基础理论课同步进行。其中春季学期内容为基础数字电路与系统实验，共 13 周课程，夏季小学期为处理器设计综合实验，每个学生在 3 周时间内完成设计。

春季学期教学安排如下。

第 3 周：FPGA 原理、Verilog 设计。

第 4 周：组合逻辑的具体设计和演示实验。

第 5 周：时序逻辑的 Verilog 设计。

第 6～7 周：简单的组合和时序电路设计实验。

第 8 周：Verilog 设计进阶和仿真。

第 9 周：静态时序分析 STA。

第 10 周：略复杂的组合和时序电路设计实验。

第 11～12 周：处理器接口和存储器。

第 13～15 周：综合实验。

课程成绩通过实验完成情况、设计技术指标和报告书写综合评定。

4.3.4　电磁场与微波实验

1. 课程内容简介

本课程是在"电磁场与波"课程的基础上，针对电磁场"看不见、摸不着"的特点，让学生学习研究电磁场在各类传输线、微波元器件、自由空间中的传播特性，包括电磁场的分布、时域特性、频域特性、辐射特性等。实验在电磁波综合测试仪、测量线系统、矢量网络分析仪这 3 套实验系统上完成。电磁波综合测试仪上涉及电磁场的内容，包括电磁波的传播特性、反射折射特性、极化特性等，同时引入科研前沿知识——频率选择表面以激发学科兴趣，了解专业应用前景；测量线系统的内容有利于学生建立场的驻波分布概念，从而进一步理解场的分布和传播理论；矢量网络分析仪是应用于射频和微波频率的先进测试仪器，学生要进行关于各类微波元器件的阻抗、匹配、传输参数等特性的测量研究。课程还通过微波仿真软件 ADS(Advanced Design System)的熟悉和使用来掌握微带线的基本特性，建立更加完善的电磁场与微波实验教学体系内容。

2. 教学目标

本实验课程旨在配合"电磁场与波"理论课程教学，使学生对相关知识有更加深入的理解。本实验课程是电子信息科学与技术体系中的必修环节。实验课程针对电磁场系列课程较为抽象、深奥难懂的特点，激发学生的学习兴趣，对"场"与"波"建立感性认识，深化基本物理概念，学习掌握微波工程的 3 种分析方法，并将科研前沿知识引入实验教学中。通过实验掌握现代微波测量设备、测量技术、典型微波电路单元的工作原理、设计思路、分析方法等。

3．预期学习成效

（1）深入理解平面电磁波的传播特性，包括反射、折射、极化特性等。

（2）深入理解分布参数概念，掌握传输线理论，学习驻波测量、阻抗测量和匹配方法。

（3）掌握导波理论，熟悉同轴线、矩形波导、微带线的场型分布。

（4）掌握网络参数理论，了解基本微波电路的工作原理，使用矢量网络分析仪进行性能分析。

（5）学习使用微波测量仪器和 ADS 软件。

（6）了解专业应用和科研相关知识。

4．课程特色

（1）采用仿真演示、硬件操作和软件仿真相结合的方式，帮助学生学习理解相关知识。

（2）引入科研前沿应用，激发学科兴趣。

（3）涵盖该领域的完整知识点和研究方法，系统全面。

5．课程安排

实验课程包括绪论课和理论知识讲解 8 学时，实验操作和考核 18 学时。

实验操作分为 4 个项目，每个项目每位学生用一个单位时间（即上午或者下午半天）完成。

具体实验内容如下：

（1）自由空间电磁波波长的测量和矩形波导截止特性的研究。

（2）电磁波的反射、折射和极化特性研究。

（3）圆极化波的产生和特性研究。

（4）空间滤波器（频率选择表面）的特性研究。

（5）波导波长、驻波比和阻抗的测量。

（6）不同封装电路元件阻抗的频率特性研究、负载阻抗的测量和调匹配。

（7）微波电路特性的研究。

（8）熟悉 ADS 软件、微带线的基本原理、匹配电路的设计。

（9）微带功分器的设计。

课程成绩综合平时成绩（出勤、实验操作、预习情况等）、实验报告和考核结果 3 项评定。考核方式为一对一提问。

4.3.5　MATLAB 高级编程与工程应用

1. 课程内容简介

本课程讲授 MATLAB 基本语法,矩阵和数值运算,符号运算,二维、三维图像和音频处理,M 文件编程,图形化仿真程序设计,信号处理工具箱等,课程设计包括语音信号处理、图像信号处理和通信系统仿真等。

2. 教学目标

本课程的基本目标首先是完整、系统地讲授 MATLAB 编程原理和技巧;其次,与前一个学期的核心课"信号与系统"密切结合,理论与实践并重;最后,利用 4 个大作业(综合实验)激发学生的学习兴趣,提高分析问题和解决问题的能力,培养学习数学、基础理论和编程技术的志向,以及迫切进入专业课程学习的强烈愿望。

3. 预期学习成效

通过本课程的学习,学生应该熟练掌握 MATLAB 的语法、关键字和基本编程方法;熟练掌握与"信号与系统"中卷积、傅里叶变换、滤波、零极点分析、状态方程等基本方法相对应的 MATLAB 函数。

4. 课程特色

理论联系实践,在信号与系统理论课程基础上通过编程实践培养学生的动手能力。

5. 课程安排

课程教学包括课堂讲授和上机练习:课堂讲授内容主要是演示 MATLAB 基本语法和教材上的例程,以及讲解大作业的内容和要求;上机练习是在助教指导下,由学生复现例程,编写简单的程序和学习调试方法。大作业主要由学生在课下独立完成。

4.3.6　计算机程序设计基础(1)(2)(课内实验)

1. 课程内容简介

本实验课程内容为 C/C++、Python 程序设计语言学习与实践。

2. 教学目标

通过本实验,使学生理解计算与编程在解决问题中的作用,获得编写 C/C++、Python 程序的能力,并完成计算目标。

3. 预期学习成效

通过本实验,使学生不仅能够掌握 C/C++、Python 基础知识,也能够用 C/C++、Python 语言实现特定的目标或功能。

4. 课程特色

C/C++、Python 是被广泛使用的编程语言之一。本实验课程将为后续有编程内容的课程打下基础,为学生后续的研究型项目提供必要的计算与编程技能。

5. 课程安排

1) Python 部分

2023 年课堂安排为小学期第一周和第二周,上午授课 3 学时,下午为实践和答疑。2023 年具体实验内容如下。

(1) 第一次作业。买车问题:假设用户要买一辆汽车,总价 30 000 元,用户将按照 0 元首付及每月等额分期付款的方式进行购买,年贷款利率为 7%,计划 60 个月还清,请计算用户每个月需要还银行贷款的数额。

(2) 第二次作业。编写一个读取邮箱数据的程序:在 mbox.txt 文件中搜索,当找到以"From"和"From:"开头的行时,从该行中提取邮箱地址,使用字典 dictionary 来计算每个邮箱发送的消息数。读取完 mbox.txt 中的所有数据后,输出发送消息数最多的邮箱的地址。

(3) 第三次作业。使用面向对象的编程实现加密解密:输入一个长度不小于 10 的英文字符串,用户选择任意一个整数 K,实现将英文字符串原文中的每个字母(如 A)替换为 26 个英文字母中 A 之后的第 K 个位置的字母(如 K=2 时,A 替换为 C),标点和空格不更改;随后对加密后的信息进行解密。

(4) 附加作业二选一,提供答疑,分数评价不计入总分 15 分,以实验报告+代码形式提交。

2) C/C++实验部分(属于综合设计型实验,包括两个实验)

(1) 实验一。

设计一个用于人事管理的 People(人员)类,具有的属性如下:姓名 char name[11]、编号 char number[7]、性别 char sex[3]、生日 birthday、身份证号 char id[16]。其中,

"出生日期"声明为一个"日期"类内嵌子对象。用成员函数实现对人员信息的录入和显示。要求包括：构造函数和析构函数、拷贝构造函数、内联成员函数、运算符重载等。在测试程序中声明 People 类的对象数组，录入数据并显示。

（2）实验二。

从实验一中的 People（人员）类派生出 student（学生）类，添加属性：班号 char classNo[7]；从 People（人员）类派生出 teacher（教师）类，添加属性：职务 char principalship[11]、部门 char department[21]；从 student 类中派生出 graduate（研究生）类，添加属性：专业 char subject[21]、导师 teacher advisor；从 teacher 类和 graduate 类派生出 TA（助教）类，注意虚基类的使用。要求编制一个能管理上述 4 类人员的测试程序，能实现数据项录入、显示、删除操作。

考核方式采取上机考核与笔试相结合。平时作业和实验占总成绩的 30%，C/C++ 实验大作业占总成绩的 15%，Python 实验部分占总成绩的 15%，期末考试占总成绩的 40%。

4.3.7　数据与算法（课内实验）

1. 课程简介

本课程介绍数据的表示、存储、访问方式，以及针对不同数据类型的各种算法的实现、评价和设计策略。课程内容主要包括非数值数据类型（表、树、图）、数值数据类型（整数、浮点数）、非数值算法（查找、排序、搜索）、数值算法（插值、拟合）、算法的分析方法（时间、空间复杂度）以及基本的算法设计策略（分治、动态规划）等。数据与算法之间的相互作用是课程的核心思想和主要线索。

2. 教学目标

本课程旨在帮助学生巩固大一所学习的程序设计基础知识，通过使用更为复杂的数据结构和算法，提高学生对实际问题进行建模并利用通用计算机平台加以解决的能力。同时也帮助学生建立数据与算法之间相互作用的概念，并通过实际的编程练习训练学生优化算法和程序的能力。

3. 预期学习成效

学生通过本实验将提升使用现代计算方法解决现实世界实际问题的能力，为后续的课程以及未来的研究、工作奠定基础。

4. 课程特色

本课程创造性地将非数值数据类型与算法和数值数据类型与算法结合进行讲授，用数据与算法之间相互作用的概念将两部分内容进行串联，帮助学生融会贯通加以学习。

5. 课程安排

本实验依托课程组自主开发的在线评判（Online Judge，OJ）平台，安排学生完成编程题目，课内实验部分占课程期末总分的 40％。编程题目共 10 道，其中第一题为帮助学生适应 OJ 平台的简单练习题，第二题至第九题各对应一个理论课讲授的知识点，分别为数组与链表、递归、树、图、排序与查找、矩阵相关数值算法、方程组求解、动态规划，最后一题为综合提高题。每道 OJ 题目由一位助教负责出题，另一位助教负责校验，充分考虑学生可能使用的各种解法，保证题目的正确性与公平性。学生自行编写代码，并在 OJ 平台上提交。助教预先在 OJ 平台上上传测试样例并规定运行时间与占用内存的约束，OJ 平台利用测试样例自动评估学生提交代码的正确性与性能。测试样例共 10 个，通常由易到难，学生的代码每正确通过一个测试样例，并满足时间内存约束，可以得到该题 10％的分数。本实验每周有 5 个上机实验时间段，助教在上机实验时间为学生现场答疑。助教在学期末会对学生提交的代码进行查重，如有疑似重复的情况会要求相关学生当面解释代码，证实抄袭者会受到严厉惩处。

4.3.8　通信与网络（课内实验）

1. 课程内容简介

根据课上所学的理论知识，通过自主设计的通信与网络实验平台进行 PCM 编解码、ASK 调制与解调、BPSK 传输等实验，完成实验报告并进行总结与分析。

2. 教学目标

随着通信与网络技术的发展，学习相关专业知识的学生和科技人员不但需要掌握扎实的基础理论，而且需要学习与了解更多的现代通信与网络的技术理论，特别是数字方面的知识。培养高科技人才不能仅限于理论知识，还要能够将理论知识应用于实践当中，这就需要进行通信与网络实验，深入理解通信网络的基本原理。

3. 预期学习成效

根据所学习的理论知识，通过验证实验，加深对理论知识的理解，学习实际的应用。通过实际编解码的信号观察、调制、接收等环节,深入了解通信系统的工作原理和流程。

4. 课程特色

实验平台自主设计,平台主要包括电源模块、FPGA 模块、PCM 模块、PAM 模块、DDS 模块、BPSK 传输模块、ARM 控制模块和 LED 显示屏等,可编程易扩展,可根据理论课程内容自主设计,深入理解通信与网络系统的基本知识点。

通信基本理论与学科发展相结合,实验内容涵盖采样、编码、调制等通信系统的基本知识,掌握通信系统的基本组成和信号流程。

5. 课程安排

在实验平台上进行实验,通过示波器等仪表按照实验指导书测试并记录实验结果,提交实验报告。主要实验内容如下。

(1) PCM 编解码。了解语音信号脉冲编码调制(PCM)编解码的工作原理及实现过程;初步了解 PCM 专用大规模集成电路的工作原理和应用;了解语音信号数字化技术的主要指标,学习并掌握相应的测试方法;观察测量 PCM 调制解调的各种时隙信号,观察编译码波形,描绘 PCM 量化曲线,验证 PCM 编译码原理。

(2) ASK 调制与解调。测试并记录 ASK 信号形成(调制)、解调和滤波的过程,调整载波和基带信号的频率,观察解调效果的变化,分析 ASK 的调制、解调的过程及其原理;了解包络检测在信号解调中的应用。

(3) BPSK 传输。了解 M 序列的性能,掌握其实现方法及作用;测试分析汉明码的编码方式和纠错问题;了解 BPSK 系统的组成,熟悉其调制解调原理;学习数模转换、BPSK 调制解调的原理和组成框图;学习 BPSK 系统主要性能指标的测试方法。

4.3.9 固体物理(课内实验)

1. 课程内容简介

本课程的内容为利用球棍模拟原子及化学键来模型搭建晶格结构。

2. 教学目标

配合“固体物理”课程中晶体结构部分的教学,建立晶格、晶向和晶面的基本概念,通过六角密堆、面心立方与金刚石结构的对比,深入理解原胞与惯用晶胞、格点与原子、基元以及晶体对称性等基本概念。

3．预期学习成效

本课程旨在增进学生对三维晶体结构和对称性的直观空间认识，理解描述晶体结构的各基本概念与实际三维结构的几何对应。

4．课程特色

对于晶体的描述，涉及多个抽象的几何概念以及群论等复杂的数学描述。特别是，晶体结构是一种三维空间的构型，通常的教材和课件均为二维平面图片，即便通过动画也难以清晰地表达出空间构型和表示出空间对称性。本课程通过球棍模型来模拟晶格结构中的格点和化学键，通过格点与原子或者晶体基元的不同对应关系，让学生搭建不同的晶体结构模型，从而帮助学生建立起课堂上学习的抽象概念与实际几何构型之间的直观联系。经过多年实践，学生对本实验课程反馈良好。

5．课程安排

固体物理基础课程的全部选课学生分为 6 组进行实验，时间为第五大节共两课时，实验内容为利用球棍模型搭建 3 种不同的晶格结构。

（1）用球棍模型组成面心立方晶格，用 3 种颜色的球表明 ABC 方式的密堆结构。

（2）利用面心立方移 1/4 套构的形式，用球棍模型组成金刚石晶格，在组好的模型中找出正四面体结构。

（3）用球棍模型组成面心立方的原胞。

考核方式：由助教和实验指导教师验收搭建模型是否符合要求。

4.3.10　媒体与认知（课内实验）

1．课程内容简介

与人类视觉/听觉感知密切相关的图像、语音和文本（语言）信息在社会、经济和国家安全等领域扮演着重要角色，并且在今后一段时间内仍将迅猛增长。媒体与认知实验基于先进计算技术和数据分析技术来辨别和解决现实问题，强调实践灵活性、上机熟练程度以及动手解决实际挑战问题。通过将理论知识与实践专业知识进行综合实践，帮助学生理解和处理人类视觉/听觉感知数据，通过灵活运用"媒体与认知"理论课程上获取的人类认知框架计算模型和前沿数学研究方法，增强理解和处理这类数据的能力。

课程主要分 3 个模块。

（1）媒体与信息：详细介绍媒体与信息的概念、媒体获取以及表示形式。既包括传统媒体如报纸等,也包括电子化媒体,如图像、语音、网络信息等。

（2）认知科学：详细介绍研究历史和现状,包括唯物和唯心的心理学研究,认知机理（视觉、听觉等认知计算等）,信息科学,以及媒体与传媒的关系。

（3）智能信息处理：包括媒体计算理论、媒体认知理论、智能处理理论以及媒体认知的应用。

2. 教学目标

针对媒体和信息技术领域开展实践教学,引发学生对媒体信息与认知科学、媒体研究、心理学等学科的兴趣。在认知科学和信息领域的背景下,向学生展示并指导学生进行媒体和信息技术的前沿技术及实际应用的实践活动。通过该实验课程,培养学生的跨学科实践能力,从而为推动和引领技术、媒体和认知科学打下实践基础,为学生进行高水平的理论范式实践及培养动手能力做好准备。

3. 预期学习成效

通过媒体与认知综合实验为学生奠定实践基础,逐步掌握信息技术、媒体和认知科学方面的理论范式和实践技能。学生能够通过动手实践来处理和分析人类视觉/听觉感知数据,将理论课程中学到的认知计算技术和数据分析技术用于解决现实问题,增强处理和理解与人类感知相关数据的能力。该实验课程培养跨学科实践思维,帮助学生获得跨学科应用方法及上机等动手实践能力。

4. 课程特色

本课程在把握行业技术前沿的同时,主要着眼于新一代人工智能的关键共性技术体系实践创新,通过进行更广泛的知识交叉,在多学科、多方向、多目标上实现更加先进和综合的理论及应用,实施更具系统性的理论及实践活动。通过借鉴清华大学及国内外著名高校的交叉学科前沿课程及科研内容,基本形成围绕智能认知、智能服务、智能医疗、深度学习、脑科学等多学科前沿领域的先进实验教学方法,体现媒体与认知在学科交叉上的内涵和特色,提供更交叉、更系统的理论及实践内容;确保在课程量不变的前提下,进一步提升教学水平和激发学生志趣,为培养人工智能领域领跑国际的拔尖交叉融合人才和未来尖端科研创新人才做出贡献。

5. 课程安排

本课程按照学生自愿组成小组完成实验的形式进行。具体实验内容随着教学组的安排进行调整,例如,图像识别实验的主要目标是进行图像分类,向学生提供基准数据集,学生需要读懂代码结构,运行基准模型,给出基准模型的准确率并提出自己的方案。考核方式为实验代码、实验结果及实验报告。

4.3.11　物理电子学基础实验

1. 课程内容简介

本课程授课对象为电子工程系本科二年级全体学生。面向电子工程系宽口径培养电子信息科学与技术大类本科生的需要,通过实际动手实验为学生建立物理电子与光电子器件和系统的基本概念,实验内容涵盖真空与材料工艺、集成光电子器件与工艺、微纳结构器件与工艺、光纤光学、光通信、光传感、现代光学及信息处理应用。

2. 教学目标

本课程旨在使学生掌握物理电子学/信息光电子学的基础实验技能,掌握基本专业知识、实验研究方法和基本实验技巧,学会本领域的基本测试方法与仪器使用方法,促进基础性实验与前沿性实验的结合。践行重基础、宽口径的教育理念,并且引导部分学生深入某个研究领域的兴趣。

3. 预期学习成效

通过本课程的学习,学生可以建立起电子信息科学与技术专业的知识体系中物理基础支撑部分的基本概念,了解物理电子与光电子器件和系统的专业领域及相关基础知识,明确后续相关专业课程的作用、意义及其在知识体系内的定位。激发学生进一步在电子科学与技术学科深造的兴趣和热情。

4. 课程特色

本课程是为电子工程系宽口径培养电子信息科学与技术大类本科生设置的核心实验课建设,是在电子信息技术取得重大突破的新形势下体现宽基础与学科融合特点、培养拔尖创新人才的新举措。课程具有以下特色。

(1) 将"物理电子学基础实验"课作为物理电子学专业学科先导,引导后续专业领域的选择和专业理论课的选修,是宽口径培养机制下激发学生专业兴趣的新途径。

(2) 实验内容系统性和多样性相结合。课程包含 3 部分,内容涵盖微纳结构加工和测试、无源/有源光子器件制备和测试、光通信系统设计与现代光学等,学生既可了解器件加工技术和原理,又可接触到光纤应用系统。

(3) 前沿科研力量与教学实验结合。将最新科研成果引入本科实验课中,将科研优势转化为教学。两个课题组的超净实验室设备条件为实验教学服务,为实现本科核心实验课提供了重要支撑条件。

（4）实验教学与学生兴趣相结合。设计的实验内容充分考虑学生兴趣，例如，学生在专题一中实践将数字信号与视频信号复用于一根光纤中传输；在专题二中制备发出红光的半导体激光器；在专题三中制备出纳米波导结构，并将芯片封装在钥匙扣中保存留念。

5．课程安排

本课程 1 学分，课内 24 学时，分为以下 3 个专题：一是光纤应用与光信息处理；二是现代半导体光电子器件工艺；三是微纳结构器件与工艺。

专题一：光纤应用与光信息处理

课程内容围绕"光纤通信"和"现代光学"两个主题展开，涉及的基础知识包括光纤、激光器、光电探测器、光功率计原理和使用、光谱仪原理和使用、光纤器件、光传输系统、光学平台操作方法、全息光栅特性和制作等。课程安排为一次课堂讲解、两个主题实验（一个主题用 1 天时间完成），两个主题间无先后顺序：

（1）光纤通信、光纤结构、FP 激光器光谱、光纤传输损耗和宏弯损耗、点到点传输系统 WDM 器件特性和 WDM 通信系统。

（2）现代光学、光栅特性、光路等高和共轴调节、平行光路和全息光栅制作光路。

专题二：现代半导体光电子器件工艺

实验内容是制作出目前应用范围广泛的 650nm 波长的红光宽接触条形半导体激光器，使学生了解并掌握现代半导体光电子器件制作的关键工艺和主要评测手段。课程内容包括课堂讲授和实验。课堂讲授部分主要介绍当代半导体光电器件技术和制备工艺。实验内容包含半导体光电子器件制作技术中最关键的两项工艺：微纳结构的干法刻蚀工艺和功能薄膜制备工艺。

专题三：微纳结构器件与工艺

课程内容是制作出一种新型集成光子芯片——表面等离子体波导，并对其进行测试和分析，使学生初步掌握微纳结构光电子器件的实验制备工艺和测试方法。理论课部分简要介绍各种微纳结构光电子器件及其基本制备工艺，既包括本实验课程中涉及的实验方法，又涵盖各种微纳结构制备、加工和测试技术。实验课程部分包括：

（1）微纳结构加工基本工艺；

（2）新型 SPP 波导结构制备；

（3）光波导光学特性测试。

各专题的考核方式是根据学生实验表现和实验报告情况进行成绩评定。

4.4 综合系统实验课程组

4.4.1 光电综合系统专题实验

1. 课程内容简介

本课程是电子信息类专业相关的综合系统实验课程。以真实的应用系统作为实验课的研究内容,培养学生综合的跨专业领域的实践与创新能力。本课程首先通过讲授学习光电子方向基本技术与方法,在此基础上设计实现一个以光电子技术为核心的综合系统,涉及的技术包括信号的采集、调制、传输探测、解调、数据采集、信号处理、统计运算、机器学习等跨学科融合技术。本实验课以项目的设计、实现与研讨为主要教学形式,包括项目选择、系统方案设计、开题、实现、验收、演示、答辩等环节。实验内容包括且不限于如下专题:光量子信息实验探究;可见光空间光通信系统设计;基于光散射的空气中的微粒检测;激光诱导击穿光谱检测;光栅传感系统设计实验。学生也可以自主提出研究内容和目标,通过和老师讨论确定方案。

2. 教学目标

知识层面:光电子技术系统涉及基础知识的温习、使用及融会贯通,例如,光电子学、电子电路、时域频域及空间域谱域的变换关系、数据与算法、信号处理等核心课中的基础知识。了解以系统为目标的设计方法、评价指标与测量测试方法。

能力层面:能够正确使用光子的电子测量仪器。正确搭建光路、光纤链路、电子电路功能模块,组成完整系统。通过实践提高探究与创新能力,提高知识综合运用能力、综合与系统地考虑问题的能力、实践创新思维的能力,提高表达能力和团队合作能力。

价值层面:激发学生的科研和学术志趣,树立严谨、科学的作风,培养自信坚韧的探索精神。

3. 预期学习成效

本课程属于电子工程系专业必修课(综合系统实验 N 选 1 课程组),通过学习和实践,学生可以获得光电子系统设计的基本技能,同时对电路、通信、信号、图像、光电、网络等系列课程的部分知识融会贯通和综合应用。了解工程实际的前沿发展,掌握系统设计的思维方法、系统分解与集成的基本思路,以及完整系统的评价方法,从而提高电子信息工程应用、系统设计和创新能力。

4. 课程特色

光电系统是一个综合传感、计算、通信和网络的多层次、多尺度的多维复杂信息系统,传统的教学手段让学生只能达到"看到"复杂大系统的一部分,"实现了"其中一小部分的学习效果,缺乏直观感性的认识和对系统深入的理解与探究,不利于激发学生志趣,更不利于创新型、复合型人才的培养。

本课程秉承实验教学"前向"和"横向"的建设理念,通过"前向"建设,为课程建设提供前沿实验教学平台;通过"横向"建设,提供融合不同学科的一体化实验平台,使学生对现代光电信息系统有整体的认知。本课程采用"分层递进、目标驱动"的教学方式,有利于促进"基础与专业一体、理论与实验一体、设计与工程一体"的分层次实验教学体系的建立。

本课程是以工程实际中完整系统设计为目标,以若干可选专题的项目形式开展的自主、开放、设计型实验课,具有专业融合特色的跨二级学科或跨一级学科的专业知识与技能的培养环节。

5. 课程安排

本课程首先通过一次讲授与两次基础实验学习光电子方向基础知识与基本技术方法。在此基础上设计实现一个以光电子技术为核心的综合系统。

课程以项目的设计、实现与研讨为主要教学形式。教学过程包括基础实验、项目选择、系统方案设计、开题、实验实现、验收演示、答辩等环节。

具体教学安排包括:2 学时绪论课、两周基础实验共 8 学时,以及后续 8 周的专题设计与实现,中间穿插开题、中期、答辩 3 次研讨汇报课。

成绩组成包括实验过程分、研讨课、实验报告。

4.4.2　电子系统设计

1. 课程内容简介

本课程采用课内教学和课外开放式实践训练相结合的方式,要求学生综合运用电子技术、EDA 技术和微处理器技术等专业知识和工程技能,经过需求分析、资料查询、功能设计、方案论证、工艺制作、系统联调、分析总结等过程,完成一个具有一定规模的复杂电子系统的规划、设计和实现。设计选题可由教师指定,也可自主拟定。学生可以独立完成,也可以组成团队完成(团队人数不得多于 3 人)。通过本课程的教学,培养学生进行信息获取、系统分析与设计、项目分工与管理、科学研究、创新性思维的能力,培养学生的写作、演讲、交流沟通、团队协作等综合素质。

2. 教学目标

(1) 重点掌握以微处理器为核心的电子系统设计方法。

(2) 根据设计需求,进行数模混合系统功能模块的划分和指标设置,制定系统方案。

(3) 掌握微处理器系统编程及控制系统设计方法。

(4) 掌握电子系统设计相关总结文档的撰写方法。

3. 预期学习成效

本课程是为电子信息类专业本科生开设的一门综合性、设计性的实践类限选课。学生已具备电路设计、信号分析、传感器原理、嵌入式系统设计、程序设计等电子信息领域专业知识与初步的软硬件设计能力,但缺乏综合的系统设计实践,缺乏贴近实际工程环境的工程实践训练,缺乏培养具有解决电子信息领域复杂工程问题能力的有效手段。针对学生的特征分析和课程特点,本课程分别从知识、能力、素养 3 个层面给出了明确的学习目标。

目标 1(知识层面):本课程以电子系统作品为导向,使学生全面熟悉和掌握传感技术、信息处理技术、信息传输技术以及仿真技术等各环节的理论和实现方法,通过资料调研和文献研究确定设计方案,并合理选用现代工具展开研究,通过团队协作完成系统设计。

目标 2(能力层面):本课程通过以工程为背景的电子系统设计与实现,模拟解决电子信息领域工程问题的全环节"调研—分析—设计—制作—调试—测试—改进—运行",全方位锻炼和培养学生运用专业知识与技能解决电子信息领域复杂工程问题的能力和创新能力。

目标 3(素养层面):本课程以团队方式完成项目,通过方案设计、分工协作、项目汇报和课程报告,综合考虑成本、功能、性能、社会、安全、法律和环境等因素的影响,培养学生团队协作、项目管理,以及口头和书面的表达与沟通等非技术能力。

4. 课程特色

1) 多学科交叉的实践内容

传统电子技术与人工智能、互联网技术结合,形成智能化、网络化的电子系统,是未来电子信息行业发展的热点。课程实践项目建设以应用新兴信息技术、凸显学科交叉融合为目标,优先挑选以新兴信息技术为基础的智能控制设计项目,如智能控制小车、四旋翼飞行器、扫地机器人、智能快递配送小车、仿生机械臂等综合性强的实践项目。同时,为紧跟电子信息产业发展的需求,加快实训项目的更新速度,通过校企协同育人方式,邀请企业工程师参与课程实践项目资源建设。

2) 虚实结合的教学手段

将 EDA 仿真软件引入电子技术课程设计的教学中,学生在完成电子系统的初步设计方案后,可以在线上进行软件仿真,验证所设计方案的逻辑功能,修改方案设计中的原理性错误。然后,通过硬件实训进一步提升专业实践能力。建设线上线下教学资源,虚实结合,突破线下教学的时空界限,为学生利用网络随时随地学习课堂理论知识提供便利。

3) 合理的课程考核机制

科学合理的课程考核机制是调动学生学习的兴趣,促使学生积极主动学习的重要因素。为更加有效地评估学生学习过程中的各个细节,探索实践科学、全面、公平的多元化学生评价考核机制,本课程的考核主要包含考勤、项目开题、创新性、选题难度、作品设计制作调试过程、设计报告、课程答辩、团队协作、学生互评多个指标。由于电子系统的设计过程长且复杂,是培养学生工程素养、提升学生实践创新能力的关键环节,其考核指标占比也最大。

5. 课程安排

作为一个以具体项目设计为组织形式的入门级实验培训课程,本课程兼顾了实验的综合性和趣味性。采用课堂实验和课外开放形式开展教学,学生利用课外开放时间完成相关设计技能和基础知识的学习,在课堂实验阶段进行联调并向教师提出问题。制作完成后,撰写实验报告并通过答辩展示自己的作品。本课程通过下列教学环节来对学生需要掌握的知识、技能和素质进行训练和考查,帮助学生顺利实现课程目标。

(1) 课程导论:通过导论课程,对综合实验的开展过程、选题、方案拟定、元器件申领、设计制作、调试验收、结题答辩等过程进行详细说明。

(2) 设计讨论:针对部分模块或者部分学生的设计,拿出来作为案例进行讨论,从而拓展设计思路,并培养方案对比意识。

(3) 答辩环节:在完成作品演示的基础上,对作品的实现过程、综合实验的开展过程、所选方案的性能分析及实现效果的评估等方面做进一步讨论。

课程的成绩评定由以下几方面组成。

(1) 平时成绩(出勤、讨论、实验操作情况、参与程度等,30%)。

(2) 设计作品(构思、功能、电路、指标等方面的创造性等,40%)。

(3) 作品演示及报告(测试系统的功能和技术指标,30%)。

4.4.3 通信系统专题设计

1. 课程内容简介

设计实现一个简单的通信系统是电子信息专业学生的基本能力之一。本课程将原有天线系统设计、微波电路设计、通信电路设计、基带信号处理等多门实验课程融会贯通。在课程中,学生综合运用所学、以小组合作的形式,完成 ADS-B 民航相关监视、气象卫星信号接收等广泛应用的典型数字通信系统的设计与制作。学生在实践过程中,可以了解当前现代数字通信系统的设计思路,启发学生研究和探索的兴趣,培养学生的思维方式和研究方法,鼓励学生的交流和合作,锻炼学生应用已有知识解决实际问题的意识和能力。

2. 教学目标

以 ADS-B 民航相关监视、气象卫星信号接收等典型数字通信系统为例,介绍并使学生掌握简单通信系统的设计思路与工程实现方法。本课程以实验为主,要求学生以小组合作的形式,综合利用已学专业课程知识,完成天线系统设计、微波电路设计、通信电路设计、基带信号处理等方面的设计实践。在此实践过程中,启发学生研究和探索的兴趣,培养学生的思维方式和研究方法,鼓励学生的交流和合作,锻炼学生应用已有知识解决实际问题的意识和能力。

3. 预期学习成效

(1) 了解现代通信系统的基本构成并具有分析一个复杂软硬件系统的能力。
(2) 掌握天线系统、射频前端电路和基带信号处理的原理和工程实现方法。
(3) 掌握射频通信系统的测试方法。
(4) 提升将已有知识综合运用于新平台和设计实现一个综合系统的能力。
(5) 提升团队协作能力和动手实践能力。

4. 课程特色

本课程坚持面向实际应用,充分利用现有条件,完成完整的系统设计。

5. 课程安排

(1) 通信系统概述:课程介绍、课程设计的通信系统的基本原理及发展演进过程。讲授 3 学时。
(2) 射频电路测试方法:掌握常用射频测量仪器,如矢量网络分析仪、频谱仪、噪声系数测量仪器的基本原理和使用方法。讲授 3 学时,实验 6 学时。

（3）通信系统的系统设计与仿真:收发信机架构的选择与指标分解,各单元电路指标的分配与优化方法,基于 SystemVue EDA 软件的仿真建模。讲授 3 学时,实验 6 学时。

（4）各分系统的设计:分组进行设计,小组 3 人在 A(天线和微波电路)、B(射频前端电路)、C(基带处理)3 个方向各选其一。共讲授 9 学时,实验 32 学时。

4A.1 天线的原理、设计优化与制作。讲授 3 学时,实验 9 学时。

4A.2 低噪声放大器的设计与制作。讲授 3 学时,实验 12 学时。

4A.3 射频滤波器(微带滤波器)的设计与制作。讲授 3 学时,实验 10 学时。

4B.1 射频振荡器的设计。讲授 3 学时,实验 10 学时。

4B.2 混频器和中频滤波器的设计与制作。讲授 3 学时,实验 12 学时。

4B.3 数模转换器和数字下变频器的实现。讲授 3 学时,实验 10 学时。

4C.1 通信协议分析与信源编解码的实现。讲授 3 学时,实验 12 学时。

4C.2 通信中的同步和信道编解码的实现。讲授 3 学时,实验 10 学时。

4C.3 数据可视化的实现。讲授 3 学时,实验 10 学时。

（5）综合联调:各分系统综合联调,系统整体测试。讲授 3 学时,实验 12 学时。

（6）总结与汇报交流。讲授 3 学时。

合计教学 24 学时,实验 56 学时,课外 48 学时。

4.4.4　智能机器人设计实践

1. 课程内容简介

本课程主要面向电子工程系大三学生,以智能机器人作为载体,综合运用之前所学的电路设计、软件编程、数据算法、信号与系统、图像处理等多门课程的内容,考查学生对所学知识的综合运用能力、实践能力以及团队合作能力。

2. 教学目标

针对在电子信息和电子科学与技术的本科教学实践环节中,实验类课程多围绕单个基础知识领域展开,缺少对软硬件结合情景下的多领域知识综合应用能力培训的现状,清华大学电子工程系在本科生专业核心必修理论课及基础实验课的基础上,设计了系统级实验课组,以无人机、机器人、通信系统、光学系统等系统需求为牵引进行面向电子信息与电子科学与技术专业方向本科高年级学生的实验设计。旨在引导学生基于综合性平台,利用已经掌握的专业基础课知识,实现传感、计算、通信融合系统,从而强化动手能力、系统设计能力及团队协同能力。

3. 预期学习成效

（1）学习应用广泛的机器人技术技能和知识，特别是机器人工程的理论方面和实际应用。获得机器人动作设计过程的实践经验，包括规划、编程和执行机器人动作以完成障碍物导航和执行任务。

（2）学习评估机器人系统的性能，包括对复杂轨道进行计时，并了解优化设计和执行以提高效率和效果的原则。

（3）最终通过完成具有挑战性的综合实践任务来提高解决问题的技能，鼓励学生在设计机器人应用解决方案时进行创新。

4. 课程特色

本课程是电子工程系限选实验课。本课程要求学生参与一套完整的机器人工程任务，要求机器人实现包括行走、绕过障碍、制定路线、视觉识别和认知等目标。这些任务涉及学生对理论知识的综合应用，有助于学生应对现实需求的挑战。这种教学方法综合了机器人工程、计算机视觉和人工智能的各方面，有助于学生对机器人领域内实际问题解决的全面理解和熟悉程度。同时，课程要求学生在机器人实验的过程中，体会电子系统的设计过程以及软硬件协同工作的理念，为之后的学习和科研打下良好的基础。

5. 课程安排

课程由理论环节、实验环节、讨论环节和大作业环节 4 部分组成。

在理论环节中，学生将学习智能机器人的基本原理和相关理论知识，包括具身智能概述、图像传感器与数字图像处理简介、无线网络定位技术、路径规划与 A* 算法及神经网络硬件加速。通过课堂讲解、案例分析和学术前沿发展分享，学生将初步理解智能机器人设计的核心概念和方法。

实验环节是课程中非常重要的部分，学生将亲自动手进行智能机器人"大脑"的设计和实验。实验包括 5 个实验内容，分 8 个实验单元完成，每个实验单元 4 学时。学生使用机器人教具内嵌的基于 FPGA 的硬件平台和开发工具，实现机器人的感知、控制和决策能力。通过实验，学生将掌握机器人的构建和编程技术，培养解决实际问题的能力。实验环节学生以个人为单位完成实验（提前下发实验指导书）。

讨论环节是学生与教师和同学们进行交流和讨论的平台。课程安排 3 次讨论环节。选课学生抽签分组进行一次分享。在这个环节中，学生将分享他们在实验过程中遇到的困难及自己的解决方法，未抽签做分享的学生提出问题并与任课教师及分享同学一起进行深入的讨论。通过互动交流，学生可以从不同的角度和思维方式中获取启发,拓宽自己的视野。

最后,大作业环节是课程的收尾部分,学生将以两人一组组队通过 3 周 12 学时完成设计项目。大作业设定合格性验收与竞争性加分环节。竞争性加分环节选择合格性验收过程中成绩最佳的 8 组,以淘汰赛方式决出最后的名次。大作业环节所需解决的关键问题已经拆解在实验环节的 5 次实验内容中。大作业环节考查的是学生综合系统集成能力与策略制定与实施能力。需要学生综合应用所学的知识和技能,通过对策略的设计展示他们的设计能力和创新思维。

通过上述 4 部分的有机结合,学生将初步了解以机器人为代表的具身智能系统设计的理论与实践,并培养创新思维、团队合作和问题解决能力。这门课程旨在为学生提供一个全面的智能机器人设计实践的平台,为学生未来在相关领域的研究和工作打下坚实的基础。

4.4.5　智能无人机技术设计实践

1. 课程内容简介

本课程旨在培养学生以无人机为代表的无人系统开发技能,通过通用理论和特定实例相结合的模式教学,让学生了解并掌握无人机本体的控制、通信、定位等问题的解决方案,培养在实践中编写程序,利用无人机平台完成特定任务的技能。本课程涉及 ROS 基础知识、Python 编程、仿真环境开发、实机开发等内容,锻炼学生软硬件协同编程的能力,考查学生对知识的综合运用能力和动手能力。

本课程的第一部分主要介绍 ROS 基础知识,包括 ROS 框架、ROS 基础命令、ROS 通信机制、ROS 消息等内容。学生将学会如何配置 ROS 开发环境,熟悉 ROS 结点、话题和服务的概念,了解 ROS 消息和 ROS 参数的使用方法。

本课程的第二部分介绍 Python 编程和无人机飞行控制。学生将学会 Python 基础语法、函数、类、异常处理等内容,并在此基础上学习无人机的建模方法。本部分的重点是使用 Python 语言实现无人机的飞行控制,为后续的控制算法开发和仿真环境搭建打下基础。

本课程的第三部分介绍仿真环境开发。学生将学会如何使用 Gazebo 进行无人机仿真,包括场景的建立、无人机的导入、无人机的加载、传感器的配置等内容。学生还将学会如何使用 Rviz 进行仿真可视化,展示无人机的状态和运动轨迹。

本课程的第四部分介绍实机开发。学生将完成无人机的自主飞行任务,并在真实场景中测试和优化无人机的控制算法。

本课程的最后一个环节是综合实验。在此环节中,学生将完成一个综合实验项目,根据我们提供的特定任务,设计和实现一个无人机演示系统。

通过本课程的学习,学生将掌握无人机的基本原理和控制方法,能够独立进行无人机系统的设计和开发,具备较强的软硬件协同编程能力和动手能力。

2．教学目标

本课程坚持立德树人根本任务,体现价值塑造、能力培养、知识传授"三位一体"教育理念,突出学生课外学术科技赛事与课程教学优势互补、资源共享、协同育人,实现赛事和课程联合设计、深度融合、相互促进。通过通用理论和特定实例相结合的模式教学,让学生了解并掌握以无人机为代表的无人系统开发的技能,并在实践中编写程序,利用无人机平台完成特定的任务。锻炼学生软硬件协同编程的能力,考查学生对知识的综合运用能力和动手能力。

(1) 了解无人机技术在实际应用中的作用和局限性。

(2) 掌握无人机控制、通信、定位等方面的基础知识和技能。

(3) 能够运用 ROS 基础知识和 Python 编程语言进行无人机软件开发。

(4) 能够运用仿真环境和实机平台完成无人机任务。

(5) 培养学生的团队协作和沟通能力,提高学生的实践能力和解决问题的能力。

3．预期学习成效

本课程内容把仿真与实际系统结合。仿真系统是学生进入科研阶段需要学习的基础工具。本课程的初赛阶段采用仿真环境,方便选手快速上手体验与学习无人机感知和控制,试错成本低;决赛阶段采用实际环境,让学有余力的学生体验如何将算法从仿真部署到真实系统。从仿真系统到实际系统也是做科研的基础流程,希望学生能通过这个过程掌握相应的科研工具,为后续的毕业设计、研究生阶段的学习打下基础。

(1) 掌握 ROS 基础知识、Python 编程、仿真环境开发、实机开发等技能。

(2) 熟悉无人机控制、通信、定位等问题的解决方案。

(3) 能够基于无人机平台完成特定任务,并撰写相关程序。

(4) 具备软硬件协同编程的能力。

(5) 培养学生的动手能力和实践能力。

(6) 培养学生的创新精神和实践能力,为未来的研究和职业发展奠定坚实基础。

本课程同时包括课程"智能无人机技术设计实践"和赛事"清华大学智能无人机挑战赛"。其中,课程为赛事提供知识基础、提升赛事学术水平,赛事为课程提供实践平台、助力课程能力培养。"赛课结合"模式的学习成效,是把第一课堂和第二课堂的优势作为互补关系,一个好的任务以第二课堂竞赛为牵引,让学生以更大的自主性投入第一课堂。通过"赛课结合"模式,比赛过程中能锻炼学生的个人能力。在比赛的过程中除了获取知识之外,还能提升个人的领导力,提升队友之间的沟通能力。

4．课程特色

（1）多样化的授课形式。

结合无人机方向工程实践丰富的现状，倡导"科研服务于教学"的理念，持续引导科研成果进课堂。主要包括：组织学生前往无人机试验外场现场参观无人机的飞行环境，强化学生对无人机的实操性，为学生快速上手使用无人机奠定基础；将科研活动中积累的无人机飞行控制半实物仿真环境转化为教学实践环境，并开放接口供学生动手实践参与初赛；将科研开发的无人机平台、无人机飞控硬件/软件等作为教学的一手资料，使得课程具有极强的应用性和针对性；将实际飞行的视频和外场经历作为学生兴趣的激发点，使得学生对课程保持浓厚的兴趣；不断将团队的最新研究成果，如基于卷积神经网络的图像识别、基于强化学习的多机协同决策控制等成果引入课堂教学中，同时引导学生阅读学术论文，使得学生对技术前沿保持关注。

（2）丰富的赛题变化。

引入"空地协同"赛题，即无人机和无人车在空中和陆地协同完成比赛规定的任务。无人机和无人车的系统具有"自主-协同"技术特征。单架无人机具备自主性，能够独立完成任务；但是无人机与无人车之间的协同，可以充分发挥 $1+1>2$ 的功效。以无人车机系统具有"自主-协同"技术特征为内涵，凝练育人文化。课程在讲述无人机和无人车自主和协同内涵的同时，将其引申到学生的日常生活和科学研究中，提倡年轻学生既要保持一定的独立自主，努力提升个人素养；又要彼此协同，和团队一起进步。

（3）有机融入课程思政建设。

智能无人机技术设计实践课程是典型的科学理论及工程技术相结合的学科交叉实战课程，以智能无人机作为载体，综合运用所学的图像处理、软件编程、路径规划算法、系统集成等多门课程的内容。在技术层面之外，课程还同步推进思政建设，从而在智能无人机实践过程中，培养学生的高度社会责任感和使命感，将思想政治教育与专业知识传授相结合，为国家培养具有全面素质和创新精神的人才。

针对课程开设对象为本科生的特点，应坚持将家国情怀引入课堂教学，激励学生树立在国防科研领域无私奉献的精神。作为目前广泛装备的无人设备，无人机在抗灾救援、应急处突中密集亮相。在课程教学中，以近几次抗灾救援无人机为切入点，将各种无人机视频、图片和模型引入课堂，并由此引出中国在无人机领域从跟跑到并驾齐驱并有望弯道超车的历程。通过在不同环节穿插串讲中国故事的模式，激发学生的家国情怀和对祖国发展成就的自豪感，进而引导学生确立科技报国的崇高志向。

5. 课程安排

第 1 讲：课程宣讲。

讲解课程规则、评分标准；在线课程平台介绍；虚拟机、Linux 知识在线学习。

第 2 讲：ROS 基础知识。

包括 ROS 框架、ROS 基础命令、ROS 通信机制、ROS 消息等内容。学生将学会如何配置 ROS 开发环境，熟悉 ROS 结点、话题和服务的概念，了解 ROS 消息和 ROS 参数的使用方法。

第 3 讲：Python 图像处理和无人机飞行控制。

学生将了解基本的图像处理方法、图像格式、色彩空间等知识，学习使用 Python 的 OpenCV 库进行图像处理。学习如何对图像进行预处理和特征提取，进行目标检测，并将其应用到无人机任务中，为后续无人机视觉任务的开发打下基础。本部分的重点是使用 Python 语言实现无人机的飞行控制，为后续的控制算法开发和仿真环境搭建打下基础。

第 4 讲：仿真环境开发。

学生将学会如何使用 Gazebo 进行无人机仿真，包括场景的建立、无人机的导入、无人机的加载、传感器的配置等内容。学生还将学会如何使用 Rviz 进行仿真可视化，展示无人机的状态和运动轨迹。

第 5 讲：举行仿真环境初赛。

在 Gazebo 仿真环境中进行无人机竞速比赛。学生将分为若干小组，每个小组负责设计和实现一个无人机竞速系统，包括无人机的定位、控制算法的开发、传感器的配置和数据的处理等。比赛将模拟真实的竞速环境，包括起飞、巡航、避障、目标检测、路径规划等任务。学生将在比赛中展示其竞速系统的性能，并根据比赛结果进行排名。

第 6 讲：实机开发。

学生将完成无人机的自主飞行任务，并在真实场景中测试和优化无人机的控制算法。

第 7 讲：综合实验环节。

在此环节中，学生将完成一个综合实验项目，根据我们提供的特定任务，设计和实现一个无人机演示系统。

第 8～10 讲：答疑＋调试备赛。

第 11 讲：举办"清华大学智能无人机挑战赛"决赛。

4.5　专业选修实验课

4.5.1　光电子技术实验

1. 课程内容简介

本课程是一门光电子技术专业限选实验课,涉及激光原理与技术、物理光学、现代光学、光电子技术等方面的内容,包括典型激光器与光放大器、光的调制与转换技术、光纤器件、光纤通信与光传感技术、光电子应用技术等实验内容。课程以综合型实验为主,设有设计型实验,从基础知识延伸到前沿应用。通过独立搭建实验系统和师生讨论的教学方式,使学生掌握实验原理和实验技术,并且通过自主设计实验条件,体会科学实验的过程,培养分析解决实际问题的能力。

实验内容主要涵盖 5 类技术:

(1) 典型激光器特性研究;

(2) 电光、声光等调制技术;

(3) 光纤通信;

(4) 光纤传感;

(5) 现代光学(全息)。

共安排 1 次讲课,8 次实验课,两人一组。前 5 次是由实验室安排的大循环实验;第 6 次和第 7 次完成一个开放的设计实验;最后就设计实验完成一次口头报告。前 5 次实验在如下实验中选择:

(1) 固体激光器的静态特性及调 Q 技术;

(2) 电光调制与语音信号传输;

(3) 声光偏转与声光调制;

(4) 光纤放大器增益与噪声特性;

(5) 光纤长距离传输系统设计;

(6) 光纤光栅特性与应用;

(7) 波分复用光纤传输系统;

(8) 全息照相。

2. 教学目标

光电子技术实验课是物理电子学与光电子方向全面系统的专业实验课。不仅可通过实验加深对理论知识的理解,更重要的是学习本专业实验的研究方法和实验技能。

3. 预期学习成效

(1)了解激光原理与激光技术基础知识与实验方法。
(2)掌握光与物质相互作用效应与应用。
(3)了解光纤通信与光纤放大器应用。
(4)了解光纤光栅特性与传感应用。
(5)掌握全息实验方法。
(6)了解光纤无源器件应用。
(7)掌握光电技术常用测量仪器使用,掌握光学领域重要设备的原理和使用方法(光谱仪、光功率计、光纤焊接机等)。
(8)掌握光学实验重要元件和调节装置的使用方法(光纤跳线、可调衰减器、波分复用器/解复用器、多维调整架等)。
(9)学习与实践科学实验方法。

4. 课程特色

首先,课程以综合型、设计型实验为主,体现综合系统性。每个规定实验和开放设计实验都是基于一个完整光电系统进行的研究。涉及内容从基础知识延伸到前沿应用,涉及光子、电子、信号采集—传输—处理等综合知识与能力。

其次,设置由学生自主设计的开放探索型实验环节,每个开放设计实验使学生能够体会自主研究与方案设计及实现过程,提高分析解决实际问题的能力。

再次,教学团队设计了承载多种实验内容的开放的系统实验平台,满足"开放式结构",是模块化的且能有机组合,满足学生对设计、研究与创新等高阶学习的需求。

最后,实践了融合学生独立设计分析和师生互动讨论的教学模式。为学生创造出进行分析、综合、判断、应用等高阶认知活动的场景。课程团队在实践中提出影响实验教学效果的"力"和"场"两个因素:有形的"力"的作用包括内容设置和平台建设,无形的"场"的作用包括教学环节、课堂互动和效果评价。这5方面相辅相成,共同作用影响着实验课堂的教学效果。

5. 课程安排

实验两人一组,共有1次讲课和8次实验课。每次实验课约6学时,分两次到实验室：一次为 1 学时的实验室预习，另一次为 5 学时的实验课。第 1～5 次由实验室安排 5 次规定实验，采用大循环模式排课。第 6 次和第 7 次两周完成一个开放设计实验；最后一周进行一次关于设计实验的口头报告。

前 5 次实验在如下实验中安排，每次 8 个实验同时开，轮转 5 周，每个学生完成其中 5 个实验。

（1）固体激光器的静态特性及调 Q 技术。

（2）电光调制与语音信号传输。

（3）声光偏转与声光调制。

（4）光纤放大器增益与噪声特性。

（5）光纤长距离传输系统设计。

（6）光纤光栅传感。

（7）波分复用光纤传输系统。

（8）全息照相。

开放实验是每组学生从下面 9 个实验中选择 1 个，用两周时间完成。

（1）激光诱导击穿光谱研究（LIBS）。

（2）半导体泵浦的固体激光器。

（3）表面等离子体传感实验（SPR）。

（4）光纤陀螺。

（5）光量子信息实验。

（6）可见光空间光通信实验。

（7）$PM_{2.5}$ 研究——空气中微粒的光散射测量。

（8）扫描干涉仪测量光频差方法研究。

（9）数字全息。

课程成绩根据实验过程表现、实验报告和期终口头报告综合评定。

4.5.2　微波电路设计

1. 课程内容简介

微波电路广泛应用于通信、雷达等领域，并成为不可缺少的重要组成部分。

本课程以 CDMA 通信系统为例，采用 SystemVue 软件构建通信系统，仿真其性能特性。在此基础上，针对其中无线收发的超外差接收机部分的典型单元电路——滤波器和低噪声放大器，在满足通信系统性能要求的前提下，完成两类电路从软件设计到硬件实现的全过程，并进行软硬件的联合仿真，达到系统指标要求。

2．教学目标

（1）建立和巩固系统级设计概念，深入理解微波子系统的作用，以及单元电路的工作原理。

（2）通过完成通信系统及单元电路的软件仿真设计和硬件电路调试这一完整的设计流程，深入理解和研究理论设计和硬件实现过程。

（3）软件仿真与硬件设计形成闭环训练，思考实际应用中出现的问题，提出解决方案并付诸实施。

3．预期学习成效

（1）学习理解 CDMA 通信系统的组成和各单元电路的工作原理。

（2）研究无线收发系统的组成和各微波电路的工作原理及对系统性能的影响。

（3）掌握使用仿真软件 ADS 设计实现带通滤波器和低噪声放大器，使用 SystemVue 软件仿真系统性能，并进行联合仿真的方法。

4．课程特色

本课程的特色在于，从系统设计的角度完成微波单元电路的研究。

首先完成系统设计，在系统层面通过调整收发机结构和微波电路模块参数，满足系统指标；在系统指标的要求下，再进行微波电路的设计；最后将设计出的电路硬件带回到系统中，分析实际电路对系统的影响。

从系统的角度认识和理解微波电路的工作原理和作用，可以对系统有更加全面的研究，具有综合设计性与探索创新性。

5．课程安排

本课程包含软件仿真设计和硬件调试两个阶段。

软件仿真设计环节，需要对 CDMA 通信系统的组成和工作原理进行学习理解，调整部分电路指标以达到系统性能要求；在此基础上，仿真设计完成系统中的带通滤波器和低噪声放大器两类微波电路，并进行软件联合仿真，保证达到系统指标要求。

在硬件调试阶段，对仿真设计的带通滤波器和低噪声放大器进行调试，达到指标要求，并和通信系统进行软硬件联合仿真，达到最终设计要求。

本课程采用开放式管理和讨论式教学模式，考核方式采用答辩方式。课程成绩综合平时成绩、设计电路性能和答辩成绩给出。

4.5.3　通信电路实验

1．课程内容简介

本课程旨在帮助学生建立射频通信系统的整体概念，了解射频通信系统各单元电路及其基本功能，并掌握实现这些功能的基本电路原理及电路形式。课程内容包括：通信电路实验简介；PCB 绘制工具的简单介绍；几种射频测试仪器的工作原理及使用介绍。

实验内容如下。

（1）调频无线话筒的设计与制作。

（2）调频接收机模块设计与无线链路实验（根据指标要求设计 FM 接收机主要模块，包括小信号放大器、混频器、中频放大器、本机振荡器、鉴频器，然后将几个模块连成接收机，达到一定的性能要求）。

（3）气象云图接收系统综合实验（调测系统性能，了解通信系统指标，建立系统概念）。

2．教学目标

本课程旨在帮助学生在实践中掌握通信电路理论知识，培养学生的实际动手能力、对知识的综合应用能力、工程设计能力和团队协作精神。

3．预期学习成效

学生可以独立设计无线收发信机的基本功能电路，并会使用各种高频仪器设备调测电路，完成信号的无线传输。

4．课程特色

小班授课，教师可以一对一指导学生。

5．课程安排

根据选课学生人数分为几个课堂，每个课堂上限 20 人，每次实验时长 3 小时。

实验内容一"调频无线话筒的设计与制作"，一人一组，4 周时间完成；实验内容二"调频接收机模块设计与无线链路实验"，两人一组，分工合作，5 周时间完成；实验内容三"气象云图接收系统综合实验"，两人一组，同时进行每个环节，5 周时间完成。

注："实验内容二"和"实验内容三"二选一即可。

实验成绩由 3 部分组成：实验预习 20%、实验过程 40%、实验报告 40%，最终呈现为等级制成绩。评定标准：在学生完成实验过程的能力、实验结果完整性等方面考查学生的知识掌握情况。

4.5.4　通信原理实验

1．课程内容简介

本课程是"通信与网络"和"现代通信原理"的后续课程，主要研究和验证现代通信原理中的基本原理，如信源编码、信道编码、调制、解调等方面的内容，从知识体系的全面性、完整性和深入性的角度出发，内容涵盖信源、信道、调制、解调及网络传输等领域，逐步形成了一套科学、规范、系统的实验教学体系，开展各种有线和无线的通信传输和网络设计、构建和测试实验，为当前各种先进的通信技术和网络服务提供综合实验平台，让学生从原理、应用和开发等方面全方位学习和实践通信与网络的知识和技能。课程包括验证型和研究型两部分实验。其中，验证型实验在现有的教具上验证现代通信原理的一些关键技术；研究型实验是在通用实验平台上，通过自主设计，研究现代通信中的一些关键技术。

2．教学目标

通过实验，使学生掌握现代通信原理中的一些关键技术，同时，通过实验培养学生的实际动手能力、对知识的综合应用能力、工程设计能力和团队协作精神。本实验的研究型部分能培养学生在中大规模 FPGA 的使用、电路系统设计、电路调试等方面的技能。

3．预期学习成效

学生可以联合完成具有多个功能的收发系统的代码设计、代码调试、硬件调试和性能测试，能够掌握可编程器件的使用方法，掌握使用示波器、逻辑分析仪、信号发生器等设备调测电路的方法。

4．课程特色

小班授课，教师可以一对一指导学生开展方案设计、代码调试、硬件调试和验收汇报。

5．课程安排

根据选课学生人数分为多个课堂，每个课堂上限 40 人。

实验内容：根据现代通信原理的基本知识点，在教师的指导下，分组选择合适的研究验证内容并开展实验设计和实现,最终撰写实验报告。

实验成绩由 3 部分组成:平时成绩 20%、实验报告 70%、实验答辩 10%,最终呈现为等级制成绩。评定标准:在学生完成实验过程的学习态度、解决问题能力、实验结果完整性等方面考查学生的知识掌握情况。

4.5.5　基于数字信号处理器的系统设计

1. 课程内容简介

本课程是大四上学期开设的一门综合性专业实践课,涉及大部分前序课程的知识与技能。课程内容涉及理论学习、技能训练和能力培养 3 部分。理论学习包括数字信号处理器(DSP)结构设计原理、实时系统开发的程序设计和多层优化策略,涉及 3 个模块的知识点:数字信号处理器结构与开发工具、有限字长效应分析与控制、实时信号处理系统配置与优化。技能训练包括系统开发工具使用和系统设计、定点处理器的常见问题分析、相关解决方案验证、系统设计优化方法对比分析等技能,涉及软件建立流程和 DSP 开发工具的使用、软件验证和软件仿真器的使用、系统验证和评估板或硬件仿真器的使用。能力培养涉及课程内容的逻辑设计、教学计划实施、实验和设计指导、考核等教学全过程。

2. 教学目标

通过学习 DSP 系统设计的理论方法,训练通用 DSP 系统的开发技能,培养 DSP 系统设计和优化的能力,达到"科学精神、创新能力、批判性思维的培养培育"的目标。

3. 预期学习成效

基于定点数字信号处理器的系统验证平台,学生能够自主设计并实现实时的多媒体信号处理系统,并验证其功能和性能指标。

4. 课程特色

本课程的特点是以问题为导向,理论与实践匹配,通过训练学生开发系统的技能,培养学生在理论指导下解决实际问题的系统设计和优化能力。在课程内容的逻辑设计和教学计划的实施过程中,坚持问题导向,引入学术前沿的人工智能(AI)芯片的研究历史和现状分析,引出在片上集成系统中 DSP 作为通用信号处理单元的不可或缺的作用,以及系统性能的实时性、正确性、低能耗等实际问题的示例。设计了理论与实操配合的螺旋递进和开放式自主设计的教学计划,以及包含课程测验、理论考试、实验技能验收、实验分析报告、课程设计开题、设计验收、设计成果分享点评和设计分析报告评价等贯穿教学全过程的全方位考核方法。实验设计和指导书编写同样坚持问题导向和科学精神培养,选用 DSP 系统的两个典型例程贯穿课程教学始终,即典型的 FIR 滤波算法例程和实时系统计算例程(包括 ADC、DAC、串口并口、DMA、输入输出缓存、调用计算单元、存储器访问等实时系统配置与前后台工作的实时计算系统)。教学计划按照课堂教授、实验操作与验收、实验分析总结 3 部分组合为一个基本教学单元,每周完成一个单元(周二讲授、周四实验、周日分析报告)。在讲授新内容之前,通过点评前一个单元的实验报告,进行学习过程中的问题分析和难点讲解,引导学生准备进入螺旋递进的下一单元的学习。在实验指导书的编写中,突出问题引导实验步骤和对不同方案结果的对比分析,启发学生发现问题、探索多种解决方案和对不同解决方案的验证对比等科学研究方法。

5. 课程安排

讲授与实践匹配、螺旋递进,全方位考核。

讲授与实践匹配、螺旋递进,全方位考核

周次	讲课内容(2 学时)周二 报告点评、 难点讲解、随堂小测(5 分)	实验内容(4 学时)周四 例程引导、 实践探索、过程验收	实验报告 周日提交实验分析总结 考核(8 分/次,共 40 分)
1	**系统设计工具** 基于 DSP 的实时系统开发流程和开发工具	用例程学习集成开发环境的使用 用例程学习实时系统设计工具	总结软件建立过程(software build process),实时系统数据通路
2	**结构与指令** DSP 内核结构与汇编指令存储器结构和寻址方式	汇编指令、定点计算 编写 C 和汇编 FIR 子程序	定点处理器数据通道特点,寄存器类型及其作用,定点运算特征分析,模寻址的优势
4	**接口与程序设计** 实时系统接口设计包括 AD/DA、SPI、SPORT、DMA、EBIU 等 程序设计中 C 与汇编联合编程的规则	系统接口寄存器配置 通过分析例程学习 C 主程序调用汇编子程序时的函数调用规则和寄存器使用,并编写简单滤波程序	接口寄存器配置 分析 C 主程序调用汇编子程序的特点,了解混合编程的编译器规则,堆栈管理
5	**优化:程序设计** 速度优化和精度优化	基于 DSP 结构的并行计算 FIR 程序分析 IIR、FFT 计算精度分析	分析并行 FIR 汇编程序的特点,总结 IIR 和 FFT 计算的精度解决方案

续表

周次	讲课内容(2 学时)周二 报告点评、 难点讲解、随堂小测(5 分)	实验内容(4 学时)周四 例程引导、 实践探索、过程验收	实验报告 周日提交实验分析总结 考核(8 分/次，共 40 分)
6	**优化：系统中断与缓存** 实时系统的实时性优化：输 入输出缓存	实时滤波系统优化设计对 比，包括二维 DMA 和 IO 双 缓存区设置	实时性分析、优化和性能 对比
7	**理论讲授总结，随堂考试** (30 分)	课程设计选题讲解与演示	课程设计选题报告(2 分)
8~10	完成设计(23 分)，每周四实验时间可以到机房，第十周周日前独立完成并提交设计报 告，要求：**设计原理，实现方法，设计验证**		

4.5.6　语音信号处理实验

1. 课程内容简介

本课程主要面向电子工程系大三学生。语音是人类最重要的和最有效的交互方式。语音信号处理是实现人机交互和语音通信技术的基础，也是目前海量信息处理的重要手段。本实验课是为适应当前人才培养需求，配合"语音信号处理"课程的课堂教学而开设的。本实验课对"语音信号处理"课程的学习深入以及培养语音领域高层次人才具有良好的意义。

2. 教学目标

通过语音信号处理实验可以让学生深入掌握数字信号处理基本方法、属于准平稳随机过程的语音信号的特点、语音通信中编码方法、话音质量评价方法、语言信息处理的基本方法、统计模式识别的基本原理等基础知识和应用方法，并增加对实际建模方法和算法编程能力及基本理论的应用能力。在培养学生动手和分析解决问题能力的同时激发学生对相关领域的研究兴趣。

3. 预期学习成效

通过语音信号处理实验，重点使学生了解语音数字信号处理的基本理论、算法及其应用。通过完成上机实验和实验作业，掌握语音信号处理的基础知识和应用方法，并增加对实际建模方法和算法的编程能力及基本理论的应用能力，在培养学生动手和分析解决问题能力的同时激发学生对相关领域的研究兴趣。在掌握了基本的算法原理和动手能力后，鼓励一部分创新型人才针对某一个实验进行延伸的创新学习，并通过撰写科学论文培养学生查阅最新科技成果及撰写规范科学文献的能力。

4．课程特色

结合目前开设的语音信号处理教学课程，将系内科研成果转化为语音信号处理实验教学课程。通过语音信号处理实验教学平台开展完整的基本语音信号处理教学实验，同时利用自主实验项目促进优秀学生的培养并激发学生在语音信号处理领域的创造性。

5．课程安排

课程内容包括基础教学实验（语音信号特征分析实验、语音参数编解码实验、语音分类识别实验）和自主型实验。基础教学实验结束后进行自主型实验，要求学生完成至少一个小型语音信号应用项目，教师与研究小组共同进行讨论，并进行报告及成果展示，鼓励学生结合实验成果撰写科研论文，培养学生初步的科研能力。考核内容包括实验代码、实验结果及实验报告。

4.5.7　单片机和嵌入式系统

1．课程内容简介

嵌入式系统是智能化时代研究开发的热点之一。本课程主要通过由单片机构成的嵌入式系统介绍如下内容：

（1）单片机和嵌入式系统的硬件组成和工作特性；

（2）嵌入式系统软件的特点，混合编程和实时操作系统；

（3）嵌入式应用系统的设计要点。

本课程是一门以实践为主的课程，注重提高学生应用单片机设计和构成嵌入式系统的能力。本课程的实验部分结合新唐 NuMicro 系列 ARM Cortex-M0 微控制器进行，上机 30 小时，包括最后用作考查的 18 小时设计性综合实验。

2．教学目标

通过学习本课程，要求学生对单片机有一个深入完整的了解，具备应用单片机设计和构成一个嵌入式系统的能力：

（1）掌握单片机的工作原理及其硬件组成和工作特性；

（2）掌握单片机构成的嵌入式系统的软件编程；

（3）学习嵌入式应用系统的设计要点，并自主选题实现一个单片机应用系统，系统功能满足用户需求，运行稳定可靠。

3. 预期学习成效

学生能掌握单片机的工作原理,了解单片机的硬件电路的构成和软件编程。学生通过组队完成一个自主选择的单片机应用系统的实践工作,增强创新意识,提高发现问题、解决问题的能力。促进学生自主学习,培养团队协作精神,提升自身素质。

4. 课程特色

本课程为限选课或选修课,教学团队针对选课学生的不同特点在教学内容和深度上进行有针对性的调整。比如高年级电子系学生作为选修主体的几年,学生在数字电路和模拟电路设计方面有较好的基础,课程在基本教学内容的基础上更加偏重如何设计一款单片机芯片。在作为汽车系部分专业学生的限选课时,课程主要针对单片机在工业控制、系统控制方面做更详细的介绍。

5. 课程安排

本课程理论教学和实践并重,课程内容如下:绪论(2 学时),硬件体系结构(3 学时),编程和开发工具(1 学时),开发工具和 C 语言嵌入式编程入门(4 学时),定时器和 LED 显示(2 学时),定时器与 LED 显示实验(4 学时),A/D 转换器和 LCD 显示(2 学时),串行接口(2 学时),A/D 转换与 LCD 显示实验(4 学时),应用系统设计(4 学时),嵌入式操作系统(4 学时),综合性设计实验(12 学时),验收/交流(2 学时)。

本课程不设考试,以单元实验和综合设计实验完成情况来评定成绩。

4.5.8　计算机网络技术与实践

1. 课程内容简介

本课程主要面向电子工程系大三/大四学生,深入分析计算机网络和电信网络的关系和特点,同时介绍计算机网络的主要应用技术。主要内容分 3 个层面:

(1)按照网络分层模型来介绍相关的传输、数字通信以及交换等方面的概念、原理以及计算机网络基本知识;并加强网络接口层的知识点。目标是让学生掌握有关传输、通信、交换以及网络的基本知识和概念,同时了解网络的一些主要协议。

(2)以构建大型计算机网络为线索,结合前面所介绍的基本知识,分析组建不同网络域所需要采用的网络技术,分析这些网络的特点。

(3)从网络大数据的视角,在社交网络、媒体网络、云计算网络等实际网络中实践主要不同网络技术的综合运用,通过互联网数据获取、处理与挖掘等流程,使学生了解到网络最新技术和技术发展趋势。

2．教学目标

通过本课程的学习，希望在 3 方面达到学习目的。首先，在基本概念上，深入理解互联网中交换与路由、数据与控制、分层结构等基本概念、技术原理与设计思想，理解传统及新型计算机网络架构及发展趋势；其次，在实用技术上，学习掌握互联网基本的技术与应用；最后，在实践实验方面，加强实践环节，体验网络技术，力争学以致用。

3．预期学习成效

通过本课程的学习，在通信与网络课程基础上，进一步了解计算机网络的基本概念、掌握计算机网络的协议体系，并通过实验的方法学会如何组建计算机网络、使用计算机网络以及设计计算机网络。

4．课程特色

本课程通过理论与实验相结合的方式，鼓励学生通过在计算机网络仿真平台上设计的实验代码来加深对课程知识的理解，通过安排具有探索性质的选做实验激发学生在计算机网络领域的钻研精神，通过完成具有学术创新性的综合性项目，锻炼学生的工程能力与创造性。

5．课程安排

本课程分为理论与实验两部分，理论部分讲授计算机网络的发展与基本概念，包括网络体系架构、路由与交换、流量与拥塞控制等。在理论学习的基础上，进行实验，实验内容包括：网线制作、交换机/路由器配置（VLAN）；简单组网；组网设计性实验、提出方案并实现（路由与交换）；云计算环境及 wget 的使用及客户端的实现；基于云计算的 HTTP 服务器的搭建及内容发布；社交网络数据获取和图分析的实验；传统 IP 网络架构的实验（NetFPGA，路由，视频传输）；基于 SDN 的新型网络体系架构实验（NetFPGA，OpenFlow 交换机，Floodlight 控制器）；最后，通过开放性课题与实验设计，参与科研创新。

4.5.9 现代计算机体系架构

1．课程内容简介

本课程主要面向电子工程系大三学生，在电子信息核心课"数字逻辑与处理器基础"的基础上，主要讲授计算机体系架构的发展、量化分析方法、存储架构、多核计算系统与前沿技术，并开设对应的实验课，以 gem5 这一处理器仿真器为实验平台，综合运用之前所学的 CPU 各执行单元结构、存储结构、加速器设计等相关知识,考查学生对理论知识的理解程度与实际运用、实践能力。

2.教学目标

通过本课程的学习,希望学生系统掌握计算机体系结构的量化分析方法,在了解基本流水线执行方式的基础上掌握多发射、乱序执行等进阶流水线技术,并了解GPU、多核计算系统、智能计算机以及云计算机等新式架构与系统,在掌握理论知识的同时,能够在仿真平台上对不同的处理器架构进行设计、分析与评估。

3.预期学习成效

通过 gem5 平台的熟悉实验,使学生认识和了解这一处理器仿真平台;通过处理器性能分析实验,使学生掌握处理器的分析设计方法;通过外挂加速器设计实验,使学生掌握通用处理器和加速器之间的关系,了解异构系统的架构和运行方式。通过一系列实验,使学生在一定程度上掌握基于 gem5 平台的处理器设计、分析与评估方法,为之后的进一步探究打下良好基础。

4.课程特色

本课程通过理论与实验相结合的方式,鼓励学生通过在处理器仿真平台上设计的实验代码加深对课程知识的理解,通过安排具有探索性质的选做实验激发学生在处理器设计领域的钻研精神,通过完成综合性项目锻炼学生的工程能力与创造性。

5.课程安排

本课程分为理论与实验两部分,理论部分讲授计算机体系架构的发展与基本概念、量化分析方法、单核超标量流水线处理器、存储架构、互联 I/O、多核计算系统、智能计算机与云计算机。在理论学习的基础上,在处理器仿真平台 gem5 上进行实验,实验内容包括:仿真平台熟悉;处理器设计、分析与评估;处理器外挂加速器设计。考核方式为实验代码、实验结果及实验报告。

4.5.10　数字电视系统设计

1.课程内容简介

本课程主要面向电子工程系高年级本科生,在理论课程"通信与网络"和"通信系统"的基础上,主要研究和验证现代通信系统中的基本原理,如信源编码、信道编码、调制、解调等方面的内容,开展以数字电视广播系统为代表的传输信号设计及系统测试、搭建软硬件平台,为深入理解当前各种先进的通信技术打下基础,让学生从原理和开发等方面全方位学习和实践通信系统的知识和技能。

2. 教学目标

(1)掌握数字电视系统的基本组成和信号流程。
(2)了解数字电视系统中的关键技术前沿。
(3)熟悉我国地面数字电视广播系统的特点。
(4)熟悉系统中各关键模块的算法和实现方法。
(5)理解地面数字电视广播系统的设计难点。
(6)掌握数字电视关键性能参数及测量方法。

3. 预期学习成效

学习了解我国数字电视广播标准及相应的关键技术与系统设计,通过搭建软硬件测试平台,熟悉通信系统的发展前沿,理解系统设计及验证方法,培养解决实际应用问题的能力。

4. 课程特色

科研成果与实验教学相结合,熟悉自主知识产权的数字电视传输标准;通信基本理论与学科前沿相结合,涵盖信道编码、调制映射、交织、信号组帧、成形滤波等通信系统的基本组成;培养工程实践能力和创新能力。

5. 课程安排

地面数字电视广播系统整体讲解与演示;独立模块分析,包含信道编码、调制方式、帧结构、成形滤波;系统参数优化与性能仿真等。具体实验内容包括:发射端频谱模板、频谱带肩、带内平坦度、星座图、调制误差;接收端 LDPC 译码性能,信道估计性能,高斯信道下的接收门限,静态及动态多径衰落信道下的接收门限,系统所支持的最大回波时延,TS 流输出检测等。

4.5.11 数字系统设计

1. 课程内容介绍

本课程主要面向电子工程系高年级本科生,以智能芯片设计为例,综合运用必修培养方案中的电路设计、数字处理器、数据算法、媒体与认知等多门课程的内容。本课程培养与考查学生对所学知识的综合运用能力,尤其是系统级跨层次协同优化的能力。

2．教学目标

本课程分为理论教学和实验教学两方面。第 1 次实验对应第 1～4 次理论教学，总体教学目标为设计硬件友好的算法。以深度学习算法为例，讲述神经网络在结构设计、压缩剪枝、数值量化 3 方面进行轻量化硬件友好设计的原理，以及预期收益。第一次实验是让学生亲自进行硬件友好的算法训练与设计。第 2 次实验对应第 5～8 次理论课程，其教学目标是设计高效的电路模块来对算法进行更有效的支撑。这里介绍了常见的乘累加运算阵列的原理、前沿智能芯片加速核的设计及智能控制器的设计。实验目标是依据课程所学理论，设计一个高效的阵列进行矩阵运算，以支撑深度学习的算法。第 3 次实验对应第 9～12 次课程，教学目标是高效异构智能芯片架构设计。理论内容包括神经网络的指令集设计、系统工具链设计及存内计算架构设计等，对多核及多芯粒设计互连等也有涉及。实验目标是完成一个整体的芯片前端设计，能够实现一层卷积神经网络。

3．预期学习成效

学生通过课程学习能掌握数字系统和智能芯片加速器的研究对象、目的、方法和前沿研究进展。在学习中，学生能掌握跨层次优化协同的设计方法，了解什么样的算法是适合在硬件上运行的，并能进行更高效的硬件设计。学生将充分了解智能芯片领域的设计难点、设计现状及时下最热门的设计方案，为今后进一步从事相关领域的研究打好基础，建立共识。

4．课程特色

本课程是电子工程系限选课，也是为有志于进行硬件设计的学生专门开设的特色实验课。本课程要求学生掌握高效神经网络算法的设计原理，知晓神经网络算法的多样化评价标准。除此之外，课程要求学生掌握高效智能芯片的设计原理，通过模块化的搭建完成最终的系统设计。学生在学习过程中，可逐渐建立系统级的设计思维和协同设计的理念，为日后的科研打下良好基础。

5．课程安排

本课程分为 12 次理论课、3 次实验汇报课及讲座。在理论课程中，学生将逐渐掌握算法、硬件及架构的设计原理。在实验课程中，学生将有机会将理论运用到实验中。实验为学生充分设计了可扩展的接口，学生在完成基础内容后，能够依据指示充分进行自我研究与探索。课程评价包括实验成绩（实验代码、结果及报告）和平时成绩（以论文阅读报告为主）。

4.5.12　数据库

1. 课程内容简介

本课程主要面向电子工程系高年级学生,讲授数据库的基本概念、关系型数据库的定义和数学模型、关系代数、关系演算(QBE)、关系数据库语言 SQL、关系数据理论、数据库设计,实际的数据库管理系统 SQL Server 2000 系列以及 Oracle 12c 简介。

2. 教学目标

本课程的教学目标是让学生掌握关系代数理论,会用关系数据库语言 SQL 编写应用查询程序,掌握关系范式理论和数据库设计的步骤,能根据实际需求设计数据库,在 SQL Server 系统上实现一个数据库,并实现简单的数据库客户端。

3. 预期学习成效

通过本课程的学习,希望学生建立数据库的基本概念,掌握关系代数理论、典型关系数据库的基本工作原理和设计方法,能根据实际需求设计并实现一个数据库。

4. 课程特色

本课程具有理论与实践相结合的特色。本课程既讲授关系代数、关系演算(QBE)、关系数据库语言 SQL、关系数据理论,也向学生介绍最新的数据库管理系统的研究进展和产品发布,保持课程知识的前沿性。另外,介绍了实际的数据库管理系统 SQL Server 2000 系列以及 Oracle 12c。注重培养学生解决实际具体问题的能力。

5. 课程安排

本课程分为 12 次理论课,4 次上机实验课。主要讲授关系数据库、关系数据库标准语言 SQL、关系系统及其查询优化、关系数据理论、数据库设计、数据库恢复、并发控制、数据库安全性、数据库完整性、数据库新技术和新趋势。设置 4 次上机实验,具体实验内容包括 SQL 编程练习、Delphi 数据库接口界面、VC++数据库接口界面、综合数据库设计题目。考核方式:完成实验报告。

4.5.13　射频通信电路

1. 课程内容简介

本课程在电子信息核心课"电磁场与波"和限选课"微波与光波技术基础"讲授的

电磁场与电磁波传播、射频/微波无源电路知识的基础上,主要讲授雷达、通信系统射频/微波前端所用的典型射频/微波有源电路所用的微波半导体器件及相关电路的特性参量、工作原理、分析设计方法、典型电路,以及利用软件进行设计所要用到的优化方法等相关知识。在理论学习的基础上,用微波仿真分析软件进行实际电路的设计实验。

2. 教学目标

通过本课程的学习,希望学生建立分布参数射频/微波有源电路的概念,掌握典型射频/微波有源电路的基本工作原理、分析和设计方法,并能利用软件进行相关电路的优化设计;形成根据应用需求应用或设计相关电路的能力。

3. 预期学习成效

(1) 建立分布参数射频/微波有源电路的概念。

(2) 掌握射频/微波小信号放大器、功率放大器、频率变换器、振荡器、控制电路等典型射频/微波有源电路的基本工作原理、分析和设计方法,并能利用软件进行相关电路的优化设计。

(3) 形成根据应用需求应用或设计相关电路的能力。

4. 课程特色

本课程具有理论与实践相结合的特色。本课程一方面既讲授典型射频/微波有源电路的基本工作原理、分析和设计方法,也向学生介绍最新的器件研究进展,保持课程知识的前沿性;另一方面根据实际工程应用需求,介绍各种相关典型电路在相同/不同要求下的不同实现方法,使理论与实践相结合。注重培养学生解决实际具体问题的能力,通过针对具体需求设计微波电路的上机实验,实现从理论到实际电路设计的全过程培养。

5. 课程安排

本课程讲授射频/微波小信号放大器、功率放大器、频率变换器、振荡器、控制电路等典型射频/微波有源电路的基本工作原理,分析、优化设计方法以及电路的优化算法。在理论学习的基础上,上机利用微波仿真软件 ADS(Advanced Design System)进行实际电路的设计实验。具体实验内容如下:

(1) 微带线设计;

(2) 串联负反馈放大器反馈元件的设计与分析;

(3) 并联负反馈放大器反馈元件的设计与分析;

(4) 放大器等增益圆、等噪声圆和稳定判别圆;

(5) 微波混频二极管等效电路参数拟合;

(6) 低噪声放大器设计;

(7) 混频器的电桥设计。

考核方式：完成实验报告。

4.5.14 傅里叶光学

1. 课程内容简介

本课程主要讲述傅里叶分析在物理光学领域的应用,尤其是在衍射、成像、光信息学数据处理以及全息术方面的应用。通过本课程的学习,学生能基本掌握傅里叶光学的基本理论及其分析计算方法,了解傅里叶光学的主要应用。内容主要包括傅里叶变换和卷积、光的衍射理论基础、透镜的傅里叶变换和成像性质、全息术的基本原理、全息干涉计量、空间滤波与光信息处理、光学成像系统的频谱分析等。了解傅里叶光学在光计算等领域的新应用。

2. 教学目标

傅里叶光学是现代光学的一个分支,是将电信理论中使用的傅里叶分析方法应用到光学领域而形成的新学科。通过本课程的学习,使学生掌握标量衍射理论、透镜的傅里叶变换性质,以及用频谱分析方法分析光学系统性质等;了解在空间滤波、光学信息处理、光学系统质量的评估、全息术、光计算等领域的应用,并学会初步运用物理光学仿真软件设计和分析光学系统。

3. 预期学习成效

(1) 了解傅里叶分析数学算法在光学系统中的物理应用。

(2) 掌握光的衍射概念和计算方法。

(3) 掌握透镜的傅里叶变换性质。

(4) 掌握全息概念和应用。

(5) 了解全息干涉测量概念与方法。

(6) 了解空间滤波概念和应用。

(7) 了解光学成像系统的频谱分析方法和传递函数概念。

(8) 了解若干傅里叶光学新应用技术。

(9) 掌握全息实验方法。

(10) 学会初步运用物理光学仿真软件设计和分析光学系统。

4．课程特色

本课程为含实验的理论课。以课堂讲授为主,基本概念、基础知识点与应用相结合,结合丰富的实验案例讲解理论基本问题。设计 1 次 4 学时实验课,增强感性认识和实验方法的研究,提高学生学习兴趣。

5．课程安排

本课程以课堂讲授为主,实验为辅,安排有 1 次实验室现场实验。课程采取混合式教学方法。除了课堂讲授、课后作业、一次实验室实验,还安排有前沿文献阅读报告分享的环节。成绩的评价分为:平时成绩占 40%,包括作业、实验、随堂测验;文献阅读分享交流占 20%;期末考试占 40%。课程安排如下。

(1) 傅里叶变换和卷积——数学基础(2 学时)。

(2) 光的衍射理论基础(4 学时)。

(3) 透镜的傅里叶变换和成像性质(4 学时)。

(4) 波前再现成像——全息术(4 学时)。

(5) 全息干涉计量(4 学时)。

(6) 空间滤波和光学信息处理(4 学时)。

(7) 光学成像系统的频谱分析(4 学时)。

(8) 傅里叶光学的新应用(4 学时)。

(9) 全息实验(4 学时)。

实验内容安排包括透射全息、反射全息、数字全息,每学期征求学生意见来安排适合时长的内容。

4.5.15　光电子学视角下艺术与科学融合实践

1．课程内容简介

科学与艺术是共同支撑人类文明发展和社会进步的两大阵地。科学用最简洁的原理向人们解释宇宙的运行规则,艺术用直击心灵的方式引导人们追寻存在的意义;科学用先进的技术不断满足人类外在生活的需求,艺术用美好的情感体验向人们揭示圣洁与高尚。看似彼此独立的两者实为人类文明的一体两面,是它们共同决定着人类未来的发展方向。同理,任何一个子领域的存在和发展都无法从整体割裂,无论身处哪个领域,未来的引领人才都需要能够从整体出发做出判断和决策。这需要更加"通识"的人,需要科学和艺术的通力融合。然而,科学和艺术的学习方式又是如此不同,科学需要实验、观察以及严谨的逻辑思维,艺术需要体验、感知和想象力。它们究竟要怎样融合？需要我们具备怎样的能力？这门课程旨在让学生在实践中感悟并运用两大学科的不同认知方式,通过自身的创造力和小组的合作让科学技术和艺术呈现碰撞出火花。

2. 教学目标

学生通过领悟艺术与科学根本认知方式的不同扩展视角,并在小组合作实践中体验创造力的迸发。

3. 预期学习成效

以兴趣和灵感为导向,小组合作创作一件光电艺术作品。

4. 课程特色

以艺术与科学的大跨度学科融合为主题,围绕学生的创作实践展开讲授、体验、讨论等多种课程形式,重在激发学生的感受力和创造力。

5. 课程安排

教师在课程中会先通过讲解与演示的形式让学生学习灯光艺术的鉴赏与设计原则、光学的基本概念和现象、相关光学现象的实现技术、摄影光学的呈现方法,学生可以选择感兴趣的内容进行光学科学实验。之后,学生要运用光学技术以小组合作的形式设计并实现一个艺术作品。在作品创作过程中,教师会组织课程讨论,并给出相应的建议和指导,引导学生从更大的视角去看待这个世界,去反思我们的生活,鼓励学生在反思中给出自己的解答和判断。课程末尾学生以小组为单位进行作品展示和讲解,教师进行点评和课程打分。

第 5 章

专业限选课

5.1 天线原理

5.1.1 课程定位

本课程为电子工程系微波与天线方向限选课,是电子信息核心课"电磁场与波"的后续课程。基于"电磁场与波"中讲授的关于电磁场与电磁波传播的知识,聚焦于电磁波辐射特性及辐射器件——天线的研究。课程内容连接本科与研究生知识,通过讲解若干形式天线的工作原理和辐射特性,将本科生核心课的理论知识与研究生所需的科研经验进行对接。本课程既是"电磁场与波"等基础课程的延伸与细分,也是后续"现代天线理论"等研究生课程的基础。

5.1.2 培养目标

作为贯通本科和研究生的课程,希望学生通过本课程掌握 3 个层次的知识与能力,逐步实现从知识学习到科学研究的转化:一是课程讲解,了解不同类型天线的工作原理及辐射特性,对电磁波辐射理论实现深入理解;二是基于天线的不同特性,掌握其适配的场景,拥有根据需求应用天线的能力;三是通过课程知识整合,培养针对特定需求进行天线创新设计的能力。通过培养 3 个层次的能力,引导学生实现思维方式从本科知识学习到科研创新的转变。

5.1.3 课程大纲

"天线原理"课程大纲

序　号	主　要　内　容	教学时数
1	天线导论:天线历史、学科发展、研究方向概述	2
2	麦克斯韦方程:矢量场论、均匀平面波、时谐解	3

续表

序　号	主要内容	教学时数
3	天线辐射解：辅助位函数、天线辐射远场	4
4	天线参数：方向性、增益、效率、输入阻抗	4
5	天线定理：雷达方程、镜像原理、惠更斯等效	4
6	偶极天线：赫兹偶极天线、半波偶极天线、单极天线	2
7	环天线：对偶原理、电小环天线、环天线模式	2
8	槽天线、口面天线：均匀口面天线、喇叭天线	2
9	天线阵列：阵因子、栅瓣、相控阵、八木天线	4
10	微带天线：传输线模型、腔体模型、圆极化天线	3
11	其他天线：反射面天线、宽带天线、行波天线	2
合计		32

5.1.4　课程特色

本课程具有技术前沿性、理论与实践结合和面向工程的特色。本课程既讲授经典的天线形式，也向学生介绍前沿的天线技术与理论；本课程讲义每年都会进行更新，以保证课程知识的前沿性。区别于本科生核心课注重理论与推导，本课程一方面讲授各种天线形式的辐射规律，拓展前置课程的理论；另一方面根据实际案例，介绍不同天线的应用场景，实现理论与实践的结合。此外，本课程注重培养学生解决问题、实现需求的工程能力，通过练习针对具体需求的天线设计，实现从理论到工程的连接。

5.2　通信电路

5.2.1　课程定位

"通信电路"课程是电子工程系核心课"电子电路与系统基础"后续限选课之一。在核心课讲授电路核心概念的基础上，本课程重点考查射频通信收发信机结构及组成收发信机的功能电路，包括超外差结构、正交结构，滤波器、放大器、变频器、振荡器、调制解调器和频率合成电路，以及匹配、部分接入、AGC、AFC、PLL 等。

5.2.2　培养目标

通过本课程的学习，学生将能够对射频通信电路设计中需要考量的基本问题予以基本认知,包括噪声与非线性失真、负反馈控制、超外差结构、正交结构等;能够识别射频通信系统中的各种功能单元电路,掌握其基本功能以及实现这些功能的基本电路原理及典型电路形式。

5.2.3 课程大纲

序　　号	主　要　内　容	教学时数
1	绪论:射频通信收发信机基本特性,4 个信号处理环节	2
2	滤波:匹配、传输、反射,LC 谐振;传输线、互感变压器匹配;LC 滤波器设计,有源滤波器设计	7
3	放大:有源性;双共轭匹配、不稳定性;宽带化;AGC;A 类功放的最大输出匹配;噪声分析,接收机灵敏度	6
4	非线性与时变:非线性描述;1dB 压缩、三阶交调截点,动态范围;C 类功放分段折线分析,DEF 类功放;乘法器;变频器,变频干扰	6
5	振荡:正反馈振荡原理,三点式振荡器,晶体振荡器	4
6	调制与解调:幅度、频率调制与解调,数字调制;收发信机结构:超外差结构、二次变频结构、正交结构	12
7	锁相:基本原理,线性、非线性分析,应用;AFC	6
8	频率合成:锁相环频综、直接数字频率合成	2
合计		45

5.2.4 课程特色

本课程注重原理性和工程性,既有系统级结构和概念,又有电路细节分析问题,原理性强,概念多,要求学生能够理解并掌握基本的工程近似处理手法。课堂教学授课强度相对较大,要求学生能够紧跟教师授课思路,以有效消化课程内容。本课程有相对独立的配套实验课,通过实验课能够更进一步掌握射频通信电路系统的基本设计和调试技能。

5.3 数字信号处理

5.3.1 课程定位

本课程为电子系信号处理方向本科生的专业限选课,是电子信息核心课"信号与系统"的后续课程。在学生通过"信号与系统"课程学习并掌握连续信号与系统相关知识的基础上,本课程聚焦于讲授以数字方式对信号进行表示、分析和处理的基本理论、方法和应用,为学生后续更深入地学习和从事图像处理、语音处理、雷达信号处理、通信信号处理、医学信号处理等专业信号处理工作打下基础。

5.3.2 培养目标

作为本科生的专业限选课,通过对基本核心概念和关键分析方法的讲解,希望学生能够系统性地理解和掌握数字信号处理的基本理论和方法,内容包括采样过程的频域分析方法、离散时间傅里叶变换、离散傅里叶变换、离散线性时不变系统的分析和设计、有限字长效应等;通过对数字频谱分析、数字滤波器设计等典型应用问题的讲解和实践,培养学生应用所学基本原理分析和解决实际工程问题的能力。

5.3.3 课程大纲

序　号	主　要　内　容	教学时数
1	数字信号处理概论:基本概念、发展过程、典型应用	3
2	采样:理想采样的频域分析、Nyquist 和带通采样定理	3
3	离散信号和系统的表示与性质	3
4	离散时间傅里叶变换(DTFT):定义、性质、存在条件	3
5	离散傅里叶变换(DFT):定义、性质、与 DTFT 的关系	3
6	快速傅里叶变换(FFT):基本思想、各种算法	3
7	离散傅里叶变换的应用:频谱分析、频域滤波	3
8	线性时不变系统(LTI)的性质和分析方法	6
9	线性时不变系统(LTI)的设计和实现方法	6
10	希尔伯特变换:定义、性质、应用	3
11	数字系统中的有限字长效应	6
12	多采样率信号处理	6
合计		48

5.3.4 课程特色

课程教学内容的设置兼顾信号处理学科的系统性和完整性,既注重对核心知识细致深入的探讨,也及时更新教学内容,提供适当的前沿性知识外延。教学过程中注重引导学生综合运用微积分、线性代数、复变函数、数字电路等前序课程的知识,从数学、物理和工程 3 种不同的视角和维度来考查和讨论数字信号处理问题。课堂教学与实践性教学相结合,安排专题性的课程设计任务。通过实践环节,一方面加深学生对基本理论的理解,另一方面培养学生应用计算机等工具综合分析和解决问题的能力。

5.4　数字图像处理

5.4.1　课程定位

数字图像处理是计算机视觉的基础课程。计算机视觉包括图像处理和模式识别。计算机视觉是一门研究如何教会机器"看"的科学,研究如何从图像中"感知"信息。数字图像处理目标主要有两个:

(1)增强有效可视性,讨论的问题是如何通过算法对不清晰的图像进行去噪、去模糊和提升对比度。

(2)获取图像中的目标,讨论的问题是识别图像里有什么。

因此数字图像处理是一门研究如何让人看到清晰、对比度合理的图像和让机器看懂并理解图像内容的课程。

数字图像处理主要内容包括以下方面:视觉感知特性、物体检测、特征点检测、目标识别、图像分割、图像增强、彩色图像处理、图像复原等。

5.4.2　培养目标

课程系统介绍数字图像处理技术,包括各种数字图像处理理论、方法和技术,以及当前应用,是信息技术前沿学科的专业课。课程重点介绍数字图像处理的基本图像增强预处理方法和多种视觉感知算法。通过本课程的学习,学生能全面地了解当前数字图像处理的基本理论、技术、应用和发展趋势,建立完整的数字图像处理理论体系,并掌握常用的数字图像处理技术、算法和编程能力,提高解决实际应用问题的能力。

通过本课程的学习,学生不仅要掌握数字图像处理的基本理论和方法,还要具备解决实际问题的能力:

(1)移动端图像增强和 CMOS 图像传感器高质量成像。

(2)AI 技术在图像识别领域的重要落地场景,如以无人驾驶和机器人视觉为主体的物体检测与识别。

(3)医学图像智能诊断,如 CT 计算机断层扫描、X 光胸片、眼底、病理等图像的自动检测识别。

（4）虚拟现实 VR/AR，如以元宇宙为应用主体的虚实图像融合和交互技术。

（5）工业交通、公共安全和国防军事，如遥感图像分析、人像识别、生物特征身份认证、视频监控、景象末制导等。

5.4.3　课程大纲

序　　号	主 要 内 容	教 学 时 数
1	数字图像处理概要	3
2	视觉感知特性	3
3	物体检测	6
4	特征点检测	6
5	目标识别	6
6	图像分割	6
7	图像增强	6
8	彩色图像处理	3
9	图像复原	6
10	图像压缩编码	3
合计		48

5.4.4　课程特色

"数字图像处理"课程是一门本科生限选课，同时也是与各行各业实际应用结合较为紧密的一门专业课程。在工业智能化、智慧农业、智能交通、医疗医学、国防军事等领域都有重要的应用。在授课过程中，我们首先要让学生理解家国情怀、科技强国、知识报国等理念，以此为基础突出本课程的思政内容，提升教师和学生重视思政建设的意识，坚定学生的理想信念，切实达到立德树人的成效。在教学中，一方面要让学生看到我国改革开放 40 多年取得的伟大成就，特别是在科技创新对中国梦的实现所起到的支撑作用。另一方面，也要让学生了解到当前我国科技水平（包括图像处理领域）与世界先进水平存在的差距，特别是一些"卡脖子"技术等，以此来激发学生学习本课程相关的理论方法和科学知识的兴趣，增强学生今后投身科研事业的激情和动力。

当前国际上计算机视觉领域发展迅速，作为计算机视觉领域的一个重要基础方向，数字图像处理科技的发展也异常迅猛，在 2022—2023 年上半年出现了包括 Stability AI 发布的大模型 Stable Diffusion、苹果首款头显 Vision Pro 在内的众多新技术。让学生了解最新的技术动态，可以增强科技时代紧迫感。在此基础上，结合数字图像处理课程教学的内容特点，如生物特征识别、工业缺损检测、智能辅助驾驶，鼓励学生在学习科学知识的同时，积极发挥理解力和创新能力。

5.5 微波与光波技术基础

5.5.1 课程定位

本课程以电磁场理论为基础，采用场和路相结合的方法，讨论微波工程的各种子课题，取材广泛，自成系统。具体内容包括电磁场概述、传输线理论、导波与波导、微波网络、无源微波电路、天线等。本课程作为核心课"电磁场与波"的专业限选课，可以进一步加深对电磁理论的认识与理解，提高工程实践中的微波工程应用能力。

5.5.2 培养目标

无线电频谱作为重要的战略资源，微波频段在其中占有十分重要的地位，其频谱比较宽，可以穿透对流层和电离层，在国民经济和国防建设中发挥着不可替代的作用。微波技术是电子信息系统中不可或缺的有机组成部分，电子信息领域的研究人员必须掌握该领域的基本原理和分析方法。本课程通过课堂教学和课后作业等形式，希望学生掌握分布式传输线理论、微波传输线、微波网络理论和常用微波器件等内容，并能够在系统设计和工程应用中熟练使用微波工程仿真与设计方法。

5.5.3 课程大纲

序号	主 要 内 容	教学时数
1	绪论；传输线理论：传输线分布参数电路、传输线波动方程及其解	2
2	反射系数与输入阻抗、长线上的 3 种工作状态	2
3	史密斯圆图——阻抗圆图与导纳圆图	2
4	史密斯圆图应用举例，阻抗匹配——负载匹配、信源匹配、共轭匹配	2
5	导波与波导：纵横关系式，TE 波、TM 波和 TEM 波的特点，矩形波导中的场型	2
6	TE10 波的场型分布及内壁表面电流，矩形波导中的高次模，截止波长，单导体不存在 TEM 波	2
7	圆波导中的场型，截止波长分布，3 个常用波型及其特点，矩形和圆形波导中高次模的画法	2

续表

序号	主 要 内 容	教学时数
8	同轴线中的 TEM 波,同轴线中高次模的截止波长,同轴线尺寸的选取	2
9	微带线中的准 TEM 波,其他类型传输线,激励与耦合	2
10	光波导理论的一般问题,阶跃折射率,对称平面介质波导	2
11	微波网络:引言,散射参量的定义,散射参量的物理意义,散射参量的性质	2
12	二端口网络的 S 参量,参考面移动后的 S 参量,结构对称的二端口网络	2
13	二端口器件技术指标与 S 参量的关系,阻抗矩阵,导纳矩阵,二端口网络的级联矩阵,二端口网络的传输矩阵	2
14	各参量间的换算关系,网络的连接,微波网络等效电源波定理	2
15	无源微波器件:匹配负载,波导接头,短路活塞,衰减器,移相器	2
16	模式抑制器或模式滤波器,E-T、H-T 分支	2
17	微带功分器与合成器,微带耦合线定向耦合器,微带分支线定向耦合器	2
18	圆极化器,铁氧体器件——谐振式隔离器、场移式隔离器、环形器	2
19	微波谐振腔——矩形腔、圆形腔、同轴腔、微带腔,谐振腔的激励与耦合,腔体微扰与应用	2
20	微波滤波器的综合设计	2
21	天线定义与首例天线,天线基本参数,电偶极子的辐射场	2
22	对称阵子天线,单极天线,倒 L 天线和倒 F 天线	2
23	阵列天线,场源等效原理和镜像原理,口面天线的分析方法,抛物面天线	2
24	微带天线	2
合计		48

5.5.4 课程特色

在教学方法上,课程将最前沿的理论和技术知识引入课堂,让学生接触和了解本领域的最新技术进展,激发学生的学习兴趣和热情,加强学生的实际动手能力,通过增加课堂讨论和学术报告环节,提高学生的学术交流和表达能力。课程组对课程内容和教学方式进行改革,推进学生的素质教育和能力培养。在课程内容方面,增加学术论文和专著作为补充教学材料。在教学方式上,将常用软硬件工具纳入教学环节,实现课堂教授内容和课后动手练习之间的有效互动。

5.6 操作系统

5.6.1 课程定位

随着计算机和数字化技术的进步和广泛应用,传统的电子信息系统越来越多地融入计算机技术,特别是软件技术。在这样的背景下,在电子信息类专业的课程体系中,计算机系列课程的重要地位日益凸显,其中"操作系统"成为许多学校电子信息类专业的重要专业基础课。操作系统作为当今技术含量最高的系统软件,构成了现代计算机的基础运行平台。对于电子信息类专业的学生而言,掌握操作系统的工作原理和实现方法,有助于更好地理解计算机系统,更好地在各自专业领域内进行研究和系统开发。

5.6.2 培养目标

操作系统教学的培养目标定位为"掌握操作系统的基本理论,为在多种操作系统环境上熟练地开发包括计算机通信、图像语音处理和网络应用在内的应用软件和系统软件打下基础"。这一培养目标针对的是电子信息类专业的学生,与计算机类专业在操作系统课程的培养目标上并不相同。教学目的不是验证或者设计操作系统内核的算法或数据结构,而是在理解操作系统原理的基础上更好地开发与操作系统内核相关的应用软件。

5.6.3 课程大纲

序号	主 要 内 容	教学时数
1	操作系统引论: 课程背景、什么是操作系统、操作系统的发展历史、操作系统的主要功能、操作系统的用户接口、操作系统的设计与实现、操作系统体系结构	6
2	处理机管理: 进程的定义和描述、进程的状态、进程控制、线程的基本概念、线程的实现机制、互斥和同步、信号量、管程、经典 IPC 问题、进程间高级通信、处理机调度、死锁问题	15

续表

序号	主 要 内 容	教学时数
3	存储器管理： 存储管理概述、连续分配存储管理、离散存储管理技术（页式、段式、段页式）、虚拟存储技术、页式虚拟存储管理、页面置换算法	12
4	设备管理： 设备管理概述、I/O硬件原理、I/O软件原理、I/O软件层次、常见I/O设备的管理	6
5	文件系统： 文件系统概述、文件、目录、文件系统的实现、文件系统的可靠性	9
合计		48

5.6.4　课程特色

课程分课堂理论教学和实验两大环节，以帮助学生深入理解和掌握基础理论知识和方法。在实际教学过程中，建立了综合性的考核体系，打破以期末考试成绩为主的成绩评定方式，考核学生的综合能力，以适应实验教学的发展和变化。最终总评成绩由平时作业成绩、实验成绩和期末考试成绩3部分组成。

5.7　数字系统设计

5.7.1　课程定位

数字系统是计算机系统的基础支撑技术，本课程以最新的人工智能数字系统为切入点讲授数字系统的软硬件协同设计技术，具体内容包括智能软件算法介绍、模型剪枝与压缩、智能计算芯片设计与软件部署以及智能数字系统高级设计技术等方面。本课程内容紧扣人工智能数字系统前沿方向，适合高年级本科生或者研究生在选修完数字集成电路设计、计算机体系架构以及人工智能算法等课程后继续学习。

5.7.2　培养目标

基于前述数字电路与算法的知识基础，课程重点培养学生从系统视角的基础理论和设计能力。在基础理论方面，重点掌握"电路—架构—算法"的协同设计理论和知识，形成全栈设计知识架构。在设计能力方面，重点培养利用基础电路模块搭建复杂数字系统芯片的设计能力,利用智能算法剪枝和量化提升硬件执行效率,利用软件部署技术提高学生软硬件协同设计能力,利用数字系统高级设计技术拓展学生的创新能力和视野。

5.7.3 课程大纲

序　　号	主　要　内　容	教 学 时 数
1	智能数字系统引论	3
2	智能算法介绍	3
3	智能模型剪枝	3
4	智能模型量化	3
5	智能计算电路与数据流	3
6	智能计算加速器与部署	3
7	数据与存储架构	3
8	稀疏计算架构	3
9	智能训练技术	3
10	存内计算技术	3
11	端到端智能系统设计优化	3
12	实验部分	15
合计		48

5.7.4 课程特色

课程兼具工程性和前沿性。工程性体现在有充分的实验课,锻炼学生基于基础数字计算和存储电路搭建一个完整数字系统芯片原型。前沿性体现在基于人工智能应用来完成相关数字系统设计,能够让学生了解在人工智能领域算力支撑的重要性,并且配有高级设计课程内容,拓展学生研究视野,为研究生阶段的进一步深造打下基础。

5.8 信息光电子学基础

5.8.1 课程定位

本课程为电子系信息光电子方向限选课,是介绍光电子学基本概念和基础知识的入门性专业课程。课程介绍光与光电材料相互作用的基本物理过程,以及与这些过程对应的光的产生、调控和探测环节的基本器件和基本系统知识。课程要求学生具备"电磁场与波""信号与系统""固体物理""概率与随机过程"的必修课基础，课程内容可为信息光电子方向研究生课程的理解打下基础。

5.8.2 培养目标

作为本科生专业课程，通过本课程学习，希望学生掌握光与物质相互作用过程中的基本物理过程，在头脑中构建起光与光电材料中的电子在共振区以及非共振区的相互作用图景；学习和掌握光辐射产生、光在各向同性和各向异性介质中传播以及光电转化过程中材料层次和器件层次的基本概念。形成面对光电子领域问题，能够从物理知识开始，通过建立数学模型，简化模型到解析或数值求解的能力，帮助学生建立由物理数学知识到工程实践的转化路径。

5.8.3 课程大纲

序号	主 要 内 容	教学时数
1	绪论：光学、光电子学历史及学科发展、研究问题	3
2	电极化率：光与物质相互作用的经典模型，K-K 关系	3
3	电极化率的张量特性：光在各向异性介质中的传播特性，菲涅尔方程	5
4	电极化率张量的随变特性：电光系数矩阵，电光调制	4
5	自由空间中光波的传输：高斯光束，高斯光束的变换	5
6	谐振腔和模式：高斯光束的产生，稳定谐振腔，菲涅尔-基尔霍夫积分衍射公式，自再现模式	4
7	光的量子化：黑体辐射、爱因斯坦关系式	3
8	激光原理：谱线展宽、速率方程、增益饱和、激光器特性及控制方法	12
9	光检测：光检测物理原理及对应器件，直接检测及相干检测，散粒噪声、热噪声、复合噪声的来源及统计特征，信噪比和灵敏度	9
合计		48

5.8.4 课程特色

本课程首先注意从物理知识到光电子学基本概念和基础知识的认知途径，作为本科生专业课，从最基础的物理概念入手，通过课上板书数学推导，学生能够容易接受和理解需要传授的物理和工程结论；其次本课程具有工程实践性，对于所有的物理结论，都要结合工程具体实施过程，让学生了解到具体物理概念如何被正确转化为工程技术，除了知识之外所需的工程学要点还包括什么，让学生认识到知识与工程实践之间的差异;最后注重知识的前沿性,对于每部分理论知识,都会结合当前相应知识点涉及的学科前沿热点,为有志于科研的学生提供科研兴趣点,让其认识到基础知识对于学科前沿的基础性作用,从而加强学生对基础知识学习的重视。

5.9　统计信号处理基础

5.9.1　课程定位

统计信号处理基础是运用概率论与数理统计的方法研究信号的检测、参数的估计、信号的滤波等问题的应用基础理论,是电子通信类专业重要的基础知识集合。本课程为电子系信息与通信工程专业的限选课,是电子信息核心课"信号与系统"的深化课程。基于"通信与网络"中讲授的关于现代通信的概念和基础,以及信号与系统、概率论等对确定性和随机性问题的处理方法,本课程聚焦于信号的检测、参数的估计、信号的滤波等问题处理的理论和方法。课程内容上链接本科与研究生知识,通过讲解若干基本的信号检测及估计方法,在深化本科生核心课的基础理论知识的同时,也为后续进一步开展研究生科研进行对接。

5.9.2　培养目标

进一步加深对通信的认识和理解,加强通信专业知识基础,同时激发学生在信息理论和编码方向进行研究的兴趣,推动学生今后的专业发展。课程内容主要包括信号的统计检测理论、连续信号(模拟信号)的统计检测、信号的参数估计、维纳滤波与卡尔曼滤波、噪声背景下的雷达目标检测等。

5.9.3　课程大纲

序号	主 要 内 容	教学时数
1	绪论,信号的统计检测理论,假设检验,基本检验准则,ROC 曲线,多元简单假设检验,复合假设检验,序贯检测,贝叶斯准则	8
2	极小极大准则,奈曼-皮尔逊准则,一致最大势检验,广义似然比检验,匹配滤波器,连续信号(模拟信号)的统计检测	8
3	信号的统计检测习题课	3

续表

序号	主 要 内 容	教学时数
4	信号的参数估计,贝叶斯估计,最大似然估计,线性均方误差最小估计,最小二乘估计	9
5	信号的参数估计习题课	3
6	维纳滤波,卡尔曼滤波的状态方程、量测方程和递推算法,维纳预测	9
7	噪声背景下的雷达目标检测	5
8	维纳滤波及卡尔曼滤波、雷达目标检测习题课	3
合计		48

5.9.4 课程特色

本课程除课堂理论教学外,还设计了两次大作业,以帮助学生深入理解和掌握基础理论知识和方法,增加在实际工作中运用所学知识进行设计开发的能力以及发现问题和分析解决问题的能力。本课程注意讲解问题的引入及其数学本质,同时加入一些应用案例;强调问题解决方法的历史发展过程,介绍了课程知识的发展历程,同时课堂上还通过数学史及统计学家的一些故事,帮助学生扩展所学的知识,活跃课堂气氛。

5.10 通信信号处理

5.10.1 课程定位

本课程为电子工程系通信方向限选课,是电子信息专业核心课"通信与网络"的后续课程。基于"通信与网络"中讲授的无线通信核心概念、基础理论与基本框架,本课程聚焦于无线通信系统中信号处理理论的研究与应用。课程内容衔接本科与研究生知识体系,通过讲解信号处理的核心理论、现代数字通信系统框架和典型通信技术,搭建"信号与系统""概率论""随机过程"等本科生核心课与现代无线通信系统之间的桥梁,为后续开展研究生科研教学工作夯实基础。

5.10.2 培养目标

作为通信方向的专业限选课之一,本课程希望学生实现三层台阶、自下而上的综合能力培养：第一层是通过课程讲解和课后练习，熟练掌握无线通信信号处理的常见方法，并了解现代无线通信系统的基本框架；第二层是深入了解 4G/5G 无线通信系统的核心技术，搭建信号处理基础理论到无线通信工程实践之间的桥梁；第三层是跟踪领域前沿热点，全面介绍并讨论 B5G/6G 的潜在发展方向。通过三层台阶循序渐进的培养，引导学生将基础数学理论与实际无线通信系统结合，实现思维方式从本科知识学习到科研创新的转变。

5.10.3　课程大纲

序号	主 要 内 容	教学时数
1	概述和数学基础：贝叶斯估计、最大似然估计、最大后验概率估计、最小均方误差估计、最小二乘估计、克拉美-罗界等	6
2	全数字接收机：数字基带传输、无线信道、全数字接收机结构、插值和抽取、最佳 ML 接收机等	6
3	多载波调制：OFDM 系统基本模型、保护间隔和循环前缀、OFDM 频域特性和加窗技术、OFDM 技术的主要优缺点等	6
4	单载波系统同步：定时误差估计、载波相位估计、载波频率估计、单载波系统同步实例等	4
5	多载波系统同步：非理想同步性能损失分析、基于导频的同步算法、基于时域训练序列的同步算法、基于循环前缀的最大似然（ML）算法、多载波系统同步实例等	4
6	时域均衡：无线信道特性、时域均衡原理、典型单载波时域均衡算法、时域均衡器设计实例等	5
7	频域均衡：频域均衡原理、典型多载波/单载波频域均衡算法、频域均衡器设计实例等	3
8	多输入多输出（MIMO）：MIMO 基本原理、预编码、注水功率分配、球解码器、K-best 算法、MIMO-OFDM 信号处理技术等	3
9	Massive MIMO：5G 移动通信系统简介、Massive MIMO 信号处理技术等	3
10	可见光通信：基于 LED 的可见光通信系统简介、光 OFDM 信号处理技术等	3
11	典型无线通信系统实例：LTE/Wi-Fi 实际接收机简介等	2
12	人工智能赋能无线通信：简单介绍人工智能在无线通信中应用的发展历程	3
合计		48

5.10.4　课程特色

本课程具有面向工程、紧贴前沿的特色。一方面,课程围绕 4G/5G 无线通信系统的核心信号处理技术,深入浅出地展示从基础理论到工程应用实践的体系脉络,帮助学生建立工程研究的直观认识,并培养学生灵活运用专业知识的能力。另一方面,针对 B5G/6G 未来无线通信系统的发展趋势,及时更新讲义内容,全面覆盖得到学术界/工业界广泛认可的潜在研究方向,启发学生对无线通信领域的研究兴趣。

5.11　模拟电路原理

5.11.1　课程定位

本课程是电路应用及设计方向的专业限选课,是核心课"电子电路与系统基础"的后续。本课程为学生提供更深入、更系统的模拟电路原理知识、分析和设计方法,为学生从事电路相关专业领域的研究打下坚实的理论基础。本课程也是电子系后续研究生课程"高等模拟集成电路"的重要前续基础课。

5.11.2　培养目标

通过本课程学习,学生能够深入理解模拟电路的特性,并进一步学习模拟电路的分析与设计方法,学会结合模拟电路的特点分析非理想因素的影响,具有对典型应用电路的仿真分析和设计的初步能力。同时,课程中的调研环节可帮助学生了解并关注相关领域的前沿技术;设计训练使学生在分析问题、解决问题、总结归纳、与人合作等多方面得到锻炼和提高。

5.11.3　课程大纲

序号	主 要 内 容	教学时数
1	绪论: 课程背景、教学安排、学习方法、相关基础知识	1
2	半导体器件基础: 半导体中的载流子、PN 结、二极管、双极型晶体管和场效应晶体管原理。 包括物理结构、二阶效应、温度特性、模型及工艺特点	7

续表

序号	主 要 内 容	教学时数
3	模拟电路的重要单元： 放大电路的基本特性与分析方法、放大电路的频率响应、电流源与有源负载放大电路、差分放大电路、输出级与功率放大电路、多级放大电路	12
4	负反馈放大电路： 负反馈对电路性能的影响、负反馈电路的分析方法、多极点反馈系统的稳定性和相位补偿	6
5	集成运算放大器电路： 集成运放的电路组成与电路分析、非理想特性分析、集成运放的线性应用电路、集成运放的非线性应用电路	6
6	典型应用电路： 单稳态触发器、多谐振荡器、信号发生器、A/D 转换器与 D/A 转换器、稳压电源	8
7	EDA 介绍	2
8	习题课	6
合计		48

5.11.4　课程特色

本课程在理论教学的同时结合仿真实验，仿真环境采用工业界主流 EDA 平台，使教学内容更接近工程实际，更能体现现代电子技术的新发展。在课程的前期和后期，分别设有调研和设计两个环节。调研内容要求是与课程内容相关的新技术，设计内容是运用课程知识及仿真方法对实际中的电路进行分析或设计。调研和设计这两个环节，不仅使学生加深了对课堂知识的理解和掌握，还培养了学生的钻研、创新精神，使学生开阔了眼界，提高了学习兴趣。

5.12　编码引论

5.12.1　课程定位

编码是运用概率论与数理统计的方法研究信息、通信系统、数据压缩、数据传输等问题的应用学科理论，是电子通信类专业重要的基础知识集合。本课程为电子系通信方向限选课，是电子信息核心课"通信与网络"的深化课程。基于"通信与网络"中讲授的关于现代通信的概念和基础,以及信号系统、概率论等对确定性和随机性问题的处理方法,本课程聚焦于数字通信中信源压缩、信道可靠性和通信安全性的基本编码理论和方法。课程内容链接本科与研究生知识,通过讲解若干基本的信源、信道、安全编码方法,在深化本科生核心课的基础理论知识的同时,也为后续进一步开展研究生科研进行对接。

5.12.2 培养目标

进一步加深对通信的认识和理解,加强通信专业知识基础,同时引导学生在信息理论和编码方向进行研究的兴趣,推动学生今后的专业发展。课程内容主要包括编码概论、信息论和近世代数基础补充、信源和信道编码译码准则、熵编码、信源编码原理、抽样与量化、变换与预测、线性分组码与循环码、卷积码(网格码)、特定应用下的信源和信道编码实例、安全编码等。

5.12.3 课程大纲

序号	主 要 内 容	教学时数
1	通信编码概论,编码作用、模型	3
2	离散信道编码与线性分组码	3
3	卷积码基本思路、表示形式、维特比译码,布置第一次仿真实验任务(信道编码1)	3
4	循环码基础、有限域、多项式代数、生成多项式	3
5	系统循环码、CRC、循环码的译码	3
6	用生成多项式的根定义循环码、BCH码和RS码	3
7	第一次仿真实验展示、课程交流	3
8	密码基本方法与对称密码体制,布置第二次实验任务(信道编码2、安全编码)	3
9	非对称密码体制	3
10	逼近信道容量的长码,迭代译码,LDPC,Turbo码	3
11	第二次仿真实验展示,课程交流	3
12	信源编码之统计编码,布置第三次实验任务(信源编码、联调)	3
13	限失真编码和量化	3
14	预测和变换编码	3
15	信源编码标准和应用	3
16	第三次仿真实验展示,课程交流	3
合计		48

5.12.4　课程特色

课程分课堂理论教学和仿真实验两大环节,以帮助学生深入理解和掌握基础理论知识和方法,增加在实际工作中运用所学知识进行设计开发的能力以及发现问题和分析解决问题的能力,通过组队合作锻炼团队协作精神,通过组织课堂公开展示训练学生的表达能力,通过对报告的讨论让学生感受活跃的学术交流氛围,通过对汇报的点评进一步让学生加深对实际问题的理解以及对科研规范/学术诚信的认识。

5.13　现代计算机体系架构

5.13.1　课程定位

计算机体系架构作为数字集成电路设计中的核心与灵魂,是连接数字集成电路与软件系统的桥梁,也是从事数字集成电路设计和研究的必选内容。计算机体系架构重点讲述计算机的发展历史、性能评价方法、单核处理器、多核处理器、图像处理器、云计算、智能处理器等系列计算机体系架构。在整个电子信息知识体系中,计算机体系架构适合学习完数字逻辑与处理器基础和一门编程语言后的学生选修。体系架构、操作系统和数据结构等课程都隶属计算机课程组。后续课程包括数字系统设计、高等计算机体系架构等。

5.13.2　培养目标

现代计算机体系架构要求学生掌握设计数字集成芯片架构的基础理论和关键技术。在基础理论方面,讲述性能、功耗和面积这一组核心评价体系并给出相关的知识体系。在关键技术方面,主要结合单核处理器、多核处理器、图形处理器、云计算机和智能处理器等一系列处理器,讲授其中的关键架构和设计理念,为学生未来开展处理器的架构设计与研究夯实基础。

5.13.3　课程大纲

序　号	主 要 内 容	教 学 时 数
1	计算机体系架构发展与基本概念	3
2	计算机体系架构量化分析	3

续表

序　号	主　要　内　容	教　学　时　数
3	单核流水线架构及仿真平台介绍	3
4	单核超标量处理器	9
5	片上存储架构	3
6	片外存储、互联与 I/O	3
7	多核计算系统	3
8	GPU 处理器	3
9	云计算机	3
10	智能计算机	3
11	实验	12
合计		48

5.13.4　课程特色

本课程兼具工程性和前沿性。工程性体现在安排学生基于仿真器构建一个复杂计算机的仿真器,并在其上开展架构的性能评估和创新。前沿性体现在引入了智能计算机、GPU 以及云计算等先进计算架构,为学生进一步开展计算机体系架构的设计和研究打下基础。

5.14　射频通信电路

5.14.1　课程定位

本课程为电子工程系的一门专业限选课,是电子信息核心课"电磁场与波"和限选课"微波与光波技术基础"的后续课程和知识的延伸,也是后续"高效微波通信电路"等研究生课程的基础。本课程基于"电磁场与波"和"微波与光波技术基础"讲授电磁场与电磁波传播、射频/微波无源电路的知识,重点讲授射频/微波有源电路的相关知识,内容与研究生阶段的知识衔接,将本科生核心课的理论知识与研究生所需的科研经验相结合。

5.14.2　培养目标

通过本课程的学习,希望学生逐步实现从知识学习到可以完成相关工程设计和科学研究的转化。具体希望掌握的知识和形成的能力如下：一是建立分布参数射频/微波有源电路的概念，掌握射频/微波小信号放大器、功率放大器、频率变换器、振荡器、控制电路等典型射频/微波有源电路的基本工作原理、分析和设计方法，并能利用软件进行相关电路的优化设计；二是形成根据需求应用或设计相关电路的能力；三是形成根据特定需求研制具有创新性的相关器件、电路的能力，引导学生实现思维方式从知识学习到工程和科研创新的转变。

5.14.3　课程大纲

序号	主 要 内 容	教学时数
1	射频通信电路概论与系统应用	3
2	微波晶体管放大电路：微波晶体管的种类和用途、小信号微波晶体管放大器、宽频带放大器、微波电路 CAD 技术、微波功率放大器等	15
3	微波频率变换器：微波混频器件、肖特基势垒二极管、非线性电阻混频原理、混频器电路、混频器的数值分析方法、混频器噪声、上变频器等	10
4	微波振荡器：振荡器类型、微波晶体管振荡器、雪崩渡越时间二极管、体效应二极管、负阻振荡器的一般理论、负阻振荡器电路、振荡器的频率稳定问题等	8
5	微波控制电路：控制电路种类及器件、PIN 管的基本特性、PIN 管开关、PIN 管电调衰减器、PIN 管移相器（调相器）等	6
6	上机实验：微带线设计、串联与并联负反馈放大器设计、微波混频二极管等效电路参数拟合、低噪声放大器设计、混频器电桥设计等	6
合计		48

5.14.4　课程特色

本课程具有理论与实践相结合和面向工程的特色。本课程既讲授典型射频/微波有源电路的工作原理、分析和设计方法，也向学生介绍最新的器件研究进展，保持课程知识的前沿性。本课程一方面讲授各种相关典型电路的基本工作原理、分析和设计方法，拓展前置课程的理论；另一方面根据实际工程应用需求，介绍各种相关典型电路在相同/不同要求下的不同实现方法，做到理论与实践相结合。课程注重培养学生解决实际具体问题、满足工程需求的能力，通过针对具体需求设计微波电路的上机实验，实现从理论到工程设计的全过程培养。

5.15 语音信号处理

5.15.1 课程定位

学习该门课程要求学生至少学过"数字信号处理",同时也需具备"随机过程"及"统计信号处理"中的一些概念和基础理论知识。本课程讨论语音特征及语音的产生模型和听觉模型,介绍同态信号处理及线性预测技术在语音信号处理中的应用,讲述语音编码及语音识别技术的常见方法和算法。通过学习本课程,学生将掌握基本的语音信号处理的方法和理论,为后续研究生阶段在语音编码及语音识别的深入研究提供基础理论支撑。这门课程理论与实践紧密结合,也可以看成数字信号处理课程的延伸及应用。

5.15.2 培养目标

本课程讲授语音编码和语音识别中常用的技术及方法,介绍语音信号的时频域特征和语音的产生模型及听觉模型。课程内容包括同态信号处理、线性预测技术,语音信号的非均匀量化编码、子带编码、变换域编码、参数编码,语音合成及修整,语音识别特征及模板匹配方法和 HMM 语音识别模型等。通过本课程的学习,学生可以掌握语音信号处理的基本理论和方法,完成语音编码和语音识别的课程实验,初步具备对语音信号进行研究处理的能力。

5.15.3 课程大纲

序号	主 要 内 容	教学时数
1	**第 1 章 语音信号的时域及频域特征分析** 1.1 语音信号特点综述 1.2 语音信号的时域分析方法 1.3 语音信号的频域分析方法 1.4 基音检测及汉语四声的判决 1.5 语音信号的端点检测方法	4

续表

序号	主要内容	教学时数
2	**第 2 章** 语音信号的产生模型——声管模型 2.1 语音的产生模型 2.2 非均匀声管模型 2.3 均匀声管模型 2.4 声管模型的级联	3
3	**第 3 章** 语音信号的同态处理技术 3.1 同态信号处理技术 3.2 语音复倒谱序列的特点及应用 3.3 语音复倒谱序列的数值化计算方法 3.4 最小相位序列的倒谱计算算法 3.5 同态信号处理在语音信号处理中的应用	4
4	**第 4 章** 语音信号的线性预测编码技术 4.1 线性预测与 Winner 滤波 4.2 LPC 正则方程 4.3 Levinson-Durbin 递推算法 4.4 Levinson-Durbin 递推算法的几何解释 4.5 Levinson-Durbin 递推算法的稳定性证明 4.6 语音分析及语音综合的格形结构算法 4.7 线性预编码在语音合成及语音识别中的应用	6
5	**第 5 章** 人耳的听觉系统 5.1 听觉系统 5.2 基底膜的听觉特性 5.3 "地点论"及"排发论"听觉学说 5.4 声音的强度与响度 5.5 听觉掩蔽效应 5.6 临界带频率 5.7 mel 频率	3
6	**第 6 章** 语音信号的波形编码 6.1 语音波形编码技术综述 6.2 语音信号的非均匀量化 6.3 语音信号的自适应量化 6.4 差分编码 6.5 CVSD 编码 6.6 Delta-Sigma 量化器 6.7 语音信号的子带编码 6.8 正交镜像滤波器组与 MPEG-Ⅰ Layer Ⅱ音频编码技术 6.9 变换域编码	8

续表

序号	主 要 内 容	教学时数
7	**第7章** 语音信号的参数编码 7.1 语音参数编码技术综述 7.2 感觉加权滤波器 7.3 语音参数优化的合成分析法应用 7.4 多脉冲激励线性预测编码器原理	4
8	**第8章** 语音合成与修整技术 8.1 滤波器组求和语音综合算法 8.2 OLA 语音综合算法 8.3 FBS 和 OLA 的统一模型算法 8.4 由短时谱序列重建时域最小误差语音信号 8.5 语音信号的变速及变音调处理技术	8
9	**第9章** 语音识别技术 9.1 语音识别技术综述 9.2 语音识别特征的选择 9.3 DTW 模板匹配算法 9.4 DTW 语音识别及模板训练算法 9.5 HMM 语音识别模型 9.6 前向-后向算法 9.7 HMM 模型参数估计及 EM 算法 9.8 非齐次 HMM 语音识别模型	8
合计		48

5.15.4 课程特色

本课程重点培养学生的理解和实践能力,让学生做到理论与实践相结合,在教学中与学生互动,重温理论知识要点,使学生进一步体会到怎么学以及如何用数字信号技术来处理问题,达到温故知新的效果,提高学生的学习的兴趣和理论应用能力。本课程重视在难度和深度上组织教学内容,注重专业特色,确保学生有所收获,有所提高。例如,本课程在语音编码和语音识别两个方向分别设置了一个大作业来巩固教学效果。对于大作业的批改采取一对一预约面谈的验收方式,根据学生的大作业完成情况,通过面谈了解学生的对大作业中重点问题的实际掌握了解状态。当场随机出题测试大作业的应用效果,不以一次验收结果记录成绩,而是看学生的最终改进结果综合评分,及时给予帮助与鼓励。一对一的面谈虽然会花费较多的时间,但学生的收获是最大的。通过这种验收方式教师能及时发现学生在概念认知上的错误,掌握真实的教学效果。

5.16　通信系统

5.16.1　课程定位

本课程为电子工程系无线通信方向本科生专业限选课。在学生完成"通信与网络"课程学习并掌握基本通信原理与模型相关知识的基础上,本课程理论与应用教学相结合,聚焦于讲授无线通信中的信道建模、信号处理以及各种无线通信场景的基本理论、方法和应用,同时侧重于实际通信系统的需求分析与应用,涵括从 3G 到 5G 的诸多关键技术与方案,为学生后续更深入地学习和从事无线通信相关工作打下基础。

5.16.2　培养目标

作为本科生的专业限选课,通过对基本核心概念和关键分析方法的讲解,从原理与应用两方面展开。首先希望学生能够系统性地理解和掌握无线通信的基本理论和方法,内容包括等效基带模型、收发端信号处理方法、信号的估计与检测、宽带及多天线系统设计等;同时通过对我国数字电视标准、卫星通信以及无线光通信等典型通信场景的讲解和应用,培养学生面向不同复杂通信环境,针对不同服务需求,灵活应用所学知识解决实际工程问题的能力。

5.16.3　课程大纲

序号	主　要　内　容	教学时数
1	绪论:无线通信发展历程与演进	3
2	无线通信的信道模型:自由空间传播,信道确定性模型,随机性一/二阶模型	3
3	无线通信的基本框架:等效基带模型,复信号表示,系统架构等	6
4	估计与检测技术	6
5	抗衰落技术:分集,Rake 接收,均衡技术	6
6	4G 与 5G 的突破口:OFDM 与 MIMO	6
7	数字电视的发展与标准:ATSC、DVB-T、DTMB 等标准的关键技术与比较	6
8	卫星通信:卫星移动通信与卫星互联网	6
9	无线可见光通信	3
10	面向 B5G(5G and Beyond)展望与需求	3
合计		48

5.16.4　课程特色

本课程理论与应用教学相结合,既包含对无线通信原理与框架的精简介绍,又涉及实际通信系统与诸多通信场景下的案例分析。课程涉及知识面较广,概念较多,要求学生能够理解并掌握基本的无线通信关键技术,同时从宏观上了解当下通信方向的实际需求与机遇。本课程注重跟踪相关新技术的发展,并将其反映在教学内容中,同时将科研成果转化为课程教学资源,进一步拓展学生的前沿视野。要求学生紧跟教师授课思路,有效消化课程内容。

5.17　信息网络原理与设计

5.17.1　课程定位

本课程面向信息通信网络,以网络的核心概念(接入、交换、路由、流量控制、移动性管理等)为主线展开,通过对信息网络的代表性技术及其原理的穿插讲授,并辅以不同网络形式下的应用举例,使学生掌握信息网络的基本原理与优化设计能力,从而在面对不断演进的未来网络时能够做到"以不变应万变"。内容主要涵盖:网络分层模型与可靠传输技术、网络性能分析理论基础、信息复用与多址接入机理、信息交换原理与技术、网络路由与移动性管理机理、网络流量控制与资源分配理论与方法等,最终给出未来信息网络发展的展望,如软件定义网络、绿色网络、智能网络等。作业以经典论文阅读评述、实际网络原理分析和计算机仿真实验为主。

5.17.2　培养目标

通过对信息网络核心要素及其基本原理的梳理,并辅以不同网络形式下的应用举例,使学生掌握信息网络的基本原理与优化设计方法,为进入研究生阶段的研究工作奠定扎实的理论基础。

5.17.3　课程大纲

课次(每课次 3 学时)	主要章节内容
1	第 1 章　信息网络概论与课程导论 　1.1　通信与网络技术的起源与演进 　1.2　开课背景与课程安排

续表

课次（每课次 3 学时）	主要章节内容
2/3	第 2 章　通信业务基本特征与建模 2.1　通信业务的分类及其演变 2.2　通信业务的基本特征及其概率建模 2.3　通信业务的时空分布模型与网络部署
4	第 3 章　传输信道建模与可靠传输协议设计 3.1　传输媒介的分类及其演变 3.2　传输信道的基本特征及其概率建模 3.3　可靠传输协议的演进及其优化设计
5/6/7	第 4 章　信道复用与多址接入技术及其协议设计 4.1　固定复用与固定多址技术 　- 频分复用（FDM）与频分多址（FDMA） 　- 时分复用（TDM）与时分多址（TDMA） 　- 码分复用（CDM）与码分多址（CDMA） 　- 空分复用（SDM）与空分多址（SDMA） 　- 交织多址（IDMA） 4.2　统计复用与竞争多址接入技术 　- 异步时分复用（ATDM）技术 　- 纯粹竞争接入技术（ALOHA） 　- 带载波侦听的竞争接入技术（CSMA） 　- 带协调机制的竞争接入技术（轮询、预约接入等） 4.3　频谱重复利用（Spectrum Reuse）技术 　- 蜂窝通信技术及其容量设计（Erlang 公式） 　- 多跳自组织网络的信道复用 4.4　反复用技术（Inverse Multiplexing）
8/9/10	第 5 章　交换技术与交换机设计 5.1　交换的基本原理与交换机架构 5.2　电路交换原理与交换机设计 　- 空分交换 　- 时分交换 　- 空-时混合交换 　- 信令与信令网 　- 软交换 5.3　分组交换原理与交换机设计 　- 分组（包）的概念 　- 解决冲突的缓存技术 　- 提高速度的自主路由技术

课次（每课次 3 学时）	主要章节内容
8/9/10	5.4　快速分组交换技术 - 帧中继技术 - ATM 交换技术 5.5　光交换技术 - 光电路交换（OXC） - 光突发交换（OBS） - 光分组交换（OPS） - 自动交换光网络（ASON） 5.6　多协议标签交换（MPLS）
11/12	第 6 章　路由技术与移动性管理 6.1　路由的基本原理 6.2　网络拓扑信息的获得 - 泛洪与广播 - 扩展树算法 6.3　网络路由的算法 - Bellman-Ford 算法 - Dijkstra 算法 6.4　网络路由的实现与维护 - 自主路由（Self-routing） - 多级路由结构（multi-stage routing matrix） - 分布式自组织路由算法 6.5　寻址体系与移动性管理 - 网络的寻址体系架构（面向连接与无连接的差异） - 面向连接网路的寻址体系与移动性管理 - 无连接网路的寻址体系与移动性管理 - 基于 SIP 的连接建立与维护 - 移动终端的位置管理（HA/FA）（Mobile IP） - 多跳路由（DSR、AODV）与分布式 SIP
13/14/15	第 7 章　网络流量控制与资源分配 7.1　网络拥塞与流量控制 7.2　单业务网络的流量控制与资源分配 - 电路交换网的流量控制与资源分配 - 分组交换网的流量控制与资源分配 7.3　多业务网络的流量控制与资源分配 - ATM 网络的流量控制与资源分配 - Internet 的流量控制与资源分配

续表

课次(每课次 3 学时)	主要章节内容
13/14/15	7.4　移动通信网的多维无线资源分配 - 无线资源的多维性与跨层优化 - 认知无线网络与协作无线资源管理
16	第 8 章　总结与展望 8.1　网络互连的新需求 8.2　未来内容中心网络与软件定义网络

5.17.4　课程特色

本课程主要特色如下。

（1）凝练基本要素：不以网络的具体表现形式或协议为主线，而是以网络的核心概念和基本要素（复用、交换、路由、流量控制、移动性管理等）为主线展开，重点放在宽带与无线/移动网络，并特别注意介绍各种网络技术的发展史及其内在联系。

（2）理论联系实际：既讲授网络基本原理和技术，又配以简单的理论建模与分析，使学生掌握实际网络设计能力，做到不仅知其然，而且知其所以然。

5.18　光通信技术

5.18.1　课程定位

本课程以光纤通信为主线，讲授光通信基本概念、关键技术和技术发展历程。课程内容与"电磁场与波""量子力学""固体物理""信号与系统"和"电子线路"等电子工程系多门核心基础课程的基本概念和光通信实际应用相结合，使学生能够清晰、深入地掌握这些基本概念，了解其应用背景和方法。

5.18.2　培养目标

根据电子工程系课程体系，本课程的教学目标为向高年级本科生介绍光纤通信发展历史、基本概念和关键技术。预期学习成效为掌握光通信系统的基础概念和关键技术，了解如何基于"电动力学""量子力学"和"固定物理"等基础课的相关概念、理论与方法解决光通信系统的实际问题，激发学生对学术创新的兴趣。

5.18.3　课程大纲

序　号	主　要　内　容	教　学　时　数
1	光通信概述	3
2	光纤中光信号的传输特性	9
3	光发送机及其关键光电子器件	9
4	光接收机及其关键光电子器件	6
5	无源光子器件	3
6	光纤放大器	6
7	WDM 光通信系统	6
8	相干光通信技术	3
9	小结与展望	3
合计		48

5.18.4　课程特色

本课程特色如下：

（1）以光通信技术为核心，与电子工程系开设的"电磁场与波"、"量子力学"、"固体物理"、"信号与系统"和"电子线路"等电子工程系多门核心基础课程相串接，了解专业理论在光纤通信专业中的应用，丰富学生对电子信息知识体系的理解。

（2）讲授光通信技术发展历程，了解技术发展基本逻辑和创新哲学，引导学生从科研的角度了解技术演进规律和技术探索方法论。

5.19　通信原理概论

5.19.1　课程定位

本课程作为信息学院的平台课，旨在让信息学院的学生理解信息表征和传输的原理与机制，掌握信息通信的基本原理与算法。具体来说，课程首先从信息论基础出发，介绍现代数字通信系统所传输的载荷；进而讲解信号的数字化表示和信道编码，为信息的数字化传输打好基础；随后介绍通过基带和频带传输数字信号的基本知识，完成点对点通信的全流程；最后，通过讲解复用与多址、路由与传输控制，把通信的覆盖范围从点对点扩展到多点网络。本课程综合了电子信息知识体系中关于数字信息的基础知识,以通信为目标,为学生展示了信息从信源,经过数字处理、物理传播,最终传输到信宿的全过程。

5.19.2 培养目标

本课程主要知识点涵盖信息论基础、信号的数字化表示、信道编码、数字基带传输、数字频带传输、复用与多址、路由与传输控制。通过学习本课程,希望学生的以下能力得到提高:

(1)采用数学的方式描述信号;

(2)结合各种通信算法,即编码、调制解调、复用多址、交换和路由,针对应用场景,实现可靠的信息传输;

(3)对通信原理有系统性的了解,在接触到各类通信系统时,可快速理解其功能模块并上手应用、开发和研究。

5.19.3 课程大纲

序号	主要内容	教学时数
1	信息的表示与信息论:回顾概率论,信息的表示与度量,信息传递的极限	3
2	模拟信号的数字化:脉冲编码调制(PCM)基本原理,对数量化及其折线近似,PCM 编码原理,增量调制(ΔM)	3
3	信道编码Ⅰ:循环码	3
4	信道编码Ⅱ:卷积码以及维特比译码	3
5	数字基带传输Ⅰ:码型变换/符号映射,数字调制,通信速率与带宽效率	3
6	数字基带传输Ⅱ:Nyquist 准则,匹配滤波,等效基带模型	3
7	数字基带传输Ⅲ:符号的最佳判决,SER 与 BER 的计算,第二代移动通信的基带系统与数字基带传输反思	3
8	数字频带传输Ⅰ:载波传输的方法引论,有记忆调制与数字频率调制	3
9	数字频带传输Ⅱ:高阶调制及星座图	3
10	通信信号的测量分析	3
11	复用与多址:复用和多址的概念和基本方式,时分复用系统及其分析	3
12	路由与传输控制Ⅰ:交换和路由算法	3
13	路由与传输控制Ⅱ:流量与传输控制	3
14	无线通信网络实例——蜂窝移动通信系统	3
15	期中及期末内容复习和知识点串讲	6
合计		48

5.19.4　课程特色

本课程通过教授信息论基础、信号的数字化表示、信道编码、数字基带/频带传输、复用与多址、路由与传输控制等通信系统的关键环节,使学生了解我国通信产业从无到有、从落后到引领所需解决的重大问题和所取得的重大成就,并为学生指出未来通信产业的新挑战和新难题,激发学生为祖国通信和信息产业贡献力量的志趣。

5.20　视听信息系统导论

5.20.1　课程定位

本课程为大三本科生设计,在原有的"图像信息原理"课程基础上进行扩展,全面介绍视听信息的产生、呈现、处理和理解。在电子信息知识体系中,本课程是"媒体与认知"主题的进一步细化,专注于视听信息语境下的信息、系统相互作用原理。本课程与"媒体与认知"课程相互补充,形成关于人类认知与机器智能的一套完整理论体系。同时,本课程也是"信号与系统"等课程的延伸,讲解对视听数字信号的更高层次处理与理解。

5.20.2　培养目标

本课程内容自下而上,从基础理论到实际应用,从底层感知到高层认知,旨在帮助学生理解视听信息处理的发展历程,掌握传统算法理论,并了解前沿技术。传统视听信息算法讲授更侧重于理论,可以帮助学生巩固高等数学、信号处理原理,夯实基础;现代视听信息算法更侧重于应用,学生可以在实践中掌握技术,并应用在今后的科研中。这样的学习方式旨在为学生在视听信息领域的进一步学习、研究,乃至未来的职业生涯打下坚实的基础。

5.20.3　课程大纲

序号	主　要　内　容	教学时数
1	数理基础,样例学习,线性回归与分类,优化问题	6
2	视觉信号的产生,人的视觉信息系统	6

序号	主 要 内 容	教学时数
3	视觉信号的压缩、传输与呈现	6
4	视觉信息的处理和理解,图像特征,图像分类,目标检测	9
5	听觉信号的产生,人类发声机制,人类听觉系统与声音感知	6
6	听觉信号的压缩、传输与呈现	6
7	听觉信号的处理与理解,语音特征提取,隐马尔科夫模型	9
合计		48

5.20.4　课程特色

本课程的特色在于技术的前沿性、理论与实践结合,以及多学科融合。课程不仅讲授视听信号处理领域的经典算法,如采样、滤波、编码技术,也介绍基于人工智能的前沿视听信号处理系统。在教学中,强调技术的现实应用和实际操作,并展示大量案例。课后作业中包括编程项目,进一步增强学生的实践能力。此外,本课程集成了认知科学、神经科学、信号处理和深度学习等多个学科的内容,旨在通过跨学科的学习让学生对知识有更深层次的理解。

第 6 章

课程思政建设

立德树人是教育教学的根本任务,全面推进课程思政建设是落实立德树人根本任务的战略举措。近年来,清华大学电子工程系积极开展课程思政建设,取得了显著效果,获得了社会广泛关注。本章首先简述电子工程系课程思政建设的总体情况,然后具体介绍核心课、专业限选课和实验课的课程思政建设实践。

6.1　课程思政建设总体情况

清华大学电子工程系始终坚持以习近平新时代中国特色社会主义思想为指引,把思想政治工作贯穿于教育教学全过程,积极发挥第一课堂在思政方面的作用,探索工科专业类课程思政建设的有效模式和方法,并形成课程思政工作体系。

电子工程系于 2021 年将课程思政建设列为重点专项工作,由系党委牵头成立专项工作组。组织任课教师开展学习讨论,增强课程思政意识;制定专项计划,明确推进课程思政的目标、任务、措施,并建立有效的推进和保障机制。

(1) 学习研讨,增强意识,形成共识。电子工程系每年召开思想政治与学生培养工作研讨会,课程思政建设是讨论和交流的主要议题。结合课程思政专项工作的启动,研讨会集中学习解读了《高等学校课程思政建设指导纲要》精神,使任课教师深刻领会:立德树人是教育教学的根本任务,是教学工作开展的出发点和落脚点,教师在推进课程思政建设中具有关键作用,应结合专业特点科学设计课程思政教学内容,深入挖掘课程中的思政元素,将价值塑造、知识传授和能力培养三者融为一体,达到润物无声的育人效果。

电子工程系教学委员会和各研究所支部,组织召开不同层次和多种形式的课程思政工作研讨会,交流对课程思政工作精神内涵的理解,并讨论分享课程中将专业内容与思政元素相融合的教学案例和思路。经过学习研讨,教师加深了对课程思政的理解,并形成了共识:理工科专业课程思政要做到与教学内容、教学方法、教学计划及学生需求相统一。可以采取的具体实现方式有:从科学精神和科学作风等方面着力;从科学或技术的原理与共同价值的同理性的理解着手；对与教学内容相关的时事进行分析与探讨；课程知识与当前国际重大事件的关联分析；对课程教学的氛围营造与课堂纪律的要求等。

（2）加强交流，分享经验，提升效果。电子工程系利用系教师沙龙平台，开展课程思政经验交流。同时不断丰富完善典型案例库，编制印发了两期《课程思政教学案例集》：第一期包括 7 类课程思政方法，第二期包括 10 门核心课的思政方案。上述交流分享起到了推广经验、引领示范的作用。

（3）重点先行，稳步推进，以点带面。电子工程系的课程思政建设目标是实现"一课一策"，采取逐步推进和落实的方案。首先推进的是本科生的 10 门核心课，并通过案例集的形式将课程思政方案的标准进行推广，逐步落实到专业限选课和任选课。

目前，电子工程系共有 7 门课程荣获课程思政示范课程称号，包括 1 门北京市级和 6 门校级。

6.2　核心课课程思政建设案例

电子工程系的 10 门核心课是电子工程系多年来课程体系改革和课程建设的重点，在改革实践中，不断总结经验，提高课程质量，取得了显著成效。在课程思政建设方面，各门核心课也各自做出了有益的探索，这里分享的是 10 门核心课课程思政建设的案例。

6.2.1　"计算机程序设计基础"课程思政

"计算机程序设计基础"是电子工程系的一门核心课，在训练学生编程基本技能的同时，更重要的是培养学生的思维方式、做事方法、严谨认真的态度和自立自强的精神。因此，本课程在教授过程中，一方面按照教学大纲要求，完成课程的知识讲述；另一方面，特别重视结合课程相关内容进行思政教育。本课程具有四大特点，即基础性、实践性、协作性和严谨性。在分析这些特点时，进一步引导教育学生对科技基础性的认识、对学习实践性的重视、对团队协作性的理解，以及对工作学习严谨性的要求，由此培养学生积极上进的处世和做事思想。另外，课程在讲授重点知识点时，如程序结构设计、递归程序、数据安全防护和数据类型多样性等，结合典型知识点的科学原理和思想内涵，弘扬爱国主义精神，要求学生具有家国情怀、大国工匠精神；同时培养自身的科学精神和人类共同体价值观念。

"计算机程序设计基础"课程思政整体方案

下面从 3 方面结合思政教学案例进行重点介绍。

1. 协作性

随着社会生产力的进步,人类正在构建越来越多的复杂系统;在浩大的工程量和深奥的专业知识面前,凭借一己之力构筑复杂系统成为天方夜谭,因此分工协作是现代社会的必然要求。计算机程序作为典型的复杂系统,其协作性常常表现为多种多样的函数。函数是功能的实现,更是模块的划分;面对大型程序动辄上万行的代码量,将其划分为若干具有特定功能的模块,分别交由多个具有专业知识的人员完成,往往是明智之举;函数不仅分散了巨大的工作量,而且可以将错误局限于具体模块内,这使得代码变得清晰,查错和优化更加便捷;复用现有的函数,还可有效减少重复劳动。

函数及其协作性,体现了部分与整体对立统一的辩证关系——部分根据整体的需求调整自身,整体的运作依赖于各部分;部分与整体相辅相成,推动整个系统的进步。

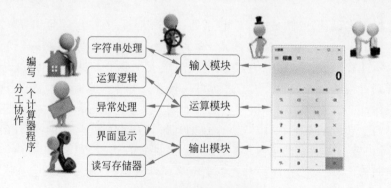

分工协作完成复杂功能

2．包容性（包容思维）

纵观人类历史上的科技发展过程，突破性的进展大多是同行交流相互启发而迸发出灵感的火花。正如牛顿所言，他所做的工作是站在巨人的肩膀上。而孤芳自赏，不去虚心学习他人进步之处，只在自己的小天地里闭门造车，在科研之路上也不会长远。同样，在程序设计中，并非所有的功能都需要在本地代码中实现。当所需要的功能在其他标准库中已经实现时，通过 C++的♯include＜＞指令引入相应的库，就可以直接使用库中所定义的功能而不用自己重新实现。而本地代码所实现的功能，也可以通过类似的方式被其他代码所利用。

程序设计在分享与创新中改变了世界，而人类也在相互包容与学习中不断创造新的辉煌。

3．归纳性（归纳思维）

在实际应用中，程序设计往往要面向一个甚至多个复杂的任务，无论是运行逻辑还是代码数量都是非常庞杂的。在应对这种问题时，我们需要学会合理且灵活地拆解问题，将"大问题"变成"小问题"进行求解。我们并不需要把一个复杂过程的每一步都显式地表达出来。有时候，通过观察过程的结构，巧妙地寻找到过程和子过程之间的相似关系，并用程序语言来描述这种相似性，就可以大大简化程序的设计。递归算法就是一个非常典型的代表。以著名的汉诺塔问题为例，我们不可能把圆盘搬运的每个过程都罗列出来，这会带来极高的复杂度。相反地，我们可以寻找出每搬运一个圆盘时的规律，并循环地调用这一规律，程序就会自动地迭代下去，直到寻找到所有圆盘的搬运规则。

程序设计是人与计算机沟通的桥梁，处处体现着哲学思想的光辉。通过对递归算法的分析，我们可以获得对一般问题的解决思路，即将复杂问题拆解为结构更为简单的子问题，并抽象出两者之间的关联性。这体现了程序设计对生活同样是具有指导意义的。

将n个圆盘从A移动到C
Void Hanoi（int disk, char A, char B, char C）｛ 　　if（只有一个圆盘） 　　　　直接移动到C： 　　先把n-1个圆盘从A移动到B； 　　将最后1个圆盘从A移动到C； 　　最后把n-1个圆盘从B移动到C； ｝

归纳性思维解决问题

小结

通过上述 3 个思政教学典型案例的介绍可知，本课程主要结合课程特点剖析和课程知识点讲授，围绕爱国精神和处世思想两方面开展多方位的思政教学。例如，在分析课程基础性时，进行文化自信、发愤图强、夯实基础、勇克硬核的"四教育"。另外,结合编程调试技能锻炼和例外处理机制的学习,强调严谨性,注重培养严谨认真的科学态度,同时处理好创新和严谨的辩证关系;在分析本课程的实践性特点时,结合一些实例,强调实践出真知的基本原则,要求学生要勤学、苦练、好问。

6.2.2 "电子电路与系统基础"课程思政

"电子电路与系统基础"是电子工程系本科生接触的第一门专业核心课。多年来,本课程既要为电子信息大类学生提供基础电路理论知识,又要为后续选择集成电路方向的学生构建专业基础。鉴于此,课程组的教师以电子信息通识教育为基础、以面向电子信息与集成电路通专融合本科教育为目标,为学生构建本科电路与系统基础教学知识体系,做学生电子工程专业领域知识学习的引路人。

在知识传授方面,课程组始终坚持以人为本,充分调动现代化技术手段、调动助教主观能动性,将课堂讲授、助教辅助、资源自取相结合。课程组对"电子电路与系统基础"现有内容进行了梳理,建立课程资源 WiKi 网站,将课程讲授、课后阅读、课后习题、网络资源等相结合,全面覆盖了初学入门、兴趣拓展、专业奠基等不同未来专业规划学生的需求。课程组尝试引导助教组织集体作业答疑,一方面提高大班授课情况下的作业答疑效率;另一方面,也为助教提供面向入门级学生讲授基础知识的锻炼机会。增强助教的课程参与度,为电子工程系研究生教学能力培养提供试炼场,将育人传统薪火相传。

在能力培养方面,课程组注重培养学生理论与实践的辩证统一思想,坚持学生理论推演能力与实践动手能力两手抓、两手都要硬。电路与系统设计领域以硬件实测结果论英雄,但是只有漂亮结果没有理论支撑的工作难以对迭代演进形成指导,难以对学科发展形成推动。"电子电路与系统基础"是以理论讲授为主的课程,但课程组始终在教学上坚持不止于理论。课程组通过引入仿真教学,通过呼应配套实验课程内容,让学生将基于简化理想模型的理论推演、基于类真实性能的器件模型的数值仿真、基于硬件电路的实测结果相结合,加深对理论与实践关联关系的理解。在课堂上,教师经常强调应将理论与实践并重的意识引入更广义的生活实践与工程工作中。在讲解等效输入输出阻抗及最佳输出功率匹配理论的时候,会将课程内容与日常充电相结合,通过引导学生思考为什么有的充电器充电过程中发热严重。将现实生活中的问题与理论相结合,一方面为看似空中楼阁的理论构建坚实的实践基础,另一方面激发学生的学习兴趣。

在能力培养方面,课程组还重视培养学生从实践中来到实践中去的思维方法。"电子电路与系统基础"作为电路与系统专业方向的入门级课程,涉及的问题以基于理想模型的分析为主。课程组在课程讲授过程中,即便课时再紧张也始终坚持花时间为学生介绍理想模型的出处,强调理论模型与实际情况的偏差、理想情况与真实情况的偏差。如最简单的电阻,在一般问题讨论中始终使用的都是理想电阻模型,即电阻在两端加载任意电压的情况下始终保持线性特性。这里忽略了真实电阻元件满足线性特性的电压范围,而即便是初学的学生也可以很容易地想到这个理想模型与真实情况的出入。在讲授过程中通过这个简单的事例向学生传授理想建模从实践中推演而来,是化繁为简的必需。引导学生在仿真中通过加入不理想因素,推演电阻线性范围有限对系统性能带来的影响。再如,在介绍运算放大器的过程中大量使用理想运算放大器进行系统构建和性能推演,在讲授过程中同样通过非理想特性的引入,通过前后性能变化的对比,引导学生深刻理解非理想特性对系统性能的影响。在课堂上会就例题与学生展开深入思考与讨论,结合课后作业、仿真分析,帮助学生形成对各种不理想因素对系统性影响效应的深刻理解。

在价值观塑造方面,课程组坚持教书与育人相统一,将社会新闻、国际局势、课程思政融入课堂教学,培养学生的爱国奉献精神。2014 年,国务院陆续印发《国家集成电路产业发展推进纲要》,2020 年,集成电路作为具有前瞻性和战略性的国家重大科技项目布局方向被写入"十四五"规划,2021 年,集成电路成为一级学科,同年清华大学成立集成电路学院。在课程讲授过程中,课程组将集成电路发展历史、集成电路产业现状、经典电路结构演进过程融入课堂教学。通过介绍手机主板上芯片的功能与提供商,让学生了解芯片设计细分领域的技术高地所在,拓展学生视野;通过介绍主流芯片各国出货占比,让学生了解国际局势,了解国家在芯片产业的"卡脖子"现状,激发学生投身集成电路行业、为国奉献的情怀。

"电子电路与系统基础"课程组多年来在课程思政方面,坚持教授学生理论知识、引导学生创新思维、激发学生奉献情怀并重,传承清华大学"又红又专"的育人传统,践行知识传授、能力培养、价值塑造"三位一体"的教育理念。通过课程知识体系梳理、教学方法改进、教学内容创新、课程思政融入等措施,从党和国家事业发展全局的高度,坚守为党育人、为国育才,把立德树人融入思想道德教育、文化知识教育、社会实践教育的各个环节。

6.2.3 "数据与算法"课程思政

在"数据与算法"这类挑战性课程中开展有特色的课程思政,要令课程思政契合高水平人才培养的内在逻辑,不仅要避免思政与教学"两张皮",还要避免思政成为课程的边角料,让课程思政在重点内容、关键教学环节真正发挥作用,成为突破挑战性课程教学重难点的攻坚利器。为此,课程组总结了 3 方面"挑战",并以"三位一体"为切入点,构建课程思政的三个层次。

1. 立足"价值塑造",应对学生"动力不足"的挑战

本科生专业核心课"数据与算法"旨在帮助学生提升使用现代计算方法解决现实世界实际问题的能力,为后续的电子信息类专业课程的学习提供基础。在与学生交流的过程中,我们发现,有一部分学生在学习本课程时主观能动性并不强。一方面,学好本课程需要付出的精力较多。作为一门重要的电子信息基础课程,"数据与算法"中有着大量高度凝练的知识要点和难点,领悟课程中的思想精髓需要着实动一番脑筋;另一方面,学生不明确本课程是否有用武之地。从表面上看,这样的课程虽然与计算机编程应用息息相关,但又不同于"C++程序设计"等可以更有针对性地提高编程水平的课程。这两方面的因素相互影响,导致学生在学习本课程时面临着动力不足的挑战。为此,课程组发挥学科优势,开展有特色的课程思政。例如,在讲授"数据与算法"课程中的高维线性方程组内容时,学生心中往往有此疑问:这些内容看似仅为一种数学运算技巧,为何在课程中有如此重要的地位?这些疑问,实际也是对提高学生学习质量和教师教授效果的一个潜在挑战。面对这一挑战,课程组结合强国兴军新成果,将对大国重器的介绍引入课堂,让科研报国的思想深入人心。教师以歼-20隐形战斗机涂装的电磁学建模问题作为课程引入,从战斗机"隐形"特征设计背后的电磁仿真原理剖析为切入点:为了提高战斗机隐身性能,利用电磁仿真软件对其反射结构进行电磁仿真是最高效的途径之一。通过对电磁仿真的基本原理的讲解,可以发现电磁仿真软件的核心就是如何高效且保精度地求解高维线性方程组。然而,目前微波领域的电磁仿真软件被美国垄断,这意味着我们研发战斗机的隐身涂层很难进行仿真,国家不得不在其他方面付出高昂代价进行弥补。

通过此类生动的课程引入,既做到了鼓励学生以"只要肯登攀"的高度化解动力不足的挑战,让学生体会到课程知识的重要性和应用性;又以"润物细无声"的深度实现价值塑造的育人理念,引导学生建立科研报国信念;还以"绝知此事要躬行"的高度切实落实教师为党育人、为国育才的使命与目标。三者层层递进,相互促进,将思政教育融入教学过程,用创新理论铸魂育人。

2. 立足"能力培养",应对课程"抽象难懂"的挑战

挑战性课程的第二重挑战是,课程涵盖了大量抽象难懂的知识点。对于这些抽象难懂的课程,教师需要从学生的视角组织课堂教学,帮助学生梳理难点,提前思考学生已有哪些基础知识,学生在接受新知识时会出现哪些情况,方能更好地攻坚克难,始终围绕学生认知规律组织教学体系,让课程更贴近学生认知。对授课教师而言,这是讲好挑战类课程的基本要求。此外,一门课程的难点是有限的,但筑牢学科知识体系、深耕科研攻关的过程中遇到的难点往往多而繁杂。因此,如果教师能够把针对挑战性课

程难点、要点的教学过程转化为帮助学生领悟知识背后的方法论,就可以培养学生提炼知识、解决问题的能力。学生在其他课程及科研工作中遇到其他困难时,就可以有的放矢,更加从容。

必要的教具和微课对理解课程的难点和抽象知识点很有帮助。例如,讲解"递归"内容时,课程组用几个大小不一的盘子自行设计了简易的"汉诺塔游戏"教具供学生亲手实践,以领悟递归思想;在多种排序算法进行对比分析时,课程组搜寻到对比演示15 种排序算法的执行过程的小视频作为微课直观展示。这种方式不仅提升了学生掌握知识的能力,还能潜移默化地为学生树立积极应对挑战的榜样。

要想猎枪有力量,领悟方法论要到位。例如,课程中讲授"树与二叉树"知识时,为了让学生深入理解二叉树的递归搜索原理,将其与毛泽东游击战术进行类比。毛泽东游击战的思想是"化整为零,集零为整"。化整为零是为了逐步分解问题,将大问题、难问题分解为小问题、易问题,从而允许集中"优势兵力、各个击破"。集零为整是为了将各个小问题的解汇总起来,从而攻克难题。此外,在"查找算法"的教学中,课程组继续以毛泽东思想阐释算法设计的原理:"用空间换时间的算法设计思想,在抗日战争时期毛泽东的《论持久战》中就已经提出。持久战能拉长战线,用战略纵深这一空间来换取时间,只有这样我们才能取得最终的胜利。"以经典著作解释专业知识,既能让学生容易理解方法理论,更能使学生在思维方式和价值观方面获得启发,在解决更多的课程和科研难题时思路更加广阔。

通过在挑战性课程中赋予学生"干粮"和"猎枪",既利用充实的课堂讲解,帮助学生厘清课程抽象难懂的知识点,又有效地借助课程思政的强大动力,从治学态度和方法论探索两个维度帮助学生解决难题,实现对学生的能力培养。

3. 立足"知识传授",应对内容"割裂孤立"的挑战

学生在学习过程中,往往会觉得很多知识点之间是"割裂孤立"的,教师在知识传授过程中,可以考虑以时间线串联知识演进脉络。经典知识的发展往往也是伴随时间演进发展的,从易到难、从先到后的授课逻辑与真实历史发展往往相互契合。授课中不仅要重视循序渐进的授课方法,符合学生的认知模式,也要在以内在脉络串联知识发展的过程中,启发学生从时间历史的维度深入了解知识间关联。同时,也可灵活引入思政元素,将科学知识与文化知识结合讲授,帮助学生对知识演进过程形成深刻印象,增强学生的文化自信。例如,课程组在讲授数值计算的线性方程组章节时,会系统介绍方程组的基本解法。在层层递进介绍方程组不同解法的同时,从"高斯消元"引申溯源到《九章算术》之"秉数计算",并现场展示图书馆借来的《九章算术》对应章节,引起学生的文化共鸣。

6.2.4 "信号与系统"课程思政

1. 课程思政目标

"信号与系统"课程努力践行清华大学全面贯彻党的教育方针,坚持价值塑造、能力培养和知识传授"三位一体"的教育理念和人才培养模式,落实思政建设要求。本课程以提高学习志趣为抓手,尝试增强新的趣味性教学和实践案例,探索将思政教育以"润物细无声"的方式融入专业课教育之中,从而较好地发挥出启智润心、培根铸魂的作用。

2. 课程主要内容

本课程的主要内容是 3 个变换方法,即傅里叶变换、拉普拉斯变换和 z 变换,以通信和控制工程作为主要应用背景,注重实例分析。在充分理解微积分、线性代数、复变函数和电子电路与系统等先修课的基础上,课程组根据学生的成长规律,按照从连续到离散,从时域到变换域,从输入/输出描述到状态空间描述的逻辑,组织课程内容,并依据学科前沿动态与社会发展需求,逐年微调连续时间系统的比重,增加现代数字信息系统应用案例,优化重构教学内容。在基本理论已相对成熟的条件下,本课程一方面加强工程实例引用,将压缩感知、深度卷积网络、5G 通信等学术研究和科技发展前沿成果引入教学,充分体现前沿性与时代性;另一方面发挥综合课程设计(大作业)的实践作用,强调广度和深度,培养学生调研文献、深度分析、大胆质疑、勇于创新的精神和能力。

3. 课程思政实践

把思想政治教育嵌入专业基础课教学过程中,是本课程多年探索的一个方向。教学团队面向国家重大需求,密切结合每位任课教师的科研工作,深挖信号与系统中的核心基础概念,激发学生在大舞台上做大事的端正态度。围绕教学团队的科研工作,宣讲清华/中国原创科研。密切围绕生活案例,鼓励学生热爱生活,诚实为人,严谨为学。

教学团队承担北斗导航定位等信号处理任务,从国家重大需求和国防科研任务出发,在北斗系统、雷达、高速 AD/DA 等应用背景下讲解匹配滤波器、频谱估计、采样等课程概念,取得了良好的教学效果,教学团队还在反馈系统教学中,通过反思航天事故,端正学生科研态度,在傅里叶变换、拉普拉斯变换、状态空间等教学中介绍颠覆性理论的提出过程,鼓励大家做原始创新。教学团队承担航空航天等重要国防项目,从国家重大需求出发,突出清华小卫星、深空通信机等原创科研成果,通过正反馈、负反馈等教学内容端正学生对学习、生活的积极态度,更通过调制/解调方法等融入事物的两面性和辩证法等思政内容。

未来教学团队将继续面向国家重大需求,坚持科研创新,科研报国,身体力行教育学生;继续深入挖掘科研项目中的实践案例,鼓励学生热爱科研,尽早参与实验室课题工作;继续密切结合生活案例,与时俱进,激发学生生活和学习热情。

4. 课程思政特色

课程用例与时俱进,突出理论联系实践。"信号与系统"具有"基础理论发展成熟、相对稳定"的特点。但信息应用技术的日新月异,也为基础理论的教学带来挑战。一方面,瞄准科技前沿和关键领域,对现有学科专业体系进行调整升级;另一方面,努力实现本科教育"回归常识、回归本分、回归初心、回归梦想"的目标要求,着力解决好基础理论教学与新技术、新应用之间存在的"代差"问题。教学团队数年如一日坚持从前沿技术中发掘课程用例,保留应用背景,讲授核心概念,用事实告诉学生"信号与系统在你们身边",只有打好基础理论,才能理解和把握好最新的信息技术。通过逐年更新课程用例,使课程始终与技术的进步"同频共振",时代感和实用性显著增强。

创新挑战课程设计。年轻人思想活跃,追求新鲜事物,创新意识强,但也存在眼高手低,缺乏具体创新思路的实际问题,为了破解此矛盾,教学团队经常进行新鲜有趣的课程设计,通过拆分模型,由浅入深,循序渐进,引导学生一步一步用基础理论解决实际应用问题。

6.2.5　"数字逻辑与处理器基础"课程思政

作为电子工程系核心课,"数字逻辑与处理器基础"课程面向电子工程系、生物医学工程系、计算机系等院系的本科生或其他有学习数字电路与处理器基础知识需求的学生,系统地教授数字逻辑电路和处理器的基本概念与原理、发展规律与理念,培养从电路到处理器的跨层次分析、设计与创新的能力,促进学生领悟并积极实践现代信息系统的数字化、结构化、同步化等设计思想。

课程紧密围绕学校"三位一体"教育理念展开,注重培养学生从电路到处理器的跨层次分析、设计与创新的能力。课上通过生动形象的例子,激发学生的主动思考和梳理,揭示出创新技术的本质,使得学生在学习专业知识的同时,还能够反思工作与生活甚至是人生的优化。同时,课程经常邀请工业界专家开展前沿讲座,将课程内容与面向国家需求的科研工作探索相结合,客观清晰地描述历史、现状和趋势,用数据和发展的眼光看问题,描绘国内芯片领域发展的新机遇、新需求和新进展,积极鼓励学生投身服务于国家和行业需求的事业,探索新应用,开发新芯片,占据新的科学工程制高点,为积少成多、形成领域内足够的话语权埋下一颗颗充满希望的种子。

同时,课程深入挖掘"三位一体"的内涵:"三位一体"的培养对象既包括选课学生,也包括了课程助教。在与学生交流的过程中,助教能够深入了解学生理解上的困难,学会如何把问题"讲清楚、讲透彻",形成共情,逐渐理解到教书育人的内在价值,强化自身的使命感与责任感。此外,课程组通过提高助教的参与度,使助教基于已掌握的信息科学基础知识,从更高的层次梳理学科的知识体系,审视学科发展的历史脉络,揭示集成电路发展背后的内在逻辑,进而培养研究生透过本质、揭示表象的科研思维。

作为电子工程系核心课,"数字逻辑与处理器基础"秉承"三位一体"的教学理念,构筑了一个完善的多层次"学生—助教—教师"的两两配合体系,积极响应课改号召,为支持我校培养具备全球视野和高胜任力、创新能力强、全面发展的集成电路领域高水平后备队伍做出贡献。

- 形象的核心知识、方法、思想
  例:CPU架构与交通

例:CPU缓存与图书馆藏书

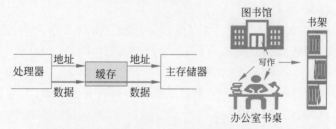

课上通过生活中的例子体会课程内容的内涵与本质

课程组织工业界专家讲座

锁存器与触发器的区别

- **两者共同点**：用于存储变量，可根据输入信号改变存储的变量值
  - 例如，用来存储状态机中的状态
- **两者区别**：
  - 触发器仅在时钟信号有效时采样输入，并改变其输出状态
    - 例如，时钟边沿触发的触发器
  - 锁存器在任意时刻都连续监测其输入，并改变其输出状态，也可用时钟信号作为控制端，时钟信号有效期间监测输入
    - 非锁存状态时透明传输

助教习题课总结重难点

6.2.6 "概率论与随机过程"课程思政

1. 基本原则

对于课程思政建设,我们始终秉持如下两个基本原则。

思政教育不应该是口号,而应该贯穿于课程始终。因此,从大约十年前开始,我们就在课程中尝试思政教育融入。

思政教育是课程知识点提升的自然产物,无须刻意追求。如果把课程内容看作"知识基础",那么思政就是在其基础上提升得到的"上层建筑"。在知识基础上叠加上层建筑,十分自然,刻意和做作反而会有不良效果。

2. 教学案例

在"概率论与随机过程(Ⅰ)"课程教学实践过程中,我们将思政教育无缝融合到课程知识点的传授当中,将两者紧密结合,努力避免生拉硬拽,将思政教育牢固地建立在对于课程知识点的深入理解和认识之上,取得了良好的效果。下面结合具体教学内容,介绍一些有代表性的思政建设案例。

第1章概率引论,这一章的教学重点之一是引入不确定性。不确定性对于学生而言多少有些神秘和难以捉摸,这也是课程教学中必须面对的问题。我们不回避主要矛盾,直接指出引入不确定性的主要原因在于人类认知能力的局限。但是,正如人类在许多取得成功的领域那样,我们不回避困难,不惧怕可能带来的复杂性,直面挑战,希望创造新思想、新方法、新工具,把握不确定性的基本规律,利用它来深化我们对于自然问题和工程问题的认知。这就是学习概率论的目的。

第2章概率基础,这一章的教学难点之一是连续概率空间的处理。由于需要引入所谓的"不可测集"来帮助学生理解连续概率空间定义为什么如此复杂,所以学生必须面对他们从未体会过的高度抽象化概念。为此普遍产生了严重的畏难情绪。我们在课堂上强调,真理的眼中从来不揉沙子,对待科学的态度一定是严谨和一丝不苟的。即使例子(如"不可测集")再极端,再少见,我们也不能忽略,不能给概率论的逻辑基础留下瑕疵,所以需要认真对待,通过比较复杂的定义来绕开逻辑缺陷,为概率论夯实基础。

第3章独立性,这一章的教学重点之一是帮助学生理解独立性的直观含义。从概率定义的角度出发,独立性的含义并不直观。如何才能让学生可以对独立性有直观认识呢?我们在课堂上指出,两个事件独立,并不意味着两者不相交,也不意味着两者重合,而是以某种非常"微妙"的方式相交。不远不近,不亲不疏。这就恰如现实生活中人与人之间,国与国之间的关系,保持独立性,就得做到既不过分依靠,也不过分敌对,保持在合适的距离上。

第 4 章条件概率,这一章的教学重点之一是理解 Bayes 公式。作为概率论中最重要的公式之一,Bayes 公式的形式虽然简单,但是含义非常丰富。我们在课堂上强调,Bayes 公式是人类学

$$P(\theta|x) = \frac{P(x|\theta)P(\theta)}{P(x)}$$

理解 Bayes 公式

习和认知过程的深刻阐释。公式等号两端分别代表着学习前的先验认知和学习后的后验认知,两者是依靠似然函数联系在一起的。而似然函数就代表了人类的学习过程。教师的责任,就在于设计好的似然函数,而学生则应该通过自身实践,将似然函数计算出来,从而完成学习任务。

第 5 章离散分布,这一章的教学难点之一是理解 Poisson 分布。由于该分布的解析形式存在某种复杂性,学生普遍感到难以掌握。我们在课堂上指出,Poisson 分布是二项分布在事件发生概率趋于零时的"小概率极限"。它所描述的现象,虽然是小概率事件,但是仍然需要引起重视。Poisson 分布的普遍适用恰恰说明了小概率事件存在的意义。我们也需要做到"勿以善小而不为"。

第 6 章连续分布,这一章的教学重点之一是理解指数分布最为关键的特性——无记忆性。学生对于该特性的现实存在普遍持怀疑态度。我们在课堂上指出,可靠性工程等许多领域的实践经验表明,适当的遗忘是自然规律,往往在需要长期坚持的地方发挥重要作用。在著名的可靠性模型——浴缸模型中,浴缸底部表明器件或者系统的性能稳定,长时间保持不变,而恰恰在这个时间段,各类指标很好地服从指数分布。由此可以体会到,无记忆(遗忘)存在的意义。

第 7 章期望,这一章的教学重点之一是若干不同的分布数字特征之间的比较,包括均值/中值/众数等。学生往往感觉概念较多,容易混淆,难以把握。我们在课堂上指出,对于给定的概率分布而言,各类数字特征所关注的点各有不同,相比而言,中值和众数最关注样本的共性,而均值受到样本个性的影响相对较大。要想全面认知该分布,需要共性和个性结合,它们是事物特征的正反两面,缺一不可。

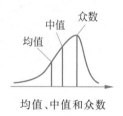

均值、中值和众数

第 8 章多元分布,这一章的教学难点之一是对于维数灾难的理解。维数灾难是多元分布的特有现象,一元分布中并不存在。我们在课堂上指出,维数灾难的本质在于当维度变高之后,样本出现在中心位置的概率会迅速下降,也就是说,样本的聚集度会降低。这和人类社会普遍存在的现象是对应的——想法越多,统一越困难。同时应认识到统一思想尽管难度很大,但非常必要。

第 9 章条件期望,这一章的教学重点之一是使用条件期望工具求解一些复杂的概率问题,如随机个随机变量的和。学生往往感觉难以把握方法的实质,只会照猫画虎。我们在课堂上指出,这里的计算方法,实质就是人们常说的"各个击破"。把复杂的问

题分解为若干简单的子问题,然后集中力量先解决其中的一个,消除掉一部分不确定性。然后利用这一部分不确定性消失给问题带来的简便,再集中力量处理另外的子问题。这样一个一个地有条不紊地把子问题都解决掉,最终获得大问题的求解。

第 10 章集中不等式,这一章的教学重点之一是理解这一类不等式的意义。集中不等式作为重要的概率工具,近年来取得了长足发展。但是学生普遍对于该不等式的意义不甚清晰,感觉没有必要花很大的力气去研究一些"边缘化"的东西(如距离均值很远的样本)。我们在课堂上指出,集中不等式的意义,在现实生活中也同样显著。那就是,越是偏离主流的因素,我们越是不能忽略,并且需要通过适当的手段,把握其影响范围,这一点对于掌控全局非常重要。

第 11 章极限定律,这一章的教学重点之一是对于极限定律的直观认识。极限定律是概率论最为核心的内容,内容较为艰深,涉及多种理论概率工具。学生往往希望可以先从直观上形成认知,然后再熟悉其解析形式。我们在课堂上指出,极限定律的直观意义和我们现实生活的基本规律有很好的吻合。那就是,降低起伏,消除不确定性作为我们做很多事的理想和目标,实现的关键就在于长时间积累。因为只有将大量不同的随机变量叠加在一起时,极限性态才会得以体现。概率论中的极限定律是如此,我们的工作生活也是这样。

6.2.7 "电动力学"/"电磁场与波"课程思政

课程前言部分,主要介绍课程内容在整个电子系知识体系中的位置,以及与先修和后续课程的承接关系。同时,回顾电磁理论的发展历史,介绍本课程知识框架。通过介绍古希腊及中国古代对"电"的认识,以及《梦溪笔谈》中关于磁铁的记述,学生可以了解我国古代科技的发展,同时激发学生对现代电磁场知识的兴趣。

例如,介绍静电场的分析方法时,虽然静电场的相关知识学生在"普通物理"甚至高中阶段都有所了解,但在本课程中将系统介绍静电场问题分析和处理,特别是静电场边值问题的典型求解方法,包括分离变量法、镜像法、Green 函数法等。同时,向学生指出这些方法在后续处理时变场边值问题时同样有效。在讲述 Green 函数法时,通过介绍 Faraday、Heaviside 及 Green 几位自学成才的科学家的生平,让学生了解前辈科学家的探索精神,鼓励学生不受既有观念的束缚,勇于创新。

再如,介绍电磁波的传播时,讨论了平面电磁波特性,分析了电磁波在介质交界面上的反射与折射。同时,通过讨论电磁波在良导体中的传播特性,引出理想导体以及金属波导的概念。学生对电磁波在自由空间中的传播有一定的了解,但对金属波导较为陌生。通过介绍金属波导的诞生过程,让学生了解科技创新与实际应用需求的相互促进关系,使学生能够更加深入地认识到科研探索与技术创新之间的联系。在本章中,我们还会介绍电磁波在色散介质中的传播特性。通过介绍 Sommerfeld 及 Brillouin 关于介质中电磁波波速的理论,以及关于超光速现象的探索,学生认识到人类对科学问题认识正在不断深入,从而激发学生对科学前沿的探索兴趣。

"电磁场与波"和"信号与系统"是电子工程系两门非常重要的核心课。两门课看起来差异很大,一个是信息通信类的基础课,一个是物理电子类的基础课。然而两者之间其实有很多相似性和联系。一个例子是静电场叠加原理。在介绍叠加原理时,很多学生会认为是显然的。但实际上该原理本质上反映的是电磁空间或介质的线性时不变特性,即大家在信号与系统中所熟悉的线性时不变系统。然而线性时不变特性并不是显然的,它只描述了一类系统的行为,现实中还有大量的系统响应是非线性的。而当介质对电磁场的响应呈现非线性时,所产生的现象和规律属于非线性光学的研究范畴(一门研究生课)。通过这样讲解,不仅能够让学生借助已经学过的知识很快理解新内容,而且可以更加深入地认识问题的本质,同时对不同课程之间的联系有全局的认知。这种例子还有更多,比如 Green 函数法求解静电场边值问题与求解系统输出时的卷积方法非常类似;时谐场本质上就是利用傅里叶变换对电磁场进行频域分析;复数 Poynting 矢量的实部和虚部分别相当于交流电路中的有功功率和无功功率,等等。

"电磁场与波"采用课堂讲授的形式,通过播放 PPT 并结合学生课上公式推导,帮助学生理解物理公式和深层次的物理概念。作为本科生核心课,不但要求学生听懂,还需要熟练掌握解题思路和方法,因此每堂课后都安排有一定数量和难度的作业供学生练习,以深入思考和理解课上讲述的内容,并在复习阶段讲解关键解题思路和物理概念。课后在微信群中转发课程相关的科普性历史发展文章,例如,麦克斯韦学派的发展历史等,让感兴趣的学生进行延伸阅读,进一步了解课堂内没有足够时间详细讲述的外围知识和学科发展历史,进而激发学生的学习兴趣。同时,通过线下和线上的两种方式及时响应学生的疑惑,通过引导学生自主思考、讨论和答疑的方式促进学生思考而得到答案。

"电磁场与波"是天线、雷达、电磁隐身、无线通信、光电器件等的基础,相关应用在国防军事、生物医疗、国计民生方面具有重要的应用价值。在课堂上结合一些例子说明电磁场与波课程所学知识的重要性。如歼-20 战斗机、大型 055 驱逐舰等,都搭载了相控阵雷达,利用电磁波探测远距离的目标,保卫国家安全;电子工程系的南仁东学长设计建造的世界最大的射电望远镜 FAST;电子工程系的教师和毕业生在微波、光电方向做出世界级的研究研究成果和产业化成果。通过这些例子,一方面调动学生学习的积极性,另一方面引导学生将来投身到相关研究领域和国家重要部门,为国家发展、人民幸福贡献自己的力量。课程中通过知识传授、分析和解决问题能力的培养以及课程重要性的讲述,贯彻"三位一体"育人理念。

反复强调"物理"的本质是"务理",即"讲道理"。物理学发展的一个主线就是不断地用实验修正甚至推翻之前的理论,不断地变得"更讲道理"。课堂上有很多案例,比如"法拉第吊诡"这个非常反直觉的实验,基本所有学生都会想当然地犯错误。但如果我们从讲道理的角度出发,根据电磁学原理一点一点按照逻辑推演,会发现我们的判断和实验结论是吻合的。再如对于 A-B 效应实验的阐述,也会发现我们的直觉往往会犯"想当然"的错误,而严密的思维推演会得出和实验结论吻合的结果。这一方面帮助学生认识到在科研工作中对自己的直觉、思维定式、想当然得到的结论要特别谨慎,因为往往脱离严谨的逻辑推演会导致完全错误的结果;另一方面,可以再进一步,这种"讲道理"的思维方法应该推广到非科研领域,在日常生活中也要警惕"非理性""想当然"的判断,很多事物的本质不是那么一目了然,绝非简单地从表象就可以轻易得到结论的。

在讲解"无线电波的发射与接收"时,会提到这部分知识的一个应用是射电天文望远镜,是世界上最大的单孔径射电望远镜。通过让学生理解这个大设施的工程难度和技术高度,并且告诉学生这个大设施的总设计师是电子工程系的南仁东学长,激发学生对相关知识的学习热情以及作为电子工程系学生的责任感和使命感。

6.2.8 "通信与网络"课程思政

通信与网络是当今国际科技竞争的热点之一,我国在无线移动通信领域已取得了举世瞩目的成就,培养了有国际影响力的民族企业,但同时相关芯片也面临着"卡脖子"挑战。因此,依托"通信与网络"课程开展课程思政具有天然优势,有助于牢固树立"四个自信",充分体现我国制度优越性,提升民族自豪感。

本课程高度重视"课程思政",努力把思想政治教育有机融入专业知识教学中。在具体建设思路上,注重理论联系实际,在讲授课程知识的同时介绍其对应的国际竞争热点,以此激发学生的使命感和责任感;结合通信教研室(现通信研究所)在我国微波与数字通信事业发展历程中的贡献,让学生认识到新中国通信事业从"一穷二白"到做大做强的过程,牢固树立"四个自信"。以下是我们采用的典型课程思政材料。

案例一:汶川震后通信抢修

汶川地震对通信基础设施造成了严重的破坏,为了抢险救灾并尽快开展灾后重建,中国移动四川分公司的员工冒着次生灾害风险紧急布设通信基础设施,并制作了"都江堰至映秀光缆紧急施工纪实"。我们曾在课堂上播放该纪实(见下图),并向学生介绍其中与本课程相关的知识点,由此激励学生作为中国通信人的社会责任感,让学生知道"学什么,为什么学,为了谁而学",努力成为"有理想、有本领、有担当"的时代新人。陈巍老师在 2018 年央视《中国诗词大会》上也介绍了这一教学案例,引起了观众的共鸣。

都江堰至映秀光缆紧急施工纪实

案例二：5G 编码与国际竞争

5G 是目前全球科技竞争的热点之一，受到了全社会的普遍关注。在其信道编码技术中，有 3 种竞争方案，分别是美国企业主推的 LDPC 码、欧洲企业主推的 Turbo 码以及华为主推的极化码（Polar 码）。我们在课程的信道编码部分介绍了 5G 的编码竞争，并特别把极化码的基本原理作为试题和作业（见下图），让学生了解学科前沿，并充分认识到中国通信人在激烈的国际科技竞争中的使命担当，能够"平视"本领域国际竞争对手，进而树立正确的学习目标，激发学习的主动性和积极性。

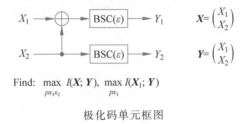

$$\text{Find: } \max_{px_1x_2} I(\boldsymbol{X};\boldsymbol{Y}),\ \max_{px_1} I(\boldsymbol{X}_1;\boldsymbol{Y})$$

极化码单元框图

案例三：中华文明对通信的历史贡献

中华民族自古就建立了璀璨辉煌的文明，这一点在通信的发展史中也得以体现。烽火台是最早的数字光通信中继系统，而飞鸽传书也与移动性分集的思路不谋而合（见下图）。为了破除"历史虚无主义"，充分展示中华民族自古以来的科技贡献，我们在课堂中对中华文明对通信的历史贡献给予充分重视，努力提升学生的"文化自信"，培养通信人的民族自豪感,并勉励学生在中华民族伟大复兴的历史洪流中,做出当代中华文明对通信与网络学科的历史贡献。

烽火报警与飞鸽传书

案例四:国防和公共卫生中的通信技术

在现代战争中,信息化手段扮演着决胜千里的重要角色。战场通信具有非合作的对抗环境,使通信技术面临着新的挑战,即干扰和窃听。我们在信息论这部分的教学中,从经典的加性白高斯信道出发,引出通信对抗的模型,并用博弈论证明理性对抗对象下的平衡点。同时,还曾布置大作业,让学生在编程对抗中体会这一环节,培养对于国防建设的责任感。2020 年,为体现通信技术在疫情防控中的意义,介绍了一种可用于疾病检测的分布式信源编码(见下图),激发青年学子的社会责任感与使命感,鼓励他们到祖国最需要的地方去。

案例五:清华大学绵阳分校对我国数字通信事业的贡献

清华大学电子工程系(原无线电电子学系)是我国最早开展数字通信技术研究的单位之一,曾设立微波与数字通信技术国家重点实验室、数字电视国家工程实验室等(后并入国研中心)。20 世纪 70 年代,无线电电子学系根据上级安排西迁建设清华大学绵阳分校,为我国 PCM 编码机、某靶场数传机、川气输送数字微波中继等做出贡献。

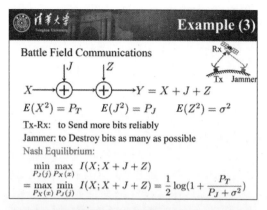

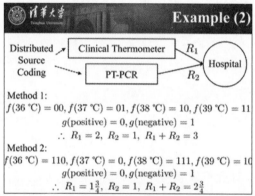

战场通信与疾病检测

本课程前身"现代通信原理"课程的教材,大量内容源于作者曹志刚教授在若干早期数字通信项目中的实践。通过向学生介绍清华大学绵阳分校在我国数字通信事业中的历史贡献,进而引出对"西迁精神"的介绍,勉励学生"胸怀大局,无私奉献,弘扬传统,艰苦创业"。

案例六：时分复用

在"通信与网络"的多址和复用技术时,时分复用作为数字复接时代最为重要的技术,是我国 20 世纪七八十年代需要解决的核心问题。在讲授复用技术与知识点的同时,结合当时的时代背景来进行思政教育。1976 年中央提出了"川汉工程"建设,要将四川的天然气通过管道输送到华中重镇武汉,按工程要求,必须有一个配套的通信工程。这一工程要求从现代数字通信网的发展要求出发,将进一步减少数字通信复接抖动列为重要研究课题。当前很多方案都不符合要求,成了一个亟待解决的世界难题。清华大学电子工程系接手"川汉工程"研制的科研人员有七八位老教授,他们经过四年多的努力,成功地解决了抖动偏大的问题,这项发明称为"模型法正/零/负码速调整复接技术及其复接器"。这项发明远优于国外同类产品,领先国际水平,于 1987 年获得国家发明二等奖,1988 年获得国家发明专利。老教授们进一步把这一技术交给了学校,清华大学为开发该产品成立华环公司,大批量生产"二、三次群单板数字复接设备",经济效益相当可观,产品也获得"国家级新产品"和"北京新技术开发拳头产品"等称号。通过案例进行教学,可培养学生的科技情怀和爱国主义精神。

案例七:移动通信国际标准发展

自 1991 年第一代移动通信网络开始建设,中国的手机网络经历了从 1G 到 5G 的发展过程。30 多年来,随着我国逐步掌握移动通信的核心技术,国外企业对我国手机用户收取的授权专利费大幅下降,专利费从占手机售价的 12% 下降到 3.25%,并且在 5G 时代我国企业开始向全球各国手机用户收取授权专利费。钟晓峰老师在讲授 TDD 双工与 TD 多址技术原理的课堂上,使用这一教学案例,引导学生思考独立自主的科学技术对国家经济发展的关键作用,建立学生在信息产业领域的民族自信心、自豪感、自强精神。

6.2.9 "固体物理基础"课程思政

电子工程系设有电子信息工程和电子科学与技术两个本科专业,"固体物理"是第二个专业的基础课程。课程组的思路是从激发学习动力,注重知识体系入手,一方面让学生认识到学习固体物理的重要性和必要性,提高学生学习本课程的积极性和热情;另一方面梳理知识体系结构,帮助学生更好地掌握本课程的内容。黄翊东老师根据授课的实际情况重新编写了教材,曾经作为讲义试用了多年,现已正式出版。

这里分享两个课程思政案例。

案例一:激发学习动力

从两个角度让学生理解学习固体物理课程的必要性。一方面,从当前大家普遍关注的人工智能等热点入手,阐明任何一种智能系统都是通过各种电子/光子器件实现的,只有了解电磁场与物质相互作用的规律,才能设计出具有各种功能的器件,构建起满足实际需求的系统;另一方面,让学生意识到自己担负着发展国产芯片,摆脱"无芯之痛"的责任,要具备在芯片领域从事研发工作的能力,首先要学好固体物理和半导体物理。

案例二:注重知识体系

课程组在授课过程中,力求把固体物理的知识体系化、结构化。运用量子力学的理论,以薛定谔方程贯穿始终,描述原子结合、晶体结构、能带理论、晶格振动等固体物理学的核心概念和理论;在此基础上,推导出固体的电学、磁学、热学、光学特性及其在器件中的应用。把固体物理纷杂众多的内容梳理成一张关系图,帮助学生理解固体物理的知识结构以及各个概念之间的相互联系。

6.2.10 "媒体与认知"课程思政

1. 把握百年历史机遇

近代以来,中国经历着数千年未有之大变局,面临数千年未遇之强敌。中华民族生死一线、不绝如缕,无数仁人志士舍身求法、为国捐躯,求真探索,寻求救亡图存之道。事实证明,只有中国共产党带领中国人民进行的中国社会主义的探索改变了近代以来中华民族跌落深渊的命运,终使得中华民族得以自立于当今世界民族之林,迎来了前所未有的伟大复兴的光明前景。

中国社会主义道路是前无古人的探索,是充满着激流险滩,充满不确定性的伟大长征。中国社会主义道路探索已经经历了革命、建设、改革的三个历史阶段(三个三十年),新世纪的第一、二个十年之交进入了新的历史阶段。21 世纪的第一、二个十年之交,全球大势与国内局势都正发生着深刻的结构性变化,中国从国际舞台的边缘开始走向中心,中国的社会主义道路探索进入新的三十年。

党的十八大以来,中国取得了一系列历史性成就。中国国家战略发生了具有深远意义的转折,国内经济发展形态深刻变革,适应并引领经济新常态,推动经济转型升级,驱动力向创新转移;政治生态深刻变革,全面推进从严治党;在全球战略深刻变革下,开始推进充分发挥领导力的超越策略。随着党的十八大以来一系列战略变革举措的推出,中国已经成为勇立时代潮头的弄潮儿,这不但将改写中国发展的历史轨迹,也将改写人类的历史进程。

2. 秉持科技报国情怀

"媒体与认知"是与国家重大应用紧密结合的课程。在授课过程中,我们始终围绕政治认同、家国情怀、文化素养、科技强国、知识报国等重点,突出课程思政内容,提升教师和学生重视思政建设的意识和能力,坚定学生理想信念,切实提升立德树人的成效。

同时,结合当前国际科技的发展,一方面让学生看到我国改革开放 40 多年所取得的伟大成果,让学生了解科技对中国梦的实现所起到的支撑作用;另一方面也让学生了解,当前我国科技水平,特别是在人工智能领域,与世界先进水平存在的差距(介绍"卡脖子"技术等),激发学生学习科学知识、投身科研事业的激情和动力。

在此基础上,我们结合"媒体与认知"课程教学,鼓励学生学习科学知识,发挥创新能力,激发学生创造力。通过课程思政,就是让学生明白一个道理,为什么学,为谁学,怎么学,学了以后如何为国家做贡献。

3. 立志人工智能创新

在"媒体与认知"课程的开篇即人工智能概述和导论部分,我们为学生介绍国家制定的"新一代人工智能发展规划",力争将学生思政教育与新一代人工智能素养提升相互融合,互为促进。

思政教育目标立足于"志向高远,科技报国"的创新人才培养。教师在课堂上以"科技报国情怀,践行智能产业"为主线,结合新一代人工智能发展,向学生介绍当前国际上最新的人工智能和媒体与认知技术发展,同时说明我国在人工智能上尚且存在的不足和需要赶超的领域。在课堂教学中潜移默化地激发科技强国斗志,弘扬爱国主义精神,让学生深刻意识到自己就是实现中华民族伟大复兴伟大进程的预备军、参与者和推动者。

课程以媒体信息技术,认知心理学和认知科学,人工智能,机器学习,计算机视觉的过去、现在和未来为内容背景,向学生介绍和展示媒体与信息技术领域的研究发展以及国际上最前沿的研究成果,使学生不仅掌握媒体与认知和人工智能理论与方法的最新前沿,了解国情,展望世界,同时激发爱党、爱国、爱科技的学生情怀,提升学生学习和自主学习的热情。为国家培养具有人文素养、文理工融合、创造力丰富的创新型科技人才,为清华成为世界一流大学打下坚实基础,培养杰出人才。

在授课期间,通过对本课程知识内容重新组织编排和提炼升华,并有机结合思政元素,在课程教学中导入"把握百年历史机遇,秉持科技报国情怀,立志人工智能发展"的新思维,不仅可以强化教学整体性,给学生建立大局观、全局观,同时还将课程思政的要素导入其中,做到大局有高度、全局有广度、细节有深度,体现了"授业、传道、解惑、育人"的理念。

6.3 限选课课程思政建设实践

电子工程系开设了近30门专业限选课,学生通过核心课打下了宽而厚的专业基础,而限选课则开拓了学生的视野和思维,为学生自身的兴趣和就业预期开辟了广阔的选择空间。在限选课课程思政建设方面,各门课程都进行了深入探索。

本节从厚植国家意识、弘扬科学精神、培育专业素养、滋养人文情怀和拓展国际视野 5 方面对限选课中理论课程的思政建设进行了初步总结。

6.3.1　厚植国家意识

将课程思政与课程教学深度融合,积极挖掘课程教学内容中所蕴含的思想内涵和精神价值等思政元素,厚植学生的家国情怀,是各门限选课普遍的做法。

"数字信号处理"以讲故事的方式有机融合科学素养、辩证思维、工匠精神、爱国情怀等思政教育要素,在帮助学生不断提升专业素养的同时激发学生的责任感与使命感。将国家需要与课程教学内容相结合,通过介绍讲解课程相关知识在北斗导航系统、远程预警雷达等国家重大需求中的应用,一方面激发学生的爱国主义热情,另一方面引导学生在未来职业规划中将个人发展与国家需求相结合,到国家最需要的地方去建功立业。

"操作系统"在绪论部分向学生介绍为什么要学习操作系统时,首先回顾了习近平总书记《在中国工程院一份建议上的批示》(2013 年 12 月 20 日):"计算机操作系统等信息化核心技术和信息基础设施的重要性显而易见,我们在一些关键技术和设备上受制于人的问题必须及早解决。"随后向学生介绍了国产操作系统的发展过程,尤其是我国操作系统长期处于落后状况的现实困局,以及中国科技工作者为发展国产操作系统付出的巨大努力,包括麒麟和鸿蒙操作系统取得的成绩,激发学生为未来担当操作系统研发重任而努力学习的热情。

在"信息光电子学基础"课程中,结合国家重大需求,引发学生探索兴趣。光电子学在当代社会经济领域扮演着极其重要的角色,在满足国家重大需求方面发挥着举足轻重的作用。例如,高端光刻机目前已经成为国家的"卡脖子"问题,美国等西方国家的针对性制裁已经对我国国民经济的众多领域产生了直接的影响。光刻机中的 EUV 激光光源和光学镜头都是光学、光电子研究的对象。EUV 通过 CO_2 激光器照射金属液滴生成等离子产生,虽然这一技术原理上清晰,但 EUV 对 CO_2 激光器的加工制造有着极高的要求,只有深入了解激光器中每个关键器件的工作原理,结合各种激光器的工作特性,才能深刻认识一个具体的激光器系统;光学镜头在设计方面虽然可行,但加工装配过程的精度又受到国家基础工业能力的限制,课程中介绍多家单位在光刻机方向的工作进展,让学生体会到掌握科学原理仅是最基础的要求,爱国绝对不能停留在口头上,为解决光刻机此类的国家重大需求,在工程科学和工程实践中有更具体深入的问题需要付出更多的心血。

在美国对华为、中兴等国内通信企业多轮制裁的背景下,"通信信号处理"课程的思政建设聚焦于培养学生对无线通信在人类社会发展中重要作用的深入认识,帮助学生全面了解中国在本领域取得的巨大进步,并正视当前在通信芯片等领域的水平差距,激发学生打破西方制裁、追求卓越创新的动力。具体而言,一方面,本课程从无线通信技术的演进历史出发,结合各国无线通信系统的研发和应用实例,帮助学生建立无线通信在国家发展战略中重要性的清晰认知。进一步地,在前沿通信技术的讲授中,使学生深刻地感受到中国从 2G/3G 落后、4G 追赶到 5G 领先,在无线通信技术发展中所取得的成就,培养民族自豪感,并树立为中国无线通信事业蓬勃发展添砖加瓦的崇高理想。另一方面,课程直面当前无线通信发展的短板,系统性地剖析整个无线通信系统的瓶颈问题,让学生正视当前国内科技水平与西方发达国家之间的差距,激发为中华民族伟大复兴而奋斗的责任感和使命感。

在"射频通信电路"课程中介绍了频谱资源的频段划分和各频段的主要应用,一是在介绍通信领域的应用时,介绍了我国在 4G、5G 方面的重要贡献;二是在介绍雷达、气象、测距、定位方面的应用时,介绍了我国建立的北斗导航卫星系统及北斗精神;三是在介绍射电天文方面的应用时,介绍了我国建造的 500 米口径球面射电望远镜(FAST)及南仁东学长的贡献,"天眼"工程除了用于天文观测和研究以外,还带动了天文知识的科普和旅游业的发展,等等。通过这些介绍,一是强调课程所讲授知识的重要性,二是增强学生的自信心,三是引导学生学习老一辈科技工作者的宝贵精神,四是增强学生的社会责任感。引导学生认识到,自己努力解决的科学技术问题的实际应用,可以进一步加强国防建设、推动国家发展和社会进步,推动经济发展,扩大就业,一些辐射效应还可以进一步惠及民生,造福人民,从而鼓励学生投身到解决国家重大需求和社会经济发展所面临的科技问题的工作中去,推动科技进步。

"语音信号处理"这门课和信息时代的发展紧密相连,在课程中穿插介绍中国语音识别发展的历史和所取得的成就,鼓舞学生增强学习信心,为投身到信息时代的洪流中做好准备,为国争光。

在"通信系统"课程中,贯穿了思政建设的内容。从广播电视技术、设备、系统乃至网络核心技术的出现与产业发展的角度,介绍了我国在该领域的长足发展:在模拟电视时代,我国广播产业与国际先进水平相比,有 20 年的"跟随"差距,而随着改革开放、中国国力的强盛、我国自主科技力量的逐渐形成以及研发与产业水平的不断提高,我们在第一代地面数字电视标准形成的过程中,通过自主创新,形成了具有完整自主知识产权、性能较国际上同类标准优越的 DTMB 技术方案,并通过与企业合作,完成了DTMB 的产业链建设,在"一带一路"国家成功落地,实现了中国"技术、标准、产品和文化"的综合输出。通过艰苦卓绝的努力,成功地将国际先进水平的"代差"缩短到了约10 年。而随着我国科技工作者的不懈努力,特别是清华大学数字电视团队技术上的勤奋探索和精益求精,成功完成 DTMB 标准的升级版——DTMB-A。需要说明的是,在第一代地面数字电视传输标准中,中国标准是最后出台的;而在第二代地面数字电视传输标准中,中国标准 DTMB-A 是国际上第二个出台的,是实实在在地从"跟跑"到了"并跑",这是中国的骄傲,也是清华人的骄傲！而且,DTMB-A 的性能与国际上第二代其他标准相当,继续占领了广播电视传输领域的技术制高点。同时,结合团队在这个工作过程中成长的经历,帮助学生深入了解新的历史时期对人才综合素质的要求——不仅要动脑、动口,更要动手！通过具体事例,向学生展示了清华人身上"甘于寂寞、艰苦奋斗"的大国工匠精神,鼓励学生继承老一辈清华人的责任感和使命感,为中国科技事业的发展贡献出自己的聪明才智。

在"光通信技术"课程中,通过介绍我国近三十年的光通信发展史,以"巨大中华"为代表的企业在电信产业界的崛起,以及电子工程系光电子所在光通信技术发展方面进行的创新和人才培养等多方面,展示我国信息产业翻天覆地的变化和对人民群众生产生活的影响。

在"通信原理概论"课程中,使学生了解我国通信产业从无到有、从落后到引领所需解决的重大问题和所取得的重大成就,并为学生指出未来通信产业的新挑战和新难题,激发学生为祖国通信和信息产业贡献力量的志趣。

6.3.2　弘扬科学精神

改革开放以来,特别是党的十八大以来,我国取得的举世瞩目的科技创新成就,离不开对科学精神的大力弘扬。弘扬和培育科学精神,是课程思政建设的重要内容。

"天线原理"课程围绕天线理论与技术实践的历史,从电磁场相关理论到麦克斯韦方程组,从天线理论到电磁波收发实验,再到跨洋无线通信系统的实现,帮助学生全面认识天线领域的发展历程,从而更深切地理解科学与技术发展的客观规律,培养学生的辩证唯物主义认识论,以及认识问题、分析问题和解决问题的思维方法；此外,课程中还结合行业领域中的先进个人与事迹,帮助学生深入认识祖国建设发展中的工作先驱,领略他们艰苦奋斗、敢为人先的精神风貌,体会社会主义建设中时代榜样的家国情怀,培养学生精益求精的大国工匠精神,激发学生建设祖国的责任感和使命感,激励学生继往开来、不懈奋斗。

"数字图像处理"课程以全方位、全历程的路线为主干,以人工智能、计算机视觉、图像分析、机器学习的发展作为引线,展示这些技术发展的过去、现在和未来的路线和趋势,向学生介绍和展示数字图像处理技术如何为人类社会发展带来巨大的推动作用,例如,CT 的出现为现代医学的诊断奠定了基础。同时,在授课期间,通过此类对本课程知识内容的重新组织和升华,并有机结合思政元素,在课程教学中导入"把握百年历史机遇,秉持科技报国情怀,呈现更加清晰准确的图像,立志推动国家科技迈上新台阶"的新思维,不仅可以强化教学整体性,帮助学生建立全局观、大局观、发展观,同时还将课程思政的要素导入其中，做到全局有高度、细节有深度、未来有广度，进而体现"授业、传道、解惑、育人"的理念。

"数字系统设计"课程从创新模式的角度，阐述前沿技术的性能释放方向，鼓励学生解放思想，站在巨人的肩膀上做开拓性的研究。随着摩尔定律的失效，仅靠工艺进步释放的性能红利近年来也越发难以满足人们的需求。算力、带宽、能耗等要求的增长永无止境，这就要求我们从其他思路和角度进行创新。本课程讲解了电路设计层、微架构层、先进封装层赋能的异质集成架构层等方面带来的机会与挑战，在丰富学生眼界与知识的同时，鼓励学生在遇到既有路线无法解决的难题时，要勇于从新的角度迎难而上。

在"信息光电子学基础"的课堂上，除了讲解最基本的学科基础，同时也会寻找合适的时机向学生介绍学科前沿，激发学生的学习热情和探索精神。例如，在学习激光器谐振腔时，会根据几何构型决定模式的结论，向学生介绍微纳激光器；在学习 KK 关系时，会在课堂上讲解快光、慢光技术；在学习雪崩探测器时，会介绍量子计数探测技术和光量子通信；在学习速率方程时，会介绍光学混沌保密通信技术。利用课堂所讲授的知识，能够通过最简单的过渡让学生迅速抓住某个前沿技术的物理学精髓，破除对专业名词的神秘感，在激发学习兴趣的同时让学生能体会到掌握基础知识的重要性。在课堂的讲解中，重点讲述陈创天院士率领我国人造光学晶体领域科研队伍技术封锁美国 15 年的故事。在国家经济和科技基础并不发达的年代，陈创天院士提出"非线性光学效应的阴离子基团理论"，随后数十年如一日，从理论走向工业实践，一步步开发出 BBO、LBO、KBBF 等性能优良的人造光学晶体，并使我国在此领域中长期处于领先世界的局面。这一事实不但会激发学生的民族科技自豪感，而且通过陈院士艰苦奋斗的故事，更能为学生树立光辉人格的榜样。正如陈院士所说："我这一生始终能保持乐观向上的态度，养成遇困难不低头，遇权威不屈服的良好性格，即使是在最困难时期，我也坚信在共产党的领导下，中华民族必有立于世界民族之林的能力。"

在"统计信号处理基础"课程中，通过介绍最大似然估计、卡尔曼滤波、贝叶斯原理等理论的发展历程，学生可以更好地理解学科知识的演进过程，增强对科学发展的认识和理解，学习研究人员的奉献精神。

在"现代计算机体系架构"的绪论部分向学生介绍了计算机体系架构的发展历史。处理器的运行范式从单周期到多周期，再到顺序和乱序发射的流水线，遵循一种循序渐进的发展历程。每个阶段均在前一阶段的基础上有所创新，这些创新积少成多，最后实现了处理器计算性能的极大进步，这一发展历程可以激励学生勇于在现有技术基础上大胆创新。本课程还注重讲述计算机在国民经济中发挥的重要作用。在信息产业已成为众多产业中最活跃、最有生命力的先导性产业的当下，作为信息产业基石的计算机处于核心技术竞争地位。我国计算机事业起步较晚，目前综合水平与发达国家仍存在差距,因此实现计算机架构设计的自主可控,对于我国具有重要意义,本课程注重激发学生发展计算机体系架构的热情。

"模拟电路原理"课程通过调研和设计这两个环节,不仅使学生加深了对课堂知识的理解和掌握,培养了学生钻研、创新的精神,而且使学生开阔了眼界,提高了学习兴趣。从问题的提出、调研,到实际的尝试、总结,在这个过程中,学生感受到了不同方面收获的喜悦:通过努力解决了问题,搞清原来不懂的疑惑;课堂上所学的知识在实际中得到了运用,很有成就感;遇到挫折,体验到科学研究的艰辛;感到知识不够,激发了刻苦学习的斗志。学生在分析问题、解决问题、总结归纳、与人合作等多方面得到了锻炼和提高。

6.3.3　培育专业素养

使学生在课程学习过程中体会世界观和方法论,提高科学素养,是专业课程教学的一项基本任务,同时也是课程思政建设的重要内容。

在"通信电路"课程教学中坚持科学的世界观和方法论,引导学生在通信电路原理学习中能够正确地发现问题、分析问题、思考问题和解决问题,增强学生勇于探索、善于解决问题的能力。本课程向学生展示了一个解决问题达成目标的基本思路:要实现远距离的有效的信息传递,就需要解决其实时性和无失真问题;采用射频电磁发射实现实时性,采用特定结构的射频收发信机实现无失真透明信息传输时,其结构、构成模块本身具有各自的核心问题,需要进一步解决。这种分层次地、不断地抓住主要矛盾解决核心问题的过程分析,培养了学生层层递进、步步深入挖掘问题解决问题的能力,为培养高素质人才打下了良好的分析问题、解决问题的基础,进而为科技发展、科技创新做好人才储备。

"数字系统设计"课程从工业技术史的角度,阐述不同方向技术跨层次融合的趋势,鼓励学生以开阔的视野跳出原有的研究范式。计算机系统的分层研究是过往几十年的研究范式,但是在直接面向消费者的工业界,数字芯片的设计越来越与具体的应用相耦合,模糊了既有研究方向的边界,这在对性能具有更高要求的手机产品上尤为明显。本课程以此为例,讲述技术跨层次交叉融合在未来发展中的必要性。具体以软硬件协同优化为例,通过这样的设计哲学讲解,学生将更具有打破原有研究边界的意识,在未来更可能成为掌握跨层知识,具有领导意识的复合型人才。

"信息光电子学基础"课程突出学科发展脉络,体现科学发展过程中的自然辩证思想。首先,科学上对光的本性的渐进认知过程,体现了自然辩证法思想。在人类认识光的本性过程中,经历了从主观到客观、从粒子到波动、从波动到波粒二象性的渐进式、螺旋式发展过程。科学家在不同历史阶段,由于实验上的突破,为解释这些实验中新产生的现象而不断重新思考光的本性。从其他科学领域产生的知识在不断融入光学、光电子科学中,从光学、光电子领域产生的知识也不断外化和促进其他知识领域的发展。在课程的讲解中,会有意识地针对不同章节加入相关科学发展史的讲述,让学生认识到知识本身是一个永远处于变动和发展中的对象,需要一切从实践出发,根据实践来改进对知识的认识,从而形成科学上的突破。例如,在讲解受激辐射时,会从普朗克为何提出量子概念出发,引出电灯所引起的产业革命是如何把黑体辐射这一问题推向学术界的发展过程,进一步讲述量子论又是如何启发爱因斯坦发展出受激辐射这一重要概念,而这一概念又是如何在数十年之后发展出激光器以及庞大的激光相关产业,从根本上改变人类生活的。其次,光电工程中的主要矛盾和次要矛盾的转化。在知识和生产实践的不同环节上,主要矛盾和次要矛盾通常都是在动态转换的。在科学研究领域,主要矛盾体现在新原理的提出和验证;而在生产实践领域,又往往体现在如何保障新原理所体现的事物正常工作。例如,光纤是人类科技进步的重要体现。在科学方面,全反射构成了光纤的科学基础。围绕这一基础逐步发展出了光纤损耗理论、光导波理论,这些内容构成了知识领域针对光纤这一对象的主要矛盾;而在光缆生产制造领域,主要矛盾转化为如何通过 CVD 方法制造预制棒,如何在拉制过程中避免PMD,如何在海洋光缆上实现更好的密封性和抗压性等工程问题。学生在课堂上学习到的往往是知识层面的主要矛盾,而忽略了其他一些次要矛盾。课程通过各种实例的讲解让学生认识到在科学研究和生产实践中矛盾会产生转化,要学会站在更宏观的角度审视各种矛盾。

"模拟电路原理"课程在讲到晶体管器件模型和近似条件时,概括出了两点特性,即"近似性"和"局限性",并强调这两个特性是工程问题的共性。现实中的问题都不是理想的,解决的手段往往需要建模,但无论什么模型都是有适用条件和边界的,误差也是在所难免的,只要能解决问题,有些误差是可以接受的,而且模型的精度也是在实际应用中不断修正的。告诉学生要能接受不完美,在不完美中解决问题。

"现代计算机体系架构"课程向学生介绍了"器件—电路—架构—算法"的跨层次协同创新理念,说明技术的创新不应只局限于某一单一维度,而要注重与之相关的不同维度之间的协同影响关系,进一步拓宽了技术创新的思路。该创新理念启发学生跳出单一维度的局限,在做研究时将目光着眼于整体,寻找协同创新的方法。

"统计信号处理基础"课程介绍了统计信号处理在通信系统、雷达系统、图像处理等领域的应用案例。通过介绍实际应用场景,学生可以更好地理解所学知识在解决实际问题中的作用,培养对应用需求的敏感性。

"射频通信电路"课程在讲授微波电路所用的微波半导体器件时,介绍了相关器件的发展历程。比如在介绍典型的微波晶体管时,介绍了高电子迁移率晶体管(HEMT)的发明者日本富士通的三村隆史(Takashi Mimura)在 2002 年时发表的文章中介绍的高电子迁移率晶体管的早期历史,说明了一种新器件的想法是如何产生和发展到商业化的,帮助学生更好地理解科学技术发展的客观规律,培养学生认识问题、分析问题和解决问题的思维方法。在介绍微波电路 CAD 技术时,介绍了常用的微波电路优化技术,涉及局部最优化方法——梯度法、全域随机优化法和遗传算法,以及适用于批量生产的中心值优化法等,在讲授这些算法的特点、差异、适用范围等知识的同时,引导学生对人生和思维方法的思考。

6.3.4　滋养人文情怀

如何强化人文关怀,更好地促进学生全面而自由的发展,是课程思政的重要课题,清华大学电子工程系的限选课在滋养人文情怀方面进行了许多有益的探索。

"通信电路"课程在绪论部分首先说明通信也就是信息交换对个人和群体生存的重要性,指出实时性和无失真是远距离通信有效性的主要矛盾。

"数字信号处理"找准学科知识与思政教育的契合点,实现教学过程中价值性与知识性的统一,在提升教学质量的同时实现课程思政与课程教学的同向同行,达到润物细无声的思政教育效果。

"数字图像处理"在授课过程中希望让学生懂得一个道理,那就是为什么学,为谁学,怎么学,学了以后怎么为国家做贡献。在"数字图像处理"课程的开篇,介绍大量的最新发展动态的技术案例,为学生介绍数字图像处理在我国工业质检、智能交通、无人驾驶、平安城市、机器人应用等各行各业应用的实例,以及为产业、社会、人民生活所带来的积极作用,让学生将思政教育与国家经济发展和人民生活水平的提升建立起有机的联系。

"信息光电子学基础"课程面向教育为谁培养人的问题,激发民族产业和科技自豪感。我国是光通信设备和器件的产业大国,以华为为代表的光通信产业力量正在将我国变成光通信产业强国。课程中,会在各个环节穿插讲解我国在光通信产业上的立体布局状况。例如,在讲述高斯光束内容时,会介绍光器件领域光迅、旭创、海信等国内光器件公司的发展;在讲述光纤时,会介绍长飞光纤、烽火通信在光纤光缆领域的发展;在介绍系统时,会介绍华为、烽火、中兴等设备厂商的发展。经过几十年的技术积累和艰苦创业,老一代科学家和企业家从奋力追赶、填补空白逐渐发展到核心攻关、技术引领的阶段。我国运营商也在这一发展过程中逐步实现了国产设备厂商的逐步替代。通过这种叙述方式,让学生了解了我国在光通信光电子领域中产业发展方面的真实情况,引导学生毕业后能够发挥技术特长,到产业中最需要的岗位上去报效国家。

"编码引论"课程从通信中与编码相关的问题的产生、解决方法的形成过程出发,一方面培养学生在专业知识和问题处理方面的能力,另一方面也渗透体现本学科在与国家和人类社会发展的历史与进步中的作用,以期激发学生为国、为社会服务而努力

学习的动力,并通过具体的课程教学活动环节,提升学生的责任意识、团队协作、诚实守信等思想道德水平。具体做法包括:

(1) 在学科问题的引出过程中,引用实际社会发展、人际交流、生产生活、国防等需求的例子,使学生不仅建立起所学知识与社会需求的联系和兴趣,同时引导学生对实际社会活动的认识和理解。

(2) 在课程组织上,安排组队完成有一定挑战性和探索性的任务,要求明确分工,在汇报和最终个人报告中清晰体现个人贡献、他人贡献,以及对整体任务的理解和认识,以此培养团队协作精神、责任意识、对他人贡献的尊重,以及全局意识。

(3) 结合部分专业知识点,引申到社会现象、为人处世,以及责任、道德方面的讨论,激发学生更全面的思考。

在"语音信号处理"课程中,对学生独立完成作业的要求更是严格执行,宣布允许学生试错,错了只要改了就好,但是绝不允许抄袭,发现抄袭作业成绩即 0 分的要求。对于完成大作业的每个学生,授课教师都亲自面谈检查大作业的成果。发现错误的及时指出并要求重新修正,对大作业完成较好的学生给予鼓励和表扬,激发学生的成就感和荣誉感。

6.3.5　拓展国际视野

随着科技的进步和经济的全球化,世界各国之间科技交流越来越密切,具备开阔的国际视野和较强的国际竞争能力是拔尖创新人才的重要素质之一。为此,电子工程系的各门限选课在拓展学生的国际视野方面进行了许多探索。

"数字图像处理"课程讲述了一个生动的实例。哈勃太空望远镜于 1990 年 4 月 24 日在发现号航天飞机上发射,一天后部署。哈勃太空望远镜的主要任务是:探测宇宙深空,解开宇宙起源之谜,了解太阳系、银河系和其他星系的演变过程。自 1990 年 4 月发射上天以来,哈勃太空望远镜向世人奉献了无数壮观的宇宙画面。这些照片不仅被刊登在了报纸、杂志以及天文学教科书上,还出现在了唱片封面、广告、T 恤、咖啡杯以及电影场景中。这些照片也激起了公众对天文学的空前兴趣,由此产生的对世俗文化的冲击是近代其他任何一架天文仪器所无法比拟的。美国宇航局于 2021 年 12 月 25 日发射詹姆斯韦伯太空望远镜。于 2022 年 1 月到达目的地,5 月完成望远镜的镜子校准。它横跨 21 英尺(约 7 米),成为哈勃的继任者——人类新的宇宙探测的新装置。通过这样一个例子指出,人脑接受外界信息的 80% 是通过视觉信息获得的。图像是视觉信息的最主要载体,视觉信息最为重要,而图像作为视觉信息的重要载体,图像的获取与处理,是人类获取视觉信息的重要手段。想象一下,如果没有哈勃太空望远镜,没有韦伯太空望远镜,人类又如何能够看清、看准宇宙太空的客观世界呢。在"数字图像处理"课程中,介绍了国际上最前沿的研究课题,使学生不仅掌握数字图像处理的理论和方法,同时掌握国情,展望世界,激发学生爱党、爱国、爱科技的人文情怀,增强学生学习和自主创新的热情。通过思政导引,学生的学习热情很高。

"操作系统"课程指出操作系统是 IT 产业竞争的制高点。当今处于全球垄断地位的三大操作系统所属企业苹果、微软和谷歌把持着整个产业竞争的制高点。可以说,谁主导操作系统,谁就占据互联网与 IT 产业链的顶端。我国的核心 IT 企业若要具备全球竞争实力,占领产业制高点,部署操作系统战略是必要的选择,也是实现赶超的关键路径。

"射频通信电路"课程在介绍本课程上机仿真实验所用的美国是德科技有限公司(Keysight Technologies)的微波电路仿真软件 Advanced Design System(ADS)时,通过介绍本课程获得该软件使用许可的历史,介绍了微波与天线研究所高葆新教授开发并商用的同类软件的发展历史,说明了发展国产软件的重要性,以激发学生不甘落后、发愤图强的爱国奉献精神。

"数字系统设计"课程从科学史的角度阐述了技术的诞生背景及发展趋势,鼓励学生把握主流,做国家及社会需要的研究。先进科学理论的实际落地应用,离不开底层技术的积累及市场的广泛需求。过去十年,Alpha-Go 及 AlexNet 先后引爆了人工智能在产业界及学术界的研究热情,而这一切的基础,都来自数字芯片设计技术带来的算力进步。本课程以此为切入点,鼓励学生研究技术进步历史,把握关键技术的诞生原因及路径,争取未来具有重大价值的原创性技术能够率先诞生在中国。在以 ChatGPT 为代表的大模型大规模发展的当下,讲授数字系统及智能芯片的设计更具有现实价值与意义。数字系统将是人工智能时代的基础设施,在可见的未来必将被国家和社会所需要。

6.4　特色鲜明的实验课课程思政

近年来,我国各高等院校日益重视课程思政在高校育人过程中的重要作用,但是课程思政建设往往集中在理论课程教学中,实验教学的育人功能经常被忽视。实验教学与课程思政的有机融合,可以有效加深学生对理论课的理解,增强动手实践能力,进一步推动清华大学"三位一体"教育理念的落实。清华大学电子工程系近年来在实验课课程思政建设方面做出了不懈的探索。

本节首先概况介绍了电子工程系在实验课课程思政建设方面的探索,然后分享了4 个案例。

6.4.1 实验课课程思政建设概述

电子工程系开设了 13 门实验课,按照系党委的要求,各门实验课都认真梳理了教学内容,挖掘课程知识体系体现的思想政治精神内涵,制定了各门实验课的课程思政具体方案。

实验课的课程思政建设,不仅要用直观的实验现象帮助学生理解抽象的理论知识,培养学生动手实验的能力,还要通过实验教学提升学生的系统意识、培养科学精神、树立发展观念。为此,电子工程系主要采取了以下措施。

1. 将"家国情怀"引入课堂,坚持教学和思政并重,积极引导学生建功立业

在"物理电子学基础实验"课程中穿插介绍我国在高端科研设备和精细加工设备在相当程度上依赖进口的现状,让学生了解在本领域我国在高端技术装备上的短板,引导学生关注国家重大需求。

"微波电路设计"课程通过介绍南仁东学长历经 8000 多个殚精竭虑的日子与近百次失败设计并最终完成 FAST,既介绍了课程相关背景及其重要应用,同时通过南仁东学长的先进事迹,引导学生在当前复杂的国际形势中思考如何树立人生目标,实现价值塑造的第一步。

作为目前广泛装备的无人设备,无人机近年来在抗灾求援、应急处突中密集亮相。在"智能无人机技术设计实践"课程教学中,以近几次无人机抗灾救援为切入点,在课程中将各种无人机视频、图片和模型引入课堂,并由此引出中国无人机领域从跟跑到并驾齐驱并有望弯道超车的历程。通过在不同环节穿插串讲小故事的模式,激发学生的家国情怀和对祖国发展成就的自豪感,进而引导学生确立科技报国的崇高志向。

2. 在实验内容规划中,引导学生建立起对课程的整体认识

在"电子电路与系统基础实验"课程中,把搭建心电图系统设置为新生的第一个实验,通过系统搭建,体会自顶向下的设计思路;之后再以"示波器上的万花尺"这一有趣的设计题目为目标,逐步开展单元电路的验证性实验与研究设计,最后完成整个系统。这样,学生可以体会到从电子元件到单元电路,再到整体系统的分析设计方法。

在"智能无人机技术设计实践"课程中,结合无人机方向工程实践丰富的现状,倡导"科研服务于教学"的理念,持续引导科研成果进课堂。主要包括:组织学生前往无人机试验外场现场参观无人机的飞行环境,强化学生对无人机的实操性,为学生快速上手使用无人机奠定基础;将科研积累的无人机飞行控制半实物仿真环境转化为教学实践环境,并开放接口供学生动手实践参与初赛;将科研开发的无人机平台、无人机飞控硬件和软件等作为教学的一手资料,使得课程具有极强的应用性和针对性;将实际飞行的视频和外场经历作为学生兴趣的激发点,使得学生对课程保持浓厚的兴趣;不断滚动团队的最新研究成果,如将基于卷积神经网络的图像识别、基于强化学习的多机协同决策控制等成果引入课堂教学中,同时引导学生阅读学术论文,使得学生对技术前沿保持关注。

3. 在实验教学中,致力于培养学生求真求实、勇于探索的科学精神

在"电子电路与系统基础实验"课程中测量二极管动态电阻时,学生会发现测量结果和理论结果有明显差别。本课程鼓励学生分析检查造成差异的原因,不要轻易否定自己的测量结果。最终,学生发现造成差异的原因在于课本中的理论模型过于理想化。学生由此知道,实践的意外,往往会成为重大发现的源泉。反之,对于编造实验数据来获得"好"的实验结果的不端行为,则会进行批评教育。

"物理电子学基础实验"在实验指导过程中引导学生综合运用学过的知识思考实际问题,鼓励学生多动手尝试从不同角度解决问题,以此培养学生好的学习习惯和坚忍不拔的工作精神。

"微波电路设计"会在课程中设计"陷阱",比如在低噪声放大器的设计中,确认电路的直流工作点。虽然这是一个很基础的内容,但是学生在实际的电路调试过程中,仍会出现直流工作点和设计不相符的情况。解决这个问题可以促使学生复习并进一步理解大一所学知识,同时在实践中实现。对于放大器的工作特性,诸如保证三极管在线性放大工作区的条件,学生也可能因理解不到位而出错。在实验环节,通过实际电路的调试,学生对相关的原理会有更深的理解。本课程特别提到,在教授过程中遇到的实际问题,有可能教师和助教都没遇到过,可以借此机会身体力行地给学生做示范,如何去确认问题的原因,从而解决问题,潜移默化,润物细无声,将课程思政融入课程教学。

在"光电综合系统专题实验"课程中,为了让学生更深刻地体会系统性思维,体会过程控制的重要性,课程有意识地强调同伴间的合作。为此,课程设计了小组 3 人合作共同完成一个项目的形式,同时将组员间的分工和配合作为课程考核的一个方面。在这个过程中,学生既要相对独立地完成自己的工作,又要让自己的成果能够服务于小组共同的最终目标。学生在这样的过程中生动而又深刻地领悟到什么是系统性思维,以及在"做大事"中合作的重要性。

4. 在课堂教学中,引入学科发展史的有关内容,实现历史与未来的交融

在"电子电路与系统基础实验"课程中,通过一些演示实验展示电子电路的发展历程,一方面向电子信息领域的先驱们致敬,另一方面告诉学生,正是新型元件等新事物不断取代旧事物,才推动了电子信息学科的滚动发展。事物的发展具有规律性,只有

了解过去,反思现在,才能更好地创新、引领未来。

"光电子技术实验"在介绍学科技术发展历程的同时,宣传中国科技发展的进步,激发学生的民族自豪感。比如中国在通信方面的硬件部署,在光量子计算和量子通信方面的重大突破,这些都让学生提升了专业认同度。

"物理电子学基础实验"为学生介绍总体光电子学在人类社会发展中起到的重大作用。在此过程中,注重介绍光电子学发展的重要成就及其对人类生活的贡献,其中穿插介绍我国在光电子学科领域的重要成就,以此引导学生认识到技术的发展与人类社会发展之间的密切关系,引导学生从解决实际问题的角度看待学术研究和学科发展,鼓励学生积极为国家建设做贡献。

6.4.2 案例1:智能机器人设计实践

2021年4月19日,习近平总书记在清华大学考察时强调,重大原始创新成果往往萌发于深厚的基础研究,产生于学科交叉领域,大学在这两方面具有天然优势。"智能机器人设计与实践"课程是典型的科学理论及工程技术相结合的学科交叉实战课程,以智能机器人作为载体,综合运用了之前所学的电路设计、软件编程、数据算法、信号与系统、图像处理等多门课程的内容。在机器人实践课程中推进课程思政建设,需要落实3方面。

(1)在课程的基础理论和知识框架体系中指出机器人领域的原创工作大部分为国外主导,帮助学生在邓稼先、于敏、王大珩等老一辈科学家家国情怀的感召下,树立将微薄的力量投入推动祖国繁荣昌盛事业的人生目标。

(2)任课教师的科研工作与智能机器人实践课程高度结合,回顾电子工程系在相关领域实现科学技术跨越发展的曲折历程,鼓励学生继承电子工程系创新奋斗的科研血脉,早日成为不畏艰难、敢于创新、执着探索、勇闯高峰的科研人。

(3)在机器人实践平台中,关键部件的核心模块大部分来自国外企业,据此引导学生思考外资企业仍然垄断市场的现状与根源所在,树立中国制造业必须在高端技术领域摆脱对国外技术依赖的信念。

课程教学组在机器人实践课程中,总结了以习近平新时代中国特色社会主义思想为根本指导原则的方针,引导学生理解和贯彻以下理念。

(1)协作/分工原则:体现改革创新为根本动力,以满足人民日益增长的美好生活需要为根本目的,坚持系统观念的习近平新时代中国特色社会主义思想。

(2)对象编码思想:程序中数据和逻辑交互完成演进的唯物主义基本原理及辩证关系。

(3)现场调试能力:立足实践,不断推动自身革新和发展的马克思主义世界观。

本课程致力于为构建终身教育体系服务,"形成全民学习、终身学习的学习型社会,促进人的全面发展"。"切实把外在的要求转化为内在的自觉,让学习成为一种兴趣、一种习惯、一种精神需要、一种生活方式"。在理论课的基本知识、识别算法、路径规划、AI 芯片与智能硬件系统 4 个环节中,对电子工程系的世界前沿科学成果进行了充分介绍,潜移默化地培养学生在科学技术领域的民族自豪感,支持学生构建新一代人工智能的关键共性技术体系实践创新,通过进行更广泛的知识交叉,在多学科、多方向、多目标上实现更加先进和综合的理论及应用,实施更加系统性的理论及实践内容;确保在课堂教学量不变的前提下,基于机器人平台形成围绕智能认知、智能服务、智能医疗、深度学习、脑科学等多学科前沿领域的知识培养,体现电子工程专业在学科交叉上的内涵和特色,提供更交叉、更系统的理论及实践内容,充分激发学生的科研志趣,树立成为机器人领域领跑国际的拔尖科研创新人才的远大志向。

"智能机器人设计实践"课程思政内容

课 程 内 容	课 程 思 政
第 1 章　机器人基本介绍(理论) 1.1　机器人历史发展 1.2　机器人基本原理 1.3　机器人应用	课程思政 1:纵观机器人行业的历史发展,机器人产业中的研发、制造、应用已成为衡量一个国家科技创新水平和高端制造业水平的重要标志。我国的工业机器人正由过去主要从事搬运、上下料等简单操作,向装配、打磨、抛光等高精度、高灵敏的精密加工场景扩展(面对我们的知识、能力、素质与时代要求还不相符合的严峻现实,强化活到老、学到老的思想,主动来一场"学习的革命",切实把外在的要求转化为内在的自觉,成为自己的一种兴趣、一种习惯、一种精神需要、一种生活方式)
第 2 章　图像处理算法与其在机器人中的应用(理论) 2.1　图像处理算法基础 2.2　图像处理算法原理 2.3　图像处理算法模块 2.4　图像处理算法应用	课程思政 2:学生需要掌握目前主流的图像处理算法,对图像处理算法的发展历史有深入了解,熟悉如 CNN、ResNet、DenseNet 等重要结构(当前国际人工智能领域的发展已经离不开中国科学家,如何恺明、谢赛宁等均为国内本土培养的图像领域顶级科学家,中国在世界科技领域的地位举足轻重,已经处于从量的积累向质的飞跃、从点的突破向系统能力提升的重要时期。以此激发学生刻苦学习科学知识并投身科研事业的激情和动力,让求真务实、报国为民、无私奉献的科研圣火代代相传)
第 3 章　路径规划与决策(理论) 3.1　感知与定位 3.2　规划与控制	课程思政 3:学生需要掌握目前常见的全局路径规划算法,如 Dijkstra、A/A* 算法、D 算法等(在路径规划中,引导学生思考通过数据和逻辑交互完成演进的唯物主义基本原理及辩证关系;在行为决策中,提示学生坚持实事求是,就是了解实际、掌握实情,这是进行一切科学决策所必需的也是唯一可靠的前提和基础)

课 程 内 容	课 程 思 政
第4章 AI芯片与智能硬件系统（理论） 4.1 AI芯片现状 4.2 智能硬件系统	课程思政4：对电子工程系的世界前沿科学成果进行充分介绍，潜移默化地培养学生在科学技术领域的民族自豪感（在神经接口专用芯片方面，成果应用于美国宾夕法尼亚医学院学者的研究中，在世界上首次提出并证实大脑具有主动调节学习策略，能够以最高效的方式获取"知识"。在智能无线传感网方面，电子工程系突破了长期稳定工作、高精度数据采集和智能评估的技术瓶颈，连续5年用于国家干线路网监测，出口至"一带一路"20多个国家，近3年新增20多亿元营收）
第5章 机器人物体识别（实践） 在解决机器人行动及动作设计基础上，在机器人系统中加入图像识别任务，针对相似但不同的目标进行准确区分	课程思政5：学生需要对目前主流的物体识别算法开展实践，如one-stage框架（YOLO系列）和two-stage框架（R-CNN系列）算法原理（在深度学习算法中领会"不忘初心、牢记使命"的道理，在训练模型的过程中，始终需要将图像特征与最终标签结果一一映射，永远"不能忘记为什么出发"，引导模型向正确结果迈进）
第6章 机器人穿越地雷阵（实践） 与图像识别进行结合，完成机器人路径规划与决策任务，在指定地图上实现最优路径决策与执行	课程思政6：学生需要构建全局路径规划、行为决策和运动规划3个模块解决最优化问题（在运动规划中，帮助学生认识到物质、运动、时间、空间具有内在的统一性，要求学生想问题、办事情都要以具体的时间、地点和条件为转移）
第7章 基于FPGA的物体识别（实践） 完成基于FPGA的机器人物体识别编程，任务包括算法精度和效率提升及软硬件协同设计开发	课程思政7：学生需要掌握FPGA原理，形成从处理器到综合系统的解决方案，并系统性思考与解决在有限算力的FPGA板上如何在精度和效率指标上进行有效提升和软硬件系统开发（促进学生掌握历史主动、坚定历史自信、勇于自我革命、增强斗争精神，将核心课的精华知识融会贯通，在未来阶段能够发现和聚焦自身科研领域前沿课题，综合运用多学科知识实现跨学科交叉融合，充分了解电子科学领域知识体系的内涵并进行外延，做到全方位、多层次、跨学科的创新）
第8章 最终考核（实践） 完成一段较为复杂的计时赛道竞赛，任务包括物体识别、路径规划、跌倒检测等之前考查的所有内容	课程思政8：开展设计实践大赛，学生在实验室首先开展模块级调试和系统级调试，调试通过后最终在大赛现场进行预演调试和计时竞赛，并邀请专家评分（作为一门实践课程，需要牢牢把握和贯穿立足实践，不断推动自身的革新和发展的马克思主义世界观，在不断试错→思考→试错→思考→成功的循环过程中，引导学生觉悟到真正先进的思想理论是高于实践的，发挥着对实践的引领性作用，而思想理论也来源于实践，是对实践的认知、反思与超越）

"智能机器人设计实践大赛"颁奖盛典现场

6.4.3　案例2：数字逻辑与处理器基础实验

2020年5月28日,为深入贯彻落实习近平总书记关于教育的重要论述和全国教育大会精神,教育部印发了《高等学校课程思政建设指导纲要》,要把思想政治教育贯穿人才培养体系。为了更好地解决教育是"培养什么人、怎样培养人、为谁培养人"这一根本问题,并从根本上将"立德树人成效"作为检验高校一切工作的标准,大学教育尤其是理工科专业要把开展课程思政建设作为根本贯穿在整个教育教学的过程中,要在"授业"的同时做好"传道",真正做到"立德树人"。

在现代社会,一个国家的强弱在很大程度上依赖于科技的进步,科技不仅是第一生产力,也是一个国家不遭受欺辱的重要威慑力量。而科技并非一朝一夕能成就的,需要一代又一代的传承,所以人才是科技的重中之重。手握利刃,若握利刃之人自私、贪婪,如同某些国家一样,必然会挑起战火;如若握利刃之人坚忍、和平,世界将会远离硝烟战火。源远流长,这个源便是做人的根本,只有根本正了,才能取得长远的发展,而学生的德育,就是这个源,只有让学生清楚地认识到我国的实际情况,从根本上树立高远的理想和为人民服务的目标才能走得更远。目前社会上存在着一股浮躁的风气,事事都以金钱为导向,深深地扰乱了学生的价值观,幻想着一蹴而就。如果受此影响,科学风气必定变得浮躁,而科学恰恰是最需要静心的学科,没有踏踏实实地做科学的态度,没有静下心地埋头苦干,没有日日月月甚至是经年的积累,是不可能取得成就的。所以树立了正确的理想还需要培养学生平静、坚忍的性格,任凭风浪起,稳坐钓鱼台,不要被时刻变化的外界环境干扰。时间不停流逝,世界终归是属于年轻人的,站在讲台上,看着台下学生明亮求知的眼睛,仿佛看到了我们国家的未来,如何将他们培养成为德才兼备、手握利刃、守护国家未来的有用之才,任重而道远。

理工科课程不同于人文社科类课程,通常具有非常强的专业性,课堂授课内容的知识点多。为此,理工科课程的课程思政需要深入结合理工科特有的课程特点,将"授业"与"传道"真正有机地融合在一起,而不是简单地在课堂上为了"思政"而空讲政治。

"数字逻辑与处理器基础实验"是一门动手能力要求很强的基础性电路设计实验课,也是电子工程系本科生的必修实验课。对于电子工程系的学生来说,动手能力的培养是至关重要的,工程实践能力应是电子工程系学生的必备能力。为此,实验课对培养学生工程实践能力起到了非常重要的作用。数字逻辑实验课与数字逻辑理论课相辅相成,学生在理论课学到了数字电路设计的基本方法,这些方法是现今数字集成电路设计方法、分析方法、优化方法以及各种 EDA 辅助手段的基础知识。同时,学生在理论课上还学到了最基本的 CPU 组成架构、工作原理、数据通路、软硬件配合等理论知识。而在实验课上,学生可以真正采用现在主流的数字电路设计方法与软硬件平台,实现对理论课学习知识的动手实践。

实验课中同样有一部分理论讲解环节,主要讲述数字逻辑电路的现代化设计方法以及相关的背景知识。为此,在理论讲解环节,我们以国家集成电路的产业发展为背景,将对数字集成电路设计方法的学习实践作为投入未来国家集成电路设计事业的知识储备,将实验课服务于未来集成电路的产业发展,并通过实验课的学习培养学生的集成电路设计兴趣,掌握基本的集成电路设计方法。近年来,由于中美关系的逐渐紧张,中美之间由"贸易"之争变为"科技"之争,从 2018 年 7 月开始美国先后把近百家中国企业列入实体清单,实行高科技出口管制。其中包括限制对华为的芯片供应,因此集成电路成为"中美科技战"的关键战场。我国高度重视集成电路行业的发展,多年来出台多项政策支持我国集成电路的发展,2020 年 11 月,党的十九大五中全会通过了《中共中央关于制定国民经济和社会发展第十四个五年规划和二〇三五年远景目标的建议》,正式将集成电路写进中国"十四五"规划,目的在于打好关键核心技术攻坚战,在集成电路领域突破关键技术难关。而集成电路的设计在集成电路整个产业中具有重要的地位,我们的课程教学也要紧密结合产业发展需求,及时调整课程设置、教学计划和教学方式,努力培养复合型、实用型的高水平人才。

课程思政不但体现在教学的内容上,也体现在教师对待教学、课堂、学生的态度上,这种潜移默化的课程思政也将对学生的学习状态产生积极的影响。我们要保证积极认真的上课态度,每次上课都保证提前至少十五分钟到达教室做好上课前的各种准备,并且结合线上线下融合教学的要求,做好对学生在线学习的充分考虑与应对。上课前保证充分的教学内容的准备,课上保证正常教学时间安排,做到计划好的内容按时讲完,不拖堂也不提前下课。对于学生在实验过程中所遇到的各种问题要及时有效地做出反馈,既包括现场实验过程中的面对面答疑,也包括在课后利用各种交流手段,如微信群、邮件、网络学堂等,及时对学生的问题给出解答,保证学生实验内容的顺利完成。

课程思政是一个长期坚持不懈的过程,高校教师在传授专业知识的同时,更要以自身的专业精神和严谨的科学态度,发挥榜样作用,引导学生积极向上,教会学生如何做人做事,从而引导学生树立正确的世界观、人生观和价值观。

6.4.4　案例 3：通信原理实验

"通信原理实验"课程是电子工程系本科生的一门专业限选课,本课程旨在巩固通信理论方面的知识并培养学生的动手实践能力,通过对不同通信基本模块的组合,搭建仿真验证系统,最后在硬件平台上实现。本课程不仅可以帮助学生验证通信原理的基础知识和理论,更重要的是可以锻炼学生的实验动手操作能力。正如我校"三位一体"人才培养方案所述,随着社会的发展和科技的进步,无论学生将来从事的是科研、研发、销售还是技术等岗位,都要求扎实的理论知识和熟练的动手操作实践能力,更重要的是要有较高的综合素质和高尚的思想品德,这些都与"正确的人生观和价值观""勇于探索""承担社会责任"等思政元素密不可分。

"通信原理实验"课程的思政建设着力打破思想政治教育和专业教育难以融会贯通的困境,充分利用好实验课中动手实践课堂教学的渠道,在进行专业知识传授和专业动手实践技能培养的同时,将"课程思政"融入教学中,不断提高学生思想政治素养、高尚的道德情操、人文素养、终身学习能力和其他专业知识技能等,使他们成为社会主义的建设者、接班人,成为对国家、社会、人民有用的综合型技术人才。

1. 讲述学科发展与科学家的创新,激发学生科研热情

在课程教学中引入电子信息学科电波理论的发展、半导体技术的发展变化、通信技术的发展变化、清华大学在电子信息领域对国家的贡献以及重要成果、我国在电子信息领域的发展和地位,从学科的缩影扩展到讲述中国变化,培养学生的爱国和爱校精神及民族自豪感;给学生分享电子工程系西迁的历史和艰苦奋斗精神,电子工程系老前辈刻苦努力、严谨求实的科学精神以及所取得的成果,勉励学生刻苦学习,激发科研热情,以积极上进的学习态度,严谨的科学精神,实现自我价值,创造未来。

2. 以实验自由组合功能模块和硬件实现的不确定性,帮助学生养成实事求是的科研态度

"通信原理实验"倡导学生根据自己熟悉的功能单位,自定义参数,自定义实现方法,加之需要在硬件平台上进行实验,故实验结果具有一定的不可预测性,学生在使用相同仪器设备、相同平台、相同设计工具的情况下都有不同的实现逻辑以及不同的实现结果,如资源占用率、最高工作频率、系统性能指标等,而实践是检验真理的唯一标准,教师在指导实验的过程中应有意识地引导学生用实事求是的态度,要求学生如实记录实验过程和数据,理性地用辩证唯物主义思想去分析问题,根据记录的实验现象反思实验过程和实验方法,对于异常现象分析其产生的必然性和合理性。通过交流分析,不仅有助于加深学生对理论知识的理解和动手操作技能的培养,更有助于学生形成科学的思维方式,树立严谨的科学态度和培养良好的职业操守。

3. 关注细节,重过程轻结果,引导学生规范操作循序渐进提高实验技能

受到硬件实验需要大量的实验设备和场地等客观实际情况的限制,电子工程系学生在大学期间,对于专业课程的实践技能训练相比软件技能的训练略显不足,而硬件实验动手技能的提高、实验素养及科研思维的培养,不是一蹴而就的,而是长期的实验操作和科研训练培养出来的,就像水滴石穿,是逐日累积起来的。在课程中,对于学生实验操作中的细节进行关注,从所使用的实验器具、所观察到的现象出发,通过交流,循序渐进地培养学生的能力。例如,从实验中使用的一根电缆出发,引导学生对电缆传输线理论、电联的阻抗、电缆的链接方式、电缆的核心参数指标等进行发散性的思考。通过一件小事情,讲述若干大道理。对于实验,引导学生理性看待实验结果,重过程、轻结果,当学生看到与其他对照组不同的结果时,能理性看待,认真分析,深挖原因。同时,介绍我国在相关领域的发展过程,被国外限制的经历,引导学生在实验中保持一颗平常心,规范操作,循序渐进,培养科研能力。引导学生树立正确的人生观、价值观和世界观。

作为一门实验课,培养学生的动手实践能力是课程的根本目标,同时,课程还将把培养学生的辩证思维能力、实事求是的科研态度以及爱祖国爱人民的家国情怀作为课程的重要目标,激发学生投身国家建设的责任感和使命感,为实现新百年目标和中华民族的伟大复兴做出自己的贡献。

6.4.5　案例4:基于数字信号处理器的系统设计

"基于数字信号处理器的系统设计"是大四上学期开设的一门综合性专业限选课,

涉及绝大多数前序课程的知识与技能。本课程的特点是在理论引导下,以实验和设计为主,理论与实践匹配,通过训练学生开发系统的技能,培养学生在理论指导下解决实际问题的系统设计和优化的能力。从教学方案设计到教学实践,本课程坚持以"重视科学精神、创新能力、批判性思维的培养培育"为目标,以"要研究真问题,着眼世界学术前沿和国家重大需求,致力于解决实际问题,善于学习新知识、新技术、新理论"为指导,将思政教育与课程教学深度融合。

因此,在课程内容的逻辑设计和教学计划的实施过程中,坚持问题导向,引导学生"要研究真问题,着眼世界学术前沿和国家重大需求,致力于解决实际问题,善于学习新知识、新技术、新理论。"(习近平在清华大学考察时的讲话,2021 年 4 月 19 日)以通用数值计算芯片架构 CPU、GPU、DSP、FPGA 和类脑计算芯片的对比,引入学术前沿的人工智能(AI)芯片的研究历史和现状分析;通过 AI 芯片架构的实例分析,引入 AI芯片架构与本课程学习的关系,引出在片上集成系统中 DSP 作为通用信号处理单元的不可或缺的作用;通过分析通用 AI 处理器的发展方向,引入通用 AI 处理器的通用性、易编程、高性能、低成本和自主可控的真问题。通过介绍常用的"自顶向下"和"自底向上"两种系统设计路径,引入最新研究示例——"统一计算图"的设计思路,以及国产软硬件适配对产业生态环境构建的国家重大需求示例。在系统评价指标方面,通过分析无人机表演对 DSP 系统的需求,引入系统性能的实时性、正确性、低能耗等实际问题的示例。

在教学方案设计中,以"重视科学精神、创新能力、批判性思维的培养培育"(习近平在中国科学院第二十次院士大会、中国工程院第十五次院士大会、中国科协第十次全国代表大会上的讲话,2021 年 5 月 28 日)为目标,设计了理论与实操配合的螺旋递进和开放式自主设计的教学计划,实验设计和指导书编写同样坚持问题导向和科学精神培养,突出问题引导实验步骤和对不同方案结果的对比分析,启发学生发现问题、探索多种解决方案和对不同解决方案的验证对比等科学研究方法。

本课程以"重视科学精神、创新能力、批判性思维的培养培育"为目标,将着眼世界学术前沿和国家重大需求、研究真问题、解决实际问题的指导思想,贯穿在教学目标、教学内容、教学方案、教学计划、实验指导书、教学实施等课程内容设计和教学实施的全过程,通过教师以身作则,"做学生为学、为事、为人的示范",达到课程思政的目的。

第 7 章

优质教材建设

7.1 《电子信息科学与技术导引》

1. 教材情况

教材名称：《电子信息科学与技术导引》，清华大学出版社

作者：王希勤、黄翊东、李国林、葛宁、马洪兵、吴及、王昭诚、王生进

ISBN：9787302551287

出版日期：2021 年 1 月

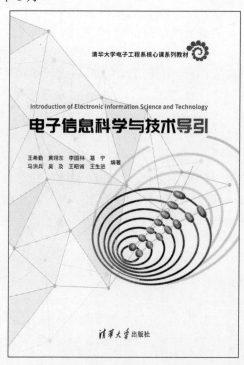

2．教材内容

《电子信息科学与技术导引》从 7 个层次全面系统地阐述电子信息科学与技术知识体系。

第 1 章电磁场与物质。介绍电磁波的概念，晶体的概念，电磁场与物质的相互作用。

第 2 章电势与电路。电路有两个基本功用：一是实现对电能量的处理，二是实现对电信息的处理。基本单元电路与基本器件，电路基本定律，电路抽象三原则：离散化原则、极致化原则和限定性原则，二进制与开关，开关与数字电路，集成电路与数字化趋势，能量处理，数字处理。

第 3 章比特与逻辑。介绍比特的概念与内涵、编码映射与布尔代数、数制中的权重与计算、不确定与信息度量。比特可以用来表示多样化的集合元素，形成数据；而逻辑可以用来实现函数计算、处理数据。信息可以反映集合元素通过编码表示的效率，也可以描述取值于集合上随机现象的不确定度。

第 4 章程序与处理器。介绍程序与程序设计语言，从算盘到 ENIAC，处理器的基本原理，现代处理器设计技术。

第 5 章数据与算法。介绍数据的概念及意义，数学模型，算法的概念，数据与算法的相互作用。数据是客观世界的描述，是信息的载体，是算法的处理对象；算法是解决问题的方法和步骤，是处理数据的系统。

第 6 章通信与网络。介绍信息的内涵，信息的传输，信息的交换。

第 7 章媒体与认知。介绍媒体概念与形式，认知科学，人的认知机理，智能媒体处理，媒体认知应用。

3．教材特色

电子信息科学与技术知识体系的核心概念是：信息载体与系统的相互作用。场与材料的相互关系不断发展演变，推动系统层次不断增加。新材料、新结构形成各种元器件，元器件连接成各种电路，在电路中，场转化为电势（电流电压），"电势与电路"取代"场和材料"构成新的相互作用关系。电路演变成开关，发展出数字逻辑电路，电势二值化为比特，"比特与逻辑"取代"电势与电路"构成新的相互作用关系。数字逻辑电路与计算机体系结构相结合发展出处理器（CPU），比特扩展为指令和数据，进而组织成程序，"程序与处理器"取代"比特与逻辑"构成新的相互作用关系。在处理器基础上发展出计算机，计算机执行各种算法，而算法处理的是数据，"数据与算法"取代"程序与处理器"构成新的相互作用关系。计算机互联出现互联网，网络处理的是数据包，

"数据包与网络"取代"数据与算法"构成新的相互作用关系。网络服务于人,为人的认知系统提供各种媒体(包括文本、图片、音视频等),"媒体与认知"取代"数据包与网络"构成新的相互作用关系。以上每一对相互作用关系的出现,既有所变,也有所不变。变,是指新的系统层次的出现和范式的转变;不变,是指"信息处理与传输"这个方向一以贯之,未曾改变。从电子信息的角度看,场、电势、比特、程序、数据、数据包、媒体都是信息的载体;而材料、电路、逻辑(电路)、处理器、算法、网络、认知(系统)都是系统。虽然信息的载体变了,处理特定的信息载体的系统变了,描述它们之间相互作用关系的范式也变了,但是各种相互作用关系的本质是统一的,可归纳为"信息载体与系统的相互作用"。上述 7 层相互作用,层层递进,统一于"信息载体与系统的相互作用"这一核心概念,构成了电子信息科学与技术知识体系的核心架构。

4. 使用情况

课程开始只是以 PPT 讲义的形式进行授课,后将课程内容按新框架重新整合,系统梳理为教材,并于 2021 年 1 月由清华大学出版社出版。全面系统地阐述电子信息科学与技术知识体系的 7 个层次,突出知识体系的全面性和系统性,构建了电子信息科学与技术知识体系的核心框架,使得电子信息学科的课程知识安排有了清晰的脉络主线,为相关核心课的建设提供了理论依据。

5. 改进完善

教材内容理论性强,抽象不易理解,需进一步完善教材内容,筹划教学辅助材料体系,方便学生学习。

7.2 《电子电路与系统基础》

1. 教材情况

教材名称:《电子电路与系统基础》,清华大学出版社
作者:李国林
ISBN:9787302468752
出版日期:2017 年 10 月

2. 教材内容

《电子电路与系统基础》按 1 条主干、4 个分支的框架展开,共分 10 章。

第 1 章绪论。通过对电子信息处理系统构成的讨论,给出基本单元电路的理想电路功能的数学描述。说明课程内容安排考虑。(1 节)

第 2 章电阻与电源。基本电量、基本概念定义,各种电阻类型、电源类型讨论。电源驱动负载基本模型讨论,匹配概念。(2 节)

第 3 章电路基本定律和基本定理。通过线性电阻电路分析,引入电路基本定律(基尔霍夫定律、欧姆定律)、基本定理(替代定理、叠加定理、戴维南定理及其多端口网络拓展网络参量等)、电路方程列写方法(支路电压电流法、结点电压法、回路电流法等)。基本单元电路包括电阻衰减器、电桥、理想变压器、理想回旋器、理想环行器、理想放大器(受控源)等。网络属性考查。(4 节)

第 4 章非线性电阻电路。以晶体管放大器的讨论为核心,引入数值法、分段折线法、局部线性法(交直流分析)、解析法等非线性分析方法。基本单元电路包括晶体管 3 种组态放大器、反相器、电流镜,同时包括负反馈放大器的分析。二极管电路包括整流电路、稳压电路、限幅电路等。(6 节)

第 5 章运算放大器。通过对运放模型的反复应用,考查运放的各种负反馈线性应

用和非线性应用(负反馈、开环、正反馈)。(2节)

第6章电路抽象。电路抽象的核心思想就是把复杂问题变成简单问题,把难以解决的问题变成容易解决的问题。内容包括:端口抽象与分层抽象;场路抽象与电路定律;抽象原则(离散化、极致化、限定性)与电路分析方法;寄生效应;数字抽象。(1节)

第7章数字逻辑电路。数字电路中的组合逻辑与时序逻辑恰好和模拟电路中的电阻电路与动态电路有数学方程及电路结构上的对应关系。组合逻辑:基本逻辑运算及运算规则,卡诺图化简,CMOS门电路,二进制加法器设计;时序逻辑:SR锁存、D锁存、D触发,简单计数器设计。(2节)

第8章电容和电感。动态元件特性,动态电路微分方程(及状态方程)列写方法,求解状态方程的数值法(时域)和相量法(针对LTI系统)。(2节)

第9章一阶动态电路。通过对一阶RC电路的充分讨论,理解充放电、零输入/零状态、瞬态/稳态(三要素法)、阶跃/冲激、低通/高通的概念;之后考查非线性的线性化应用,包括二极管整流器、数字非门寄生电容导致的延时和功耗分析、张弛振荡器分析等。(4节)

第10章二阶动态电路。在考查RLC谐振电路的瞬态和稳态(五要素法)、谐振、低通/高通/带通/带阻特性的基础上,考查阻抗匹配网络,正弦波振荡器(负阻原理和正反馈原理),小信号放大器寄生电容导致的高频增益下降、有源性失却、稳定性变差,负反馈放大器稳定性设计,开关、电容、电感在能量转换电路中的应用等。(8节)

A班"电阻电路+动态电路"课程内容大体按教材顺序展开,无习题课A班在授课内容上对教材内容做了一定的压缩和次序上的微调。B班"线性电路+非线性电路"按从简单到复杂、从元件到器件、从线性到非线性的次序对教材内容进行重组后展开。

3. 教材特色

新建课程是原课程体系"电路原理""模拟电路""通信电路""数字电路(晶体管级)"等课程核心电路概念的全面融合和全新构架。教材以电路抽象为主干,以线性电阻电路、非线性电阻电路、一阶动态电路和二阶动态电路为4个分支构架新的知识体系。课程内容以电路分析方法为明线,以基本元件、受控源、开关、负阻的应用为暗线,将基本单元电路和电路基本概念有机、整合为一个整体。课程从网络视角统一基本器件、基本单元电路和电路系统,用网络参量整合线性电路,用非线性的线性化处理整合非线性电路,形成了一门全新的新电路原理课程。多门电路课程融合于一体的教学实践催生了新视角下的电路解读,主要包括以下4点。

(1)网络视角。用端口抽象解读电磁场到电路的抽象,从单端口、多端口网络视角一体化整合电路器件、基本单元电路和电路系统。由于网络功能(电特性)是通过端口方程描述的,被称为网络参量的端口方程参量成为网络视角下的核心要点,网络参量及其对应的等效电路或电路模型的数学特性表征了网络的电特性和电功能。因此,网络参量在新课程体系中占据了极为重要的位置:课程用网络参量整合线性电路,并以非线性的线性化处理整合非线性电路。

（2）晶体管的重新定位。原课程体系"模拟电路"将晶体管定位为有源器件，在新课程体系中晶体管被定位为受控的非线性电阻（无源二端口器件）。这种定位使"模拟电路""通信电路""数字电路"等课程内容可以有效地被纳入新电路原理课程体系框架中。为了解决晶体管归类为电阻后的有源性问题，教材明确给出了有源性定义——"具有向端口外提供电功率能力的网络为有源网络，不具该能力的网络为无源网络"。该定义给出了有源性明确的数学表述，并进一步阐述了晶体管是如何从无源器件在直流偏置电压源的直流偏置作用下变成有源网络的。对网络有源性的相关论述贯穿了教材 10 章中的 8 章内容。

（3）受控源、开关、负阻的应用。受控源、开关、负阻是多门电路课程中各种单元电路与基本元件之间的关节点，讲清楚这些关节点后多门电路课程的内容将自动融合为一体。因此教材内容以电路分析方法为明线，以基本元件、受控源、开关、负阻的应用为暗线进行课程内容的重新编织。通过电路分析方法的展开，揭示基本单元电路的功能，而这些基本单元电路的功能又是基本电路元件、受控源、开关、负阻性质的体现。其中，负阻概念的大量引申应用是本课程明显区别于原体系课程的一个特色。

（4）电路原理的重新解读。新建课程破除了原课程体系中线性（电路原理）与非线性（模拟电路）、模拟（模拟电路）与数字（数字电路）、低频（模拟电路）与高频（通信电路）课程之间相对独立的"篱笆墙"，用统一的视角重新解读原体系不同篱笆墙内墙外的各个说法以及各自解读的电路原理。例如，新课程体系用网络参量整合线性电路，原体系中仅针对单端口网络的戴维南定理在新课程体系中被推广到多端口网络，并将网络参量矩阵解读为多端口线性网络戴维南定理中的内阻矩阵；原体系中晶体管放大器的 3 种组态分析各异，在新体系中均从网络参量矩阵特性视角进行一体化解读，给出其不同的电特性和应用场景；新体系中由于将晶体管归类为电阻而不得不给出有源性的明确的数学定义，进而用网络有源性解读放大、振荡功能，包括将晶体管最高振荡频率 f_{max} 解读为晶体管有源、无源的分界频点等；由于晶体管被归类为电阻，因此晶体管的 3 种组态放大电路被解读为电阻分压电路，而差分对放大器的"差模放大特性"被解读为不平衡电桥特性，其"共模抑制特性"则被解读为平衡电桥特性；新体系中，从负阻视角统一解读张弛振荡、正弦振荡原理，放大器不稳定性来源，单稳电路、双稳电路（如 SRAM 存储器、施密特触发器），等等。

4. 使用情况

新建课程于 2011 年进行小班试讲，于 2012 年进行大班推广，小班试讲课堂录音材料整理为第一版讲义，是原 4 门电路课程内容的打碎重组。2013 年整理第二版讲义时，提出了 1 条主干、4 个分支的新框架，并将课程内容按新框架重新整合。2014—2016 年课堂教学在新框架下对电路原理做了重新解读，2016 年整理为第三版讲义。

以 2017 年 10 月清华大学出版社新教材的出版为标志,课程内容的整合阶段结束。第一版教材至今已经印刷 8 次。

5．改进完善

随着无习题课课堂的全面推广,实际授课内容较教材内容有较大幅度压缩,可以对教材内容实施二次精练。

7.3 《数据与算法》

1．教材情况

教材名称:《数据与算法》,清华大学出版社
作者:吴及、陈健生、白铂
ISBN:9787302468813
出版日期:2017 年 10 月

2．教材内容

本书从数据与算法的相互关系入手，内容涵盖了传统的数据结构和数值分析，并增加了数学模型和算法设计思想的介绍。全书分 4 部分：第一部分介绍数据、数学模型和算法的基本概念，是全书的基础；第二部分为数据结构部分，从数学模型和数据表示的角度介绍线性结构、树结构、图结构，以及查找和排序这两种最常见的非数值问题；第三部分为数值分析部分，从问题的角度介绍误差分析、实数的表示和运算、一元非线性方程、线性方程组、拟合与插值、最优化问题；第四部分从算法设计思想的角度介绍蛮力法、分治法、贪心法、动态规划、搜索算法和随机算法，以及求解具体问题时的应用实例。

3．教材特色

《数据与算法》同时涵盖了数据结构、数值算法和算法设计理论 3 方面的内容。数值问题和非数值问题既有差异，又存在共性。电子信息学科的本科生需要对两类计算问题及其相关的数据结构与算法都具有良好的认知与应用能力。在传统的电子信息专业课程设计中，相关内容通常用两门或者更多的课程加以涵盖。造成了学生课时负担沉重，而且两类问题间的关联无法显性地在教学中展现的情况。根据"数据与算法"课程 "数据是信息的载体，算法是处理数据的系统，数值/非数值计算问题的本质都是数据与算法间的相互作用"的全新理念，教材以此为线索安排内容，从更全面的视角审视数据与算法，帮助读者融会贯通。

4．使用情况

根据新的课程内容体系，在详细梳理之后，课程组编写了教材《数据与算法》，经过两个学年的试用之后，于 2017 年 10 月正式由清华大学出版社出版。教材分为 9 章，总计 56 万字。出版至今已经印刷 8 次，《数据与算法》获评"2020 年清华大学优秀教材特等奖"，并于 2022 年获评"北京高等学校优质本科教材课件"。

5．改进完善

根据近年课程讲授的情况，需进一步完善教材内容，筹划教学辅助材料体系，方便学生学习，促进"数据与算法"课程的推广。

7.4 《C/C++程序设计教程》

1. 教材情况

教材名称：《C/C++程序设计教程》，清华大学出版社

作者：黄永峰、孙甲松

ISBN：9787302526902

出版日期：2019 年 4 月

2. 教材内容

本书是作者在长期教学实践基础上写成的。全书由浅入深，逐步介绍 C 语言中的基本概念和语法，使读者全面地、系统地理解和掌握用 C 语言进行程序设计的方法。主要内容包括：程序设计基本概念，C 语言的基本数据类型，数据的输入/输出，C 表达式与宏定义，选择结构，编译预处理，循环结构，模块设计，数组，指针，结构体与联合体，文件，位运算。本书每章后面提供足够的练习。本书叙述简明扼要，通俗易懂，例题丰富，有利于读者自学。本书可作为各专业的学生学习 C 语言程序设计的教材。

3. 教材特色

本书是在清华大学电子工程系"计算机程序设计基础"课程教学改革经验和多年

教学实践的基础上凝练而成。在介绍 C/C++ 语言及其程序设计的主要知识和方法的同时,重点围绕"实战编程"的教学理念来组织教学内容,其"实战编程"思想体现在如下 3 方面。

(1) 面向"实战编程"来组织教学和教材内容。例如,加强程序调试训练,增加大型综合程序设计;提炼生活素材为编程实例等。

(2) 制定以考核实际编程能力为主的课程考核方法。例如,在知识点要求上强调学以致用、有用则学;以测试实际编程能力为导向的教学等。

(3) 采用以实际编程能力为主要培养目标的教学方法。即强化对比增量教学、注重归纳总结教学、加强理论联系实际、传"道"和练"技"并举等。

4. 使用情况

根据长期的教学实践与仔细的梳理整合,课程组编写了教材《C/C++ 程序设计教程》,于 2019 年 6 月正式由清华大学出版社出版。教材分为 19 章,出版至今已经印刷 8 次,反响良好。

5. 改进完善

根据近年课程教学实践的情况,以及业界主流的编程范式的演变,教材内容进一步完善更新,教学辅助材料体系也需进一步优化,以方便学生更高效地学习,促进教学目标的高质量完成与课程的推广。

7.5 《信号与系统》

1. 教材情况

教材名称:《信号与系统·上册》,第三版,高等教育出版社
作者:郑君里、应启珩、杨为理
ISBN:9787040315196
出版日期:2011 年 3 月
教材名称:《信号与系统·下册》,第三版,高等教育出版社
作者:郑君里、应启珩、杨为理
ISBN:9787040315189
出版日期:2011 年 3 月

2. 教材内容

本教材讨论确定性信号经线性时不变系统传输与处理的基本概念和基本分析方法，从时域到变换域，从连续到离散，从输入/输出描述到状态空间描述，以通信和控制工程作为主要应用背景，注重实例分析。

本教材研究信号与系统理论的基本概念和基本分析方法。教育学生初步认识如何建立信号与系统的数学模型，经适当的数学分析求解，对所得结果给以物理解释、赋予物理意义。本教材的范围限于确定性信号（非随机信号）经线性时不变系统传输与处理的基本理论。从时间域到变换域，从连续到离散，从输入/输出描述到状态描述，力求以统一的观点阐明基本概念和方法。

第 1 章介绍信号和系统的定义和基本运算以及研究方法。第 2 章研究连续时间系统的时域分析方法，并初步探讨了分配函数的性质和应用。第 3 章着重讨论傅里叶变换的基本概念和性质。第 4 章是拉普拉斯变换及其应用。第 5 章傅里叶变换的应用是第 3 章的继续，结合滤波、调制和采样 3 方面的概念增补了较多的应用讨论和实例分析。第 6 章主题是信号的矢量空间分析，将正交、相关、帕塞瓦尔定理、柯西-施瓦茨不等式等概念和一些应用实例组织在一起，以统一的数学与物理方法讲授，使学生对信号理论的学习步入更深的层次，为学好后续课程打下基础。第 7 章介绍离散时间系统的时域方法，并增补了反卷积（解卷积）的基本概念。第 8 章讲解 z 变换和离散时间系统的变换域求解方法，适当扩充了序列傅里叶变换性质的讨论，以便与第 9 章的内容衔接。第 9 章讲解离散傅里叶变换及其快速算法,并增加了离散余弦变换和沃尔什变换的有关内容。第 10 章初步介绍模拟与数字滤波器的基本原理和设计方法。第 11 章重点介绍控制工程的应用背景,包括对信号流图的介绍。第 12 章讨论状态空间分析,注重拓宽应用实例的引入,给出了一些非电领域应用状态空间方法的例子。

3. 教材特色

本教材注重结合基本理论融入各类工程应用实例,全书具有强烈的时代感;第 6 章信号矢量空间分析凸显本书与国内、外同类教材的重要区别;全书结构有较大的灵活性,适用于通信电子类和非通信电子类的多种理工科专业的本科生教学。

4. 使用情况

本教材上、下两册由高等教育出版社出版,截至 2020 年,上册目前已印刷 19 次,累计印数为 381 322 册;下册目前已印刷 17 次,累计印数为 289 190 册。

本教材的第 2 版于 2000 年 5 月由高等教育出版社出版,截至 2020 年第 2 版上册已印刷 26 次,累计印数为 573 267 册,第 2 版下册目前已印刷 24 次,累计印数为 493 253 册。

据高等教育出版社统计,2011 年 3 月至 2020 年使用《信号与系统(第三版)》上、下册的高等学校有 300 余所,涵盖全国 32 个省、自治区和直辖市。该书第二版、第三版累计印数为 1 473 052 册。

5. 改进完善

本教材已出版十多年,近十年来通信与信息系统的应用技术发生了巨大变化,移动互联网已在全社会得到普及,人工智能技术突飞猛进。需要继续进入新案例,在深入讲解核心理论的基础上增补实践案例,继续保持教材与时俱进的鲜明特色。

7.6 《随机过程及其应用》

1. 教材情况

教材名称:《随机过程及其应用》,第 2 版,清华大学出版社
作者:陆大䋮、张颢
ISBN:9787302242758
出版日期:2012 年 10 月

2. 教材内容

《随机过程及其应用(第 2 版)》总结了 20 多年来多位教师在清华大学电子工程系讲授"随机过程"课程的教学经验,以及历届学生对课程教学的反馈与建议,是集体智慧的结晶。

《随机过程及其应用(第 2 版)》的内容大体可以分为 3 部分: Gauss 过程和Poisson 过程作为基本典型的随机过程,分别给予了独立章节进行讨论;二阶矩过程对于理解电子系统中的随机信号及其特性是本质的,书中分别从时域、频域以及统计处理 3 方面进行了分析; Markov 过程近年来在电子信息领域的重要性正日益显现,书中对离散状态 Markov 过程(Markov 链)分离散时间和连续时间两部分进行了讨论。考虑到多数读者对确定性函数的分析方法较为熟悉,因此《随机过程及其应用(第 2 版)》尽可能强调随机分析与确定性分析的平行性。

同时,《随机过程及其应用(第 2 版)》对研究随机变量的基本工具(例如,条件期望、特征函数和母函数等)给予了充分重视,尽量使用它们进行分析和讨论。

3. 教材特色

随机过程理论已经在物理、生物、化学、社会科学、经济、工程技术科学等领域得到了广泛应用。其重要程度、应用的深度和广度正随着科学技术的日新月异不断得到发展。本书作为工程技术科学类专业使用的随机过程入门教材,不涉及测度论知识,侧重于讲述随机过程的基本概念和基本方法,突出与电子工程实践的结合,尽量使用电子与信息工程中常见的模型作为实例加以讨论。

4．使用情况

本书为传统经典教材《随机过程及其应用》的第 2 版，于 2012 年 10 月正式由清华大学出版社出版。教材分为 8 章，总计 47 万字。出版至今已经印刷多次，总印数超过万册，服务不同院校选课学生及社会人员超过万人。

5．改进完善

根据近年课程讲授的情况，需进一步完善教材内容，筹划教学辅助材料体系，方便学生学习，促进"随机过程"课程的推广。

7.7　《概率论》

1．教材情况

教材名称：《概率论》，高等教育出版社
作者：张颢
ISBN：9787040473629
出版日期：2018 年 3 月

2．教材内容

本书针对电子工程领域对概率论基本概念与方法的需求,内容涵盖了初等概率论的基础知识,并增加了部分概率基础和现代概率工具的介绍。全书分 4 部分:第一部分介绍初等概率论的基本概念,包括古典概型、概率空间、独立性和条件概率;第二部分主要着眼于随机变量及其分布,从离散和连续两个角度对典型的随机变量进行介绍,并且引入期望、方差等数字特征工具来加强对随机变量的刻画;第三部分强调多元随机变量,包括随机变量间的变换关系、多元分布及随机变量间的关联、条件分布与条件期望;第四部分简要介绍现代概率工具,包括特征函数、集中不等式以及极限定律。

3．教材特色

《概率论》同时涵盖了初等概率与现代概率两方面的内容。概率基本概念部分大胆引入了基础概率论的知识,包括集合代数与不可测集等,目的在于帮助学生尽早建立起正确的概率观念,熟悉现代概率论的表述方式。随机变量部分强调了熵的重要性,并以熵作为基本工具,引入了常见的几种连续随机分布,将概率论与信息论有机地结合在一起。现代概率部分针对近年来机器学习和人工智能的快速发展及其在教学中的渗透,用专门章节介绍了集中不等式这一重要工具,帮助学生熟悉该工具的内涵与外延,建立起使用该工具分析算法性能的基本能力。

4．使用情况

根据新的课程内容体系,在详细梳理之后,课程组编写了教材《概率论》,经过两个学年的试用之后,于 2018 年 3 月正式由高等教育出版社出版。教材分为 15 章,总计64 万字,出版至今已经印刷 3 次,总印数 5000 册。

5．改进完善

根据近年课程讲授的情况,需进一步完善教材内容,筹划教学辅助材料体系,方便学生学习,促进“概率论”课程的推广。

7.8　《图像工程》

1. 教材情况

教材名称：

图像工程（上册）——图像处理，第 5 版，清华大学出版社

图像工程（中册）——图像分析，第 5 版，清华大学出版社

图像工程（下册）——图像理解，第 5 版，清华大学出版社

图像工程，第 5 版（合订本），清华大学出版社

作者：章毓晋

ISBN：9787302662884，9787302662891，9787302656548，9787302661887

出版日期：2024 年 5 月，2024 年 5 月，2024 年 5 月，2024 年 6 月

第 1 版《图像工程》：2002 年全国普通高等学校优秀教材一等奖。

第 2 版《图像工程》：2008 年全国普通高等教育"十一五"精品教材,北京高等教育精品教材。

第 3 版《图像工程》：2013 年"十二五"普通高等教育国家级规划教材,北京高等教育精品教材。

第 4 版《图像工程》：首届全国教材建设奖全国优秀教材(高等教育类)二等奖。

2. 教材内容

《图像工程》全套教材分上、中、下 3 册(还有一个合订本)。

上册主要介绍图像工程的第一层次——图像处理的基本概念、基本原理、典型方法、实用技术以及国际上有关研究的新成果。主要分为 4 个单元。第 1 单元(包含第 2～5 章)介绍图像增强技术,其中第 2 章介绍基于像素点操作的空域增强技术,第 3 章介绍基于模板操作的空域增强技术,第 4 章介绍频域增强技术,第 5 章介绍消除图像中噪声的增强技术。第 2 单元(包含第 6～9 章)介绍图像恢复技术,其中第 6 章介绍图像退化模型和恢复技术,第 7 章介绍图像校正和修补技术,第 8 章介绍图像去雾及评价技术,第 9 章介绍图像投影重建技术。第 3 单元(包含第 10～12 章)介绍图像编码技术,其中第 10 章介绍图像编码基础,第 11 章介绍变换编码技术,第 12 章介绍其他各种编码技术。第 4 单元(包含第 13～16 章)介绍拓展图像技术,其中第 13 章介绍图像信息安全技术,第 14 章介绍彩色图像处理技术,第 15 章介绍视频图像处理技术,第 16 章介绍多尺度/多分辨率图像处理技术。另有一个附录介绍了图像领域的一些国际标准。

中册主要介绍图像工程的第二层次——图像分析的基本概念、基本原理、典型方法、实用技术以及国际上有关研究的新成果。主要分为 4 个单元。第 1 单元(包含第 2～5 章)介绍图像分割技术,其中第 2 章介绍图像分割的基础知识和基本方法,第 3 章介绍一些典型的图像分割技术,第 4 章介绍对基本分割技术的推广,第 5 章介绍对图像分割的评价研究。第 2 单元(包含第 6～9 章)介绍对分割出目标的表达描述技术,其中第 6 章介绍目标表达技术,第 7 章介绍目标描述技术,第 8 章介绍对目标显著性的检测和描述技术,第 9 章介绍进一步的特征测量和误差分析内容。第 3 单元(包含第 10～13 章)介绍目标特性分析技术,其中第 10 章介绍纹理分析技术,第 11 章介绍形状分析技术,第 12 章介绍运动分析技术,第 13 章介绍目标属性的含义及其应用。第 4 单元(包含第 14～16 章)介绍一些相关的数学工具,其中第 14 章介绍二值图像数学形态学,第 15 章介绍灰度图像数学形态学,第 16 章介绍图像模式识别原理和方法。另有一个附录介绍了人脸和表情识别的原理和技术。

下册主要介绍图像工程的第三层次——图像理解的基本概念、基本原理、典型方法、实用技术以及国际上有关研究的新成果。主要分为 4 个单元。第 1 单元(包含第 2～5 章)介绍图像采集表达技术,其中第 2 章介绍摄像机成像模型和标定技术,第 3 章介绍压缩感知理论及在成像中的应用,第 4 章介绍采集含深度信息图像的方法,第 5 章介绍各种表达 3-D 景物的技术。第 2 单元(包含第 6～9 章)介绍景物重建技术,其中第 6 章介绍双目立体视觉方法,第 7 章介绍多目立体视觉方法,第 8 章介绍从多幅图像恢复景物的技术,第 9 章介绍从单幅图像恢复景物的技术。第 3 单元(包含第 10～12 章)介绍场景解释技术,其中第 10 章介绍知识表达和推理方法,第 11 章介绍目标和符号匹配技术,第 12 章介绍场景分析和语义解释的内容。第 4 单元(包含第 13～16 章)介绍 4 个研究方向的示例,其中第 13 章介绍同时定位和制图的原理以及移动机器上所用的视觉算法,第 14 章介绍多传感器图像信息融合方法,第 15 章介绍基于内容的图像和视频检索技术,第 16 章介绍时空行为理解的内容。另有一个附录介绍了有关视觉和视知觉的一些知识。

3. 教材特色

本套教材内容体系连续贯通,依次学习能使专业学习图像技术的学生获得全面深入系统的知识。相比于国内外同类教材,《图像工程》与最新科研成果结合效果比较好,每次再版均充实了一些最新研究成果和得到广泛使用的典型技术,新内容的引进比较早。在每册教材所引用和参考的文献中,作者署名发表的均有 100 多篇,科研成果提高了内容的先进性。

从教学的角度考虑,第 5 版各册教材有如下特点。

(1) 尽快进入主题:各册书都把先修或预备内容分别安排在需先修部分的同一章之前,没有安排专门的基础知识章。这样从教学角度来说,更加实用,也突出了课程主线的内容。

(2) 内容模块化:各册书的正式内容(从第 2 章开始)都分别结合进 4 个相关的学习单元,每个单元都围绕一个主题(自成体系),如前所述。这样既加强了全书的系统性和结构性,也有利于复习考核。

(3) 结构体例一致:第 5 版各册书均包含 16 章正文和一个附录,它们结构相同,长度相近,均可用于一次授课。每章都有一节"总结和复习",包括"各节小结和文献介绍"以及"思考题和练习题",帮助深入研究和学习。

(4) 提供主题索引:各册书后均有主题索引(中英文),既方便在书中查找有关内容,又方便在网上查找有关文献和解释。事实上,本套教材也是许多科研工作的参考材料,主题索引很有需求。

(5) 具有彩图链接:各册书中均用到彩色图像,从第 4 版开始,读者可通过扫描书上黑白印刷图片旁的二维码以调出观看存放在出版社网站上的对应彩色图片,从而获得更好的观察效果和更多的信息。

(6) 教学辅助材料:第 5 版各册书通过扫描书上二维码均可获得每一章的教学 PPT,该 PPT 还配上了语音讲解,教师可直接使用或参考使用;还可获得每一章的带提示和解答的小测验 PPT(包括单选题、多选题等),教师可在课堂上根据需要和进度选用。

4. 使用情况

本套教材于 1999 年开始出版第 1 版。20 多年来,作者和同事依托本套教材的各次版本在系内开设出了"图像处理""图像分析"和"图像理解"课程。课程得到学生的欢迎,每年都有其他系学生来选课,有些年份需向学校教务处申请扩容。

20 多年来,使用本套教材的系内学生有 3000 多人,而本套教材各版已印刷 86 次,共 23 多万册,由此看出本套教材的外用比率大于 98%。

据清华大学出版社发行数据不完全统计,这些年来本套教材已被国内 300 多所高校采用。

已有 100 多个来自全国高校单位的使用本套教材进行授课的教师与作者直接联系,索取讲稿,讨论问题等。

5. 改进完善

本套教材作为对图像工程基本概念、基本原理、典型方法、实用技术以及国际上有关研究新成果的专门教材,将进一步增强全套书的思想性和思政性,图像技术覆盖的全面性和先进性,各册书内容之间的接续性和互补性,全套书撰写风格的一致性和连通性。

刚出版的第 5 版增加了相关的新内容并加强了对新技术的导引介绍;尝试利用一些结合网络技术的方法,提供了更多的电子形式;还通过调研和信息反馈,了解了更多教师和学生的建议和意见,进行了相应调整和改进。后续版本还将考虑这些措施。

6. 其他

可与本套教材配合使用的配套材料包括:

(1) 计算机辅助多媒体教学课件(ISBN:7-900064-08-7)[1-4]。

(2) 电子版网络课程(ISBN:7-89493-208-6)[5-8]。

(3) 网络教学课件(清华大学网络学堂)[9-10]。

(4) 习题集(ISBN:7-302-04935-1,978-7-302-51046-8)[11-12]。

有关本套教材的特色细节,还可参见文献[13]。

《图像工程》的 3 个分册每个都可以供(依次从本科生、硕士生到博士生)1 个学期图像技术完整课程的教材使用。如果还希望增加补充内容和扩展内容,可参见文献[14-15]。如果要进行双语教学,可参见文献[16-22]。

参考文献

[1] 章毓晋,李勃,黄英,等."图象处理和分析"计算机辅助多媒体教学课件.北京:高等教育出版社,高等教育电子音像出版社,2001.

[2] 葛菁华,章毓晋.计算机辅助教学课件中习题的设计和编制.教学研究与实践,1999(1):54-59.

[3] Zhang Y J,Xu Y. Effect investigation of the CAI software for "Image Processing and Analysis", Proc. ICCE'99,1999:858-859.

[4] Zhang Y J,Liu W J. A new web course —"Fundamentals of Image Processing and Analysis". Proc. 6th GCCCE,2002,1:597-602.

[5] 章毓晋,刘惟锦,朱小青,等."图象处理和分析"网络课程的总体设计与原型实现.信号与信息处理技术.北京:电子工业出版社,2001:452-455.

[6] 章毓晋,刘惟锦,朱小青,等."图象处理和分析"网络课程.北京:高等教育出版社,高等教育电子音像出版社,2004.

[7] Zhang Y J. A teaching case for a distance learning course: Teaching digital image processing. Journal of Cases on Information Technology,2007,9(4):30-39.

[8] Zhang Y J. On the design and application of an online web course for distance learning. Handbook of Distance Learning for Real-Time and Asynchronous Information Technology Education,2008,Chapter 12 (228-238).

[9] 章毓晋,赵雪梅."图像处理"网络课件的研制.第十四届全国图象图形学学术会议(NCIG'2008)论文集,2008:790-794.

[10] Zhang Y J. A net courseware for "Image Processing". Proc. 6th ICCGI,2011:143-147.

[11] 章毓晋.图象工程(附册)—— 教学参考及习题解答.北京:清华大学出版社,2002.

[12] 章毓晋.图像工程问题解析.北京:清华大学出版社,2018.

[13] 章毓晋.第 4 版《图像工程》教材的特色.高教学刊,2018(19):124-127.

[14] 章毓晋.图像工程技术选编.北京:清华大学出版社,2016.

[15] 章毓晋,王贵锦,陈健生.图像工程技术选编(二).北京:清华大学出版社,2020.

[16] Zhang Y J. Image Engineering: Processing,Analysis,and Understanding. Cengage Learning,Singapore. 2009.

[17] Zhang Y J. Image Engineering,Vol. 1:Image Processing. De Gruyter,Germany. 2017.

[18] Zhang Y J. Image Engineering,Vol. 2:Image Analysis. De Gruyter,Germany. 2017.

[19] Zhang Y J. Image Engineering,Vol. 3:Image Understanding. De Gruyter,Germany. 2017.

[20] Zhang Y J. A Selection of Image Processing Techniques:From Fundamentals to Research Front. CRC Press,England. 2022

[21] Zhang Y J. A Selection of Image Analysis Techniques:From Fundamentals to Research Front. CRC Press,England. 2023

[22] Zhang Y J. A Selection of Image Understanding Techniques:From Fundamentals to Research Front. CRC Press,England. 2023

7.9 《固体物理基础》

1. 教材情况

教材名称：《固体物理基础》，清华大学出版社
作者：黄翊东
ISBN：9787302610311
出版日期：2022 年 11 月

2. 教材内容

固体物理是近代物理学的重要组成部分之一，是包含电子科学与技术在内的诸多学科的基础。本教材是为清华大学电子信息科学与技术大类本科生的核心课编写的。

电子信息科学与技术大类的专业方向是以物理和数学为基础，研究通过电磁形式

表达信息的基本规律,以及运用这些基本规律实现电子信息系统的方法,涵盖物理电子学与光电子学、电路与系统、电磁场与微波技术、通信与信息系统、信号与信息处理、复杂系统与网络等研究领域,涉及各类电子/光子的系统,这些系统又是由各种电子/光子器件构成的。无论是电子器件还是光电子器件,它们的工作原理都离不开电磁场与物质的相互作用,主要是各种波段的电磁场与物质中电子的相互作用。只有了解了构成器件的物质中电子的运动规律,才能知道如何控制电磁场与其的相互作用,从而设计出具有各种功能的器件,构建起满足实际应用需求的系统。

本教材的主要内容同时包含了固体中电子的运动规律和对晶格振动的分析。运用量子力学的理论,描述原子结合、晶体结构、能带理论、晶格振动等固体物理学的核心概念和理论;在此基础上,推导出固体的电学、磁学、热学、光学特性及其在器件中的应用。本教材的内容安排如下:第 1 章引入描述晶体结构的基本方法,强调晶格结构的周期性,并给出倒格空间的概念;第 2 章解释了固体结合的基本规律,阐明固体结合的不同类型,同时给出非晶体、准晶体的概念;第 3 章讲述固体电子论,从自由电子索末菲模型切入,诠释了有效质量、能态密度等基本概念,以近自由电子近似和紧束缚近似两种方法导出晶体周期势场中的电子能带,同时给出费米统计分布;第 4 章关于固体电特性,分析了外场中电子运动状态的变化,以及电子在金属和半导体中的输运过程;第 5 章从固体间接触电特性的角度,给出了 PN 结、CMOS 等器件的工作原理;第 6 章是关于固体的磁特性,从原子的磁性(轨道磁矩、自旋磁矩、感生磁矩)入手,分析了不同物质磁性的分类;第 7 章是晶格振动和热特性,给出了晶格振动格波和准粒子-声子的概念,同时分析了物质的热特性;第 8 章是关于超导的内容,介绍了超导态的基本现象、唯象理论以及微观物理机制;第 9 章是物质的光特性,基于经典理论模型分析了电磁场与物质的相互作用。

3. 教材特色

本教材力求把固体物理的知识体系化、结构化,以薛定谔方程贯穿始终,给出固体物理的知识结构以及各个基本概念之间的相互联系(见下图)。

固体物理研究的是固体的微观结构及其组成粒子(原子、离子、电子等)之间相互作用与运动规律,这些粒子以及准粒子的运动规律均可以用量子力学的薛定谔方程来描述和处理。薛定谔方程是关于电子波函数的波动方程,描述了电子能量(E)和动量(k)的关系。电子在不同的势场中有不同的运动规律,即不同的 E-k 关系,可通过设定薛定谔方程中所对应的势能项 V 推导出来。例如,对于不受外部电场作用的自由电子,属于势能为零的情况,薛定谔方程解出的波函数是具有抛物线 E-k 关系的平面波;对于原子核附近的束缚电子,受到原子核库仑力吸引,势能项是与电子到原子核距离成反比的,这时薛定谔方程解出的波函数就是描述围绕原子核运动电子的 s、p、d 轨

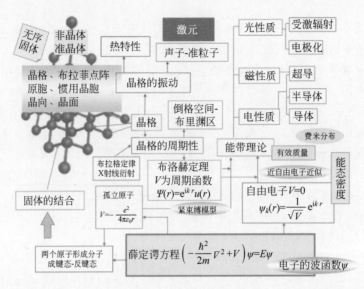

道；而对于晶体中的电子,处在晶格原子周期性的势场中,这时薛定谔方程的解就是布洛赫波函数,选取自由电子波函数或者束缚电子波函数为零级近似,均可推导出描述周期势场中电子运动状态的能带理论,这是固体物理中最核心的内容之一,也是分析固体电、磁、光等特性的基础。薛定谔方程同时适合研究描述原子热振动的声子,从而诠释固体的热特性。可以看到,固体物理中涉及的各种粒子、准粒子的运动规律均可以通过薛定谔方程来处理,本教材建立起来的知识体系架构有助于学习掌握固体物理的核心概念及其相互关系。

同时,针对电子信息科学与技术大类的专业特点,结合课程教学的实践经验,本教材调整了内容顺序。与多数的固体物理教材不同,这里将晶格振动-格波以及热特性的内容放到电子能带理论和固体电特性的章节之后,这样既有利于对声子这种准粒子能带概念的理解,也更加适合电子信息类的学生对于电子运动规律及固体电特性的集中掌握。

另外,作为物理学的一个分支,固体物理学是在经典物理、化学、量子物理与晶体学结合的基础上发展起来的。通过研究固体的微观结构及其基本规律来解释宏观的物质性质,包括固体的电、磁、声、光、热等特性的物理本质。本教材在相对应的章节中给出了关于这些研究历程的回顾,有助于学习者了解固体物理的发展脉络。

4. 使用情况

本教材以讲义的形式从 2011 年起开始使用,迄今有十余届学生使用。本教材每年都进行修订,经过十年的打磨,于 2022 年 11 月清华大学出版社出版,已印刷 4 次。目前已有多所高等院校作为教材使用。

5. 改进完善

第一版的教材出版后,目前正在收集使用者的反馈意见,未来将进一步完善教材内容,筹划教学辅助材料体系,方便学生学习。

6. 其他

本教材配有带讲稿的 PPT,作为辅助材料出版,目前已经完成了出版。

同时,正在制作主要章节的讲课小视频,配合教材一同提供,方便使用者学习。

7.10　《数字逻辑与处理器基础》

1. 教材情况

教材名称:《数字逻辑与处理器基础》,清华大学出版社

作者:汪玉、李学清、马洪兵、马惠敏

出版日期:2023 年 12 月

2. 教材内容

《数字逻辑与处理器基础》面向"如何使用数字电路与处理器完成计算任务"这一核心问题,围绕"数字电路"和"处理器"两个关键词展开。前者主要关注布尔代数、组合逻辑、时序逻辑等数字电路的基本原理和分析设计,后者侧重于指令集架构、汇编语言、处理器、存储器和外设等计算机基本原理和分析设计的相关内容。

第 1 章绪论。介绍数字电路和处理器的背景知识和发展历史,以及本书关注的核心问题及核心思想。

第 2 章数的表示与布尔函数。介绍数字电路的数学基础,包括二进制的表示与计算,逻辑与布尔函数,以及布尔表达式化简的相关知识。

第 3 章组合逻辑电路的分析与设计。介绍布尔表达式与开关电路的关系、组合逻辑的分析设计方法、相关评价指标以及常见的组合逻辑功能的实现与优化。

第 4 章时序逻辑分析与设计。介绍有限状态机和时序逻辑电路的分析与设计方法。前者作为一个重要的数学模型,是过程同步化的重要体现,也是时序逻辑电路的实现基础。后者介绍基本时序逻辑单元及典型时序逻辑电路的分析与设计的具体方法与思想。

第 5 章计算机指令集架构。以 MIPS 指令集为典型案例介绍计算机指令集系统,包括指令集架构的定义与重要意义、汇编语言及汇编程序的设计方法。

第 6 章单周期与多周期处理器。介绍单周期处理器和多周期处理器的概念、分析与设计方法,以及中断和异常的处理。

第 7 章流水线处理器设计。介绍面向 MIPS 指令集的流水线处理器设计,包括 MIPS 处理器的五级流水线设计、数据冒险和控制冒险。

第 8 章存储系统设计。介绍存储器的发展现状、层次结构存储系统、高速缓存技术和性能分析以及虚拟内存。

第 9 章计算机系统简介。介绍总线的定义和分类、总线的控制、外设的定义和分类、外设与计算机系统间的交互方式以及常用的总线标准及接口。

3. 教材特色

本书从"如何使用数字电路与处理器完成计算任务"这一核心问题出发,以"数值、时间及任务的离散化"作为核心思想,归纳总结了两套解决方案:为特定应用算法定制的专用硬件思路和各类应用算法通用硬件平台的软件思路。硬件思路与软件思路分别对应数字逻辑电路与处理器基础的核心内容。基于此,围绕"数字电路""处理器"两个关键词,本书构建起新的课程体系,建立了高效、深入、统一的学习框架,帮助读者掌握统一的数字电路和处理器分析与设计技能,理解、领悟其中的核心思想与理念。在数字电路部分,本书重点介绍集成电路的代数基础、组合逻辑与时序逻辑的基本概念、分析与设计方法、发展规律与核心思想。在处理器部分,本书重点介绍处理器的基本概念和原理、汇编基础知识、不同种类基础处理器的分析与设计方法、多级缓存的存储器架构、处理器的发展规律与核心思想。这两部分内容相辅相成,密不可分,共同组成了连接计算机软件和底层电路与器件的桥梁,在信息技术产业发展和电子信息知识体系中起着承上启下的重要作用。在传统的电子信息相关专业中,二者往往对应"数字电路""微机原理"两门课程,并分别配备对应的教学参考资料。本书融合了这两部分的内容,从一个更宏观的角度将两门课程进行统筹教学,并在清华大学电子工程系成功完成了一个学期学习这两部分内容的教学实践。

4. 使用情况

本课程最初以 PPT 形式进行授课,后经系统性整理和概括,编写了这本教材。现在本书已经经过多次修订,并给两届学生发放了电子版或预印版教材进行试用,广泛听取学生意见并获得学生好评。本书可以帮助读者在现代信息科学与技术的学科体系中,理解并融会贯通数字电路与处理器、硬件思路与软件思路的相互关系,掌握数字电路和处理器的基本原理、分析设计方法和利用电路解决实际问题的能力,领悟数字系统的设计思想与理念,为在信息技术产业的产业实践或科学研究打下基础。

5. 改进完善

进一步增加教材中生动形象、易于理解的实例和问题,在使内容更容易理解的基础上引发读者思考。增加时下最先进的技术(如新的处理器架构或指令集),结合时代发展,展望未来方向。

6. 其他

随教材配套有电子版资料供读者参考学习,包括课堂讲义、习题解答、课程设计。讲解重难知识点的短视频正在制作中。

7.11　《通信与网络》

1. 教材情况

教材名称:《通信与网络》,清华大学出版社

作者：陈巍、周世东、王劲涛、周盛、钟晓峰、李勇

出版日期：2025 年 4 月

2. 教材内容

本书拟从信息传输通道（约束）和信息传输方法（理论、技术）的相互关系入手，内容涵盖了传统的通信原理和计算机网络，并增加了信息论与互联网思想的介绍。全书拟分为两大部分：第一部分，介绍计算机网络的基本概念与协议，具体包括网络的应用层协议、传输层协议、网络层协议和 MAC 层协议，针对应用端口信道、端到端信道、多跳信道和多址信道，介绍相应的信息传输协议与算法，阐明信息传输方法与信息通道约束之间的联系。第二部分，介绍通信原理的基本概念与理论，具体包括差错控制、数字调制和压缩编码，针对对称二元信道、电平信道、传输一个符号的波形信道、基带波形信道、载波波形信道和速率限定信道，分别介绍差错控制码、电平映射与判决、波形映射与匹配滤波、无失真准则与带宽效率、无损和有损压缩、模拟信源的采样和量化等。

3. 教材特色

《通信与网络》同时涵盖通信原理、计算机网络两方面的内容，二者围绕着信息传输通道与信息传输方法的相互作用，相互之间辩证统一。电子信息学科的本科生需要对构建于通信原理之上的通信网络以及通信网络的数字通信基本原理都具有良好的认知与应用能力。在传统的电子信息专业课程设计中，相关内容通常用两门或者更多的课程加以涵盖，造成了学生课时负担沉重，而且两类问题间的关联无法显性地在教学中展现的情况。根据"通信与网络"课程"信道是信息的载体，通信算法和协议是处理信息，适应信道的手段，通信与网络的本质都是信道与处理方法间的相互作用"的全新理念，教材以此为线索安排内容，从更系统的视角审视通信与网络，帮助读者加深认识。

4. 使用情况

根据新的课程内容体系，在详细梳理之后，课程组已出版校内讲义《通信与网络》，主要材料已经在课程 PPT 中实际使用。

5. 改进完善

根据近年来课程讲授和实验课的实际情况，需进一步完善习题配套和指导书，筹划英文教材的编写，方便学生学习，促进"通信与网络"课程的海内外推广。

6. 其他

拟制作课程的配套视频，供在线学习。

第 8 章

教学成果展示

教学成果类

国家级和省部级教学成果奖（按时间顺序）

序号	项 目 名 称	获 奖 名 称	获奖时间
1	建立电子线路教学新体系	北京市教学奖	1989 年
2	信号与系统课程建设	北京市高教局教学奖	1989 年
3	系教学管理	北京市高教局教学奖	1989 年
4	微波与光电子学中的电磁理论	国家级高等教育教学成果二等奖	1997 年
5	《物理电子学与光电子学》重点学科建设	北京市高等教育教学成果一等奖	1997 年
6	电子线路系列课程建设	北京市高等教育教学成果二等奖	1997 年
7	《激光原理》教材	北京市高等教育教学成果奖一等奖	2001 年
8	创建信息科学领域优秀课程	北京市高等教育教学成果奖二等奖	2001 年
9	《半导体物理学》教材	北京市高等教育教学成果奖二等奖	2001 年
10	MOS 集成电路设计与实践	北京市高等教育教学成果奖一等奖	2004 年
11	《应用信息论基础》教材	北京市高等教育教学成果奖一等奖	2004 年
12	宽口径、厚基础、强实践、重创新——电子信息类实验教学的改革与实践	北京市高等教育教学成果奖二等奖	2008 年
13	基于现代学习理论和专业知识架构的电子信息类课程体系改革	北京市高等教育教学成果奖一等奖	2013
14	基于优势转化战略面向创新人才培养的电子工程专业实验教学改革与实践	北京市高等教育教学成果奖二等奖	2013
15	信号与系统（第 3 版）系列教材建设（教材）	北京市高等教育教学成果奖一等奖	2018
16	基于现代学习理论和专业知识架构的电子信息类成体系的课程建设与推广	北京市高等教育教学成果奖一等奖	2021
17	面向新兴产业，科教融合，集成电路设计人才培养的探索与实践	国家级高等教育教学成果一等奖	2022

优质特色课程

国家级精品课

通信电路（2010 年）

国家级一流本科课程

课 程 名 称	获 奖 名 称	获 批 时 间
数据与算法	国家级一流本科课程	2020 年
电子电路与系统基础(1)	国家级一流本科课程	2020 年
信号与系统	国家级一流本科课程	2022 年

北京市精品课程

课 程 名 称	获 奖 名 称	获 批 时 间
信号与系统	北京市精品课程	2006 年
通信电路	北京市精品课程	2009 年

北京市优质本科课程

课 程 名 称	获 奖 名 称	获 批 时 间
数据与算法	北京市优质本科课程	2019 年
信号与系统	北京市优质本科课程	2021 年
电子电路与系统基础(1)	北京市优质本科课程	2022 年
电子信息科学与技术导引(1)	北京市优质本科课程	2022 年
统计信号处理基础	北京市优质本科课程	2024 年

北京市优质本科教材/课件/教案

项 目 名 称	获 奖 项 目	获 批 时 间
电子信息科学与技术导引	北京市高校优质本科教材课件	2021 年
数据与算法	北京市高校优质本科教材	2022 年
信号与系统	北京市高校优质本科教案	2023 年
固体物理基础	北京市高校优质本科教材	2023 年
数字逻辑与处理器基础	北京市高校优质本科教材	2024 年
统计信号处理基础	北京市高校优质本科课件	2024 年
概率论与随机过程(1)(英)	北京市高校优质本科教案	2024 年

北京市思政示范课

统计信号处理(2021 年)

获奖教材

国家级和省部级优秀教材奖（按时间顺序）

序号	教材名称	作　者	获奖项目
1	信号与系统	郑君里　应启珩　杨为理	1983 年"世界通信年"全国优秀科技图书一等奖
2	激光原理	周炳琨　高以智　陈偶嵘　陈家骅	1987 年第一届全国优秀教材 1987 年电子部部级优秀教材特等奖
3	高频电路	吴佑寿　郑君里　肖华庭　李普成　杨行俊	1987 年第一届全国优秀教材 1987 年邮电部部级优秀教材特等奖
4	信号与系统	郑君里　杨为理　应启珩	1987 年第一届全国优秀教材
5	随机过程及其应用	陆大绘	1992 年部委级（机械部）优秀教材一等奖
6	光电子技术基础	彭江得　刘小明	1992 年部委级（机械部）优秀教材一等奖
7	电子器件	应根裕	1992 年部委级（机械部）优秀教材一等奖
8	集成电路制造技术原理与实践	庄同曾	1992 年部委级（机械部）优秀教材一等奖
9	摄像与显示器件原理	孙伯尧　应根裕	1992 年部委级（机械部）优秀教材一等奖
10	表面分析技术	陆家和　陈长彦	1992 年部委级（机械部）优秀教材一等奖
11	通信电路原理	董在望　肖华庭	1992 年部委级（教育部）优秀教材二等奖
12	微波电路计算机辅助设计	高葆薪　洪兴楠　陈兆武　冀复生　李章华	1992 年部委级（机械部）优秀教材二等奖
13	导波光学	范崇澄　彭吉虎	1992 年部委级（机械部）优秀教材二等奖
14	MOS 集成电路分析与设计基础	张建人	1992 年部委级（机械部）优秀教材二等奖
15	电视接收机	秦　士　陆延丰　郑祜伟　李国定	1992 年部委级（机械部）优秀教材二等奖
16	微波声学	陈戈林　乐光启	1992 年部委级（机械部）优秀教材二等奖
17	电子线路实验（第 2 版）	诸昌清　武元祯　雷有华	1995 年部委级（国家教委）优秀教材一等奖
18	人工神经网络	杨行俊　郑君里	1995 年部委级优秀教材（国家教委）二等奖
19	微波与光电子学的电磁理论	张克潜　李德杰	1995 年部委级（电子部）优秀教材一等奖
20	现代通信原理	曹志刚　钱亚生	1995 年部委级（电子部）优秀教材一等奖

序号	教 材 名 称	作 者	获 奖 项 目
21	电子离子光学计算机辅助设计	孙伯尧　汪健如	1995 年部委级（电子部）优秀教材一等奖
22	超大规模集成电路设计方法学导论	杨之廉	1995 年部委级（电子部）优秀教材一等奖
23	软件应用技术基础	徐士良　朱明方	1995 年部委级（电子部）优秀教材一等奖
24	微波有源电路	赵国湘　高葆新	1995 年部委级（电子部）优秀教材二等奖
25	数字电路与系统	刘宝琴	1995 年部委级（电子部）优秀教材二等奖
26	电视原理实验	尤婉英　颜慧真　郑祐伟	1995 年部委级（电子部）优秀教材二等奖
27	微波技术	李宗谦　佘京兆	1995 年部委级（电子部）优秀教材二等奖
28	MOS 数字大规模及超大规模集成电路	徐葭生	1995 年部委级（电子部）优秀教材二等奖
29	微波与光电子学中的电磁理论	张克潜　李德杰	1997 年电子部科技进步奖一等奖
30	电子电路的计算机辅助分析与设计方法	汪蕙　王志华	1998 年教育部科技进步奖科技教材评选三等奖
31	图象工程（上册）图象处理与分析 图象工程（下册）图象理解与计算机视觉	章毓晋	2002 年全国普通高等学校优秀教材评选一等奖
32	信号与系统（上、下）（第 2 版）	郑君里　应启珩　杨为理	2002 年全国普通高等学校优秀教材评选二等奖
33	超大规模集成电路设计方法学导论（第 2 版）	杨之廉　申明	2002 年全国普通高等学校优秀教材评选二等奖
34	数值分析与算法	徐士良	2004 年北京市高等教育精品教材
35	应用信息论基础	朱雪龙	2004 年北京市高等教育精品教材
36	通信电路原理（第 2 版）	董在望　陈雅琴　雷有华　肖华庭	2004 年北京市高等教育精品教材
37	电磁场理论基础	王蔷	2004 年北京市高等教育精品教材
38	电子线路基础（第 2 版）	高文焕　李冬梅	2006 年北京市高等教育精品教材
39	C 程序设计	徐士良	2006 年北京市高等教育精品教材
40	高等模拟集成电路	董在望　李冬梅　王志华　李永明	2008 年北京市高等教育精品教材
41	图像工程（第 2 版）	章毓晋	2008 年北京市高等教育精品教材
42	图像工程（上、中、下册）（第 2 版）	章毓晋	2008 年度普通高等教育精品教材；2008 年高等教育"十一五"精品教材

续表

序号	教材名称	作者	获奖项目
43	计算机软件技术基础(第2版)	徐士良　葛兵	2008 年度普通高等教育精品教材
44	计算机网络教程	黄永峰　李星	2010 年中国电子教育学会优秀教材一等奖
45	电子电路实验	高文焕　张尊侨 徐振英　金平 许忠信	2011 年全国普通高等教育精品教材
46	信号与系统——MATLAB综合实验	谷源涛　应启珩 郑君里	2011 年全国普通高等教育精品教材
47	图像工程(上、中、下册)第3版	章毓晋	2013 年北京高等教育精品教材
48	随机过程及其应用	陆大绘　张颢	2013 年北京高等教育精品教材
49	信号与系统(第 3 版)上、下册	郑君里　应启珩 杨为理	2021 年首届全国教材建设奖全国优秀教材二等奖
50	图像工程(上、中、下册)第4版	章毓晋	2021 年首届全国教材建设奖全国优秀教材二等奖

第 9 章

研讨培训活动

　　清华大学电子工程系自建系以来，始终坚持以立德树人作为根本任务，以服务国家作为最高追求，推动世界一流学科建设，并希望与国内外的同行进行深入的合作交流，共同为电子信息科学与技术的发展创造良好的学术生态环境，在我国高校本科教育教学改革中充分发挥出经验、出示范的重要作用。

　　为了适应学科和产业的发展变化，满足社会对创新型工程人才的需求，切实实现厚基础、宽口径、多样化的本科培养模式，清华大学电子工程系于 2007 年开展本科课程体系改革，于 2009 年确立以"信息载体与系统的相互作用"为统领的电子信息科学大类本科知识结构的核心概念，于 2011 年形成以 10 门专业核心课为主体的新课程体系，于 2017 年开始出版"清华大学电子工程系核心课系列教材"。

　　基于教学改革的实践开展广泛研讨，对交流教学改革思路、分享课程建设成果、切磋教学经验、消除教学实践中的困惑、提高教育教学水平是非常有意义的。为此，清华大学电子工程系举办了系列教学改革研讨会、核心课程师资培训班，以教育改革、专业建设、课程教学、教学研究等为主题，构建交流共享机制，开展课程师资培训，充分发挥国家级教学团队、教学名师、一流课程的示范引领作用，推广成熟有效的人才培养模式、课程实施方案，为广大高校教师搭建一个交流学习的平台，以加快建设高水平本科教育，全面提高人才培养能力，为高等教育高质量发展提供有力支撑。

　　自 2012 年以来，清华大学电子工程系和清华大学出版社联合发起、举办了高校电子信息科学类课程教学改革研讨会（共 8 届）、高校电子信息类核心课程师资培训班（共 5 期），共有来自国内 600 多所高校的 3000 多位教师参加了上述会议，上述会议已经成为高等电子工程领域极具影响力和号召力的重要教学活动，得到了兄弟院校的广泛好评和积极响应，在电子信息类人才培养过程中发挥了积极的带动作用。

1. 高校电子信息科学类课程教学改革研讨会

　　2012 年 11 月 3—4 日，第 1 届教学改革研讨会在清华大学举办，来自国内 50 多所高校的 130 多位教师参加。围绕《电子信息科学类课程体系改革的理论与实践》《"电子信息科学与技术导引"课程建设》《"计算机程序设计基础"课程建设》《"数字逻辑与 CPU"课程建设》《"电子电路与系统基础"课程建设》《实验教学改革与实践》等内容展开研讨。

　　2014 年 5 月 24—25 日，第 2 届教学改革研讨会在清华大学举办，来自国内 60 多所高校的 160 多位教师参加。围绕《电子信息科学与技术核心知识体系梳理与课程改革进展》《"计算机程序设计"系列课程建设》《"通信与网络"系列课程建设》《"媒体与认知"课程建设》《"电子电路与系统基础"课程建设》等内容展开研讨。

2015 年 5 月 30—31 日,第 3 届教学改革研讨会在清华大学举办,来自国内 70 多所高校的 180 多位教师参加。围绕《电子信息科学类核心课程建设进展情况》《"数字逻辑与处理器"课程建设进展》《网络课程的教学设计研讨》《无线通信专业应用类课程设计思考》《电子系实验类课程建设进展》《"电子系统设计"课程建设初探》等内容展开研讨。

前 3 届教学改革研讨会由清华大学电子工程系主办、清华大学出版社承办,共有来自国内 150 多所高校的近 500 位教师参加。针对教学改革研讨会,清华大学电子工程系做了充分的准备,既有课程体系的整体设计,又有具体课程的改革实践;既有单门课程的整合,又有系列课程的衔接,通过多门课程、多个报告向兄弟院校展现电子工程系教学改革的整体面貌和最新进展。参会教师与电子工程系的教师交流了各自关心的教改和教学问题,各兄弟院校的同行进行了深入的探讨。兄弟院校的建议和意见,对于电子工程系的教学工作也很有启发和帮助,感谢同行的热切关注。

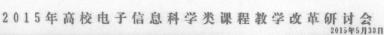

随着教学改革研讨会的深入开展，兄弟院校的参与热情高涨，向清华大学电子工程系提出联合举办的意向，本着开放共享、合作共赢的精神，电子工程系将接力棒交给了兄弟院校，教学改革研讨会走出了北京。自 2016 年开始，先后在电子科技大学、国防科技大学、北京邮电大学、东南大学等兄弟院校举办了 5 届教学改革研讨会，影响力和辐射面进一步扩大。

2016 年 5 月 28—29 日，第 4 届教学改革研讨会由电子科技大学通信与信息工程学院主办、清华大学出版社承办，来自国内 90 多所高校的 280 多位教师参加。围绕《从 4G 到 5G 的发展，看人才培养新需求》《通信大类人才培养体系的演进》《通信类课程的改革举措与进展》《网络类课程体系建设》《电路类课程的融合与建设进展》《信号类课程建设进展》《通信与信息系统实验体系与平台建设的思考》《互联网＋复合人才培养计划的实施》《通信工程专业建设改革与实践（北京邮电大学）》《电子科学与工程学院人才培养实践（国防科学技术大学）》等内容展开研讨。

2017 年 5 月 20—21 日,第 5 届教学改革研讨会由国防科学技术大学电子科学与工程学院主办、清华大学出版社承办,来自国内 100 多所高校的 270 多位教师参加。围绕《电子科学与工程学院人才培养简介》《加强信息处理类课程体系建设,应对智能化的挑战和需求》《随机信号处理系列课教学改革实践》《基于在线开放课程的电路系列课程教学改革与实践》《面向重大工程实践的高水平人才培养模式探索》《深化通信工程专业教学改革的探索与思考》《电子工程专业实践教学改革探索与实践》《电子技术创新实践能力培养模式探讨》《电子信息科学类课程教改进展(清华大学)》《校企共同推进 ICT 人才培养的探索与实践(东南大学)》《基于创客教育的专业导论课程改革与实践(北京邮电大学)》等内容展开研讨。

2018 年 6 月 9—10 日,第 6 届教学改革研讨会由北京邮电大学信息与通信工程学院主办、清华大学出版社承办,来自国内 90 多所高校的 260 多位教师参加。围绕《北京邮电大学信息与通信工程学院一流学科建设情况介绍》《中国工程教育专业认证体系与认证过程》《信通学科研究生国际化教学的探索与实践》《信息与通信工程专业大类人才培养课程体系改革探讨》《从"通信原理"谈课程教学》《"现代通信技术"课程教学改革情况介绍》《新形势下电路类课程理论与实践紧密结合的全时空教学模式探索》

《面向工程认知及创新素质培养的专业导论课改革实践》《多位一体创新创业教育模式的研究与实践》《"虚实结合-多径培养"新工科电子信息类实践教学改革探索》《坚持育人理念,持续推进教改(清华大学)》《信息工程基础课程教学改革的探索与实践(东南大学)》等内容展开研讨。

2019 年 5 月 11—12 日,第 7 届教学改革研讨会由东南大学信息科学与工程学院主办、清华大学出版社承办,来自国内 90 多所高校的 260 多位教师参加。围绕《东南大学信息科学与工程学院教学改革与学科建设》《面向工程教育专业认证的在线开放课程建设》《电子信息类课程中的"变"与"不变"》《光移动通信》《智能无线传输理论与关键技术》《超高速毫米波无线通信》《超材料:从人工结构到信息处理部件》《"数字电路与系统"课程教学改革与实践》《电子信息类新工科人才培养模式的改革与实践(南京大学)》《区域协同多方位网络安全人才培养模式探索》《产出导向、多方协同:电子信息类专业工程教育改革与实践(南京邮电大学)》《"电子线路"课程教学改革(南京航空航天大学)》《如何促进学生有效学习(南京理工大学)》等内容展开研讨。

2024 年 4 月 20—21 日,第 8 届教学改革研讨会由国防科技大学电子科学学院主办、清华大学出版社承办,来自国内 70 多所高校的 200 多位教师参加。围绕《依托国家重大工程,锻造电子信息领域高层次人才》《战略性新兴领域"十四五"高等教育教材体系建设:新一代通信技术》《科研教学深度融合,努力培养电子信息创新人才(北京大学)》《一流通信技术人才培养探索与实践(复旦大学)》《围绕实战,着眼能力,构建电子信息精品教学体系》《科学普及与科技创新"两翼齐飞"》《督与导的思考》《突出特色,注重实效,建设军地协同虚拟教研新生态》《雷达电子战领域高端人才一体化培养模式探索》《信号处理系列课程建设与新形态课程资源探索》《系统融入课程思政,不断深化"通信原理"教学改革》《研究生核心课程"统计信号处理"教学改革与实践》《教研结合、理实融合,"雷达原理"课程建设经验交流》《"案例+"的"数字信号处理"课程教学探索》等内容展开研讨。

由清华大学电子工程系发起的教学改革研讨会，形式新颖、内容优质，遴选国内顶尖院系的主管领导和教学名师作报告，自顶向下展示一个学院的整体设计和培养全貌，对于兄弟学校极具学习价值和参考作用，得到参会高校和教师的高度评价，已经成为高校电子信息领域教师沟通、交流的重要平台，在电子信息类专业的教育教学和人才培养过程中起到了示范引领作用。

2. 高校电子信息类核心课程师资培训班

2018 年 12 月 8—11 日，第一期课程师资培训班在清华大学举办，来自国内 64 所高校的 140 多位教师参加。主要围绕"电子电路与系统基础""数据与算法"两门核心课展开，包括《清华大学电子信息学科本科教改介绍》《人工智能新时代——机遇与挑战》、Neural Networks on Chip：From CMOS Accelerators to In-Memory-Computing、《未来移动通信传输与网络技术展望》《"电子电路与系统基础"课程进展》《电子信息专业编程与算法教学的探索》《新工科形势下电子信息类实验课程建设》等大会报告，以及"电子电路与系统基础""数据与算法"两个分会场。

2019年5月18—22日,第二期课程师资培训班在清华大学举办,来自国内50多所高校的80多位教师参加。主要围绕"信号与系统""计算机程序设计"两门核心课展开,包括《清华大学电子信息学科本科教改介绍》《全球导航卫星系统的最新进展及面临的挑战》《电子工程实验教学中心平台建设探索》《面向"实战"的计算机程序设计课程改革》《"信号与系统"课程建设探索》《面向智慧城市的时空大数据模式挖掘与行为预测》等大会报告,以及"信号与系统""计算机程序设计"两个分会场。

前两期培训班都是在线下进行,为期4天,围绕电子信息核心课程展开,内容丰富,形式创新,不仅包括前沿技术的学术报告,核心课程的整体介绍、课程报告(大会场)、课程示范(分会场),还包括实验室参观、实验课讲解和动手实践,以及与学生一起随堂听课(大班授课、小班教学),与教师一起交流研讨(课程分组)等,精彩纷呈。

2021年12月25日,由于新冠疫情的影响,第三期课程师资培训班在线举办,来自国内150多所高校的近300位教师报名参加,还有数百位教师观看了直播。主要围绕"通信与网络""概率论与随机过程"两门核心课以及综合实践课程展开,包括《电子工程系教学整体情况介绍》《电子信息科学与技术大类课程体系》《"通信与网络"课程结构与知识难点新讲》《"概率论与随机过程"教学经验分享》《低年级导引综合实践,课程赛课结合的尝试》等内容,以及"通信与网络""概率论与随机过程""实验课程教学"3个分会场。

2023年10月29—31日,高校电子信息核心课程研讨会(第四期)(原课程师资培训班改名)在清华大学举办,来自国内30多所高校的近100位教师代表参会。主要围绕"媒体与认知"和"固体物理基础"两门核心课展开,包括《清华大学电子工程系本科课程教改情况整体介绍》《清华大学电子工程系实验课程体系建设探索》《因材施教人才培养模式探索》《校企共建课程介绍》《"固体物理基础"课程介绍》《"媒体与认知——一种现代机器学习方法"课程介绍》《"数字逻辑与处理器基础"课程介绍》《"通信与网络"课程介绍》《"智能机器人设计与实践"课程介绍》等大会报告,以及"媒体与认知""固体物理基础"两个分会场。

2024 年 11 月 16—19 日,高校电子信息核心课程研讨会(第五期)在清华大学举办,来自国内 40 多所高校的 130 多位教师代表参会。主要围绕"数字逻辑与处理器基础"(核心课)和"智能机器人设计与实践"(限选课)展开,包括《清华大学电子工程系本科课程教改情况整体介绍》《人工智能赋能人才培养的思考与实践》《从电子信息专业基础构建机器学习系列课程的尝试》《学科融合趋势下电子信息学科实验教学课程体系改革探索》《"数字逻辑与处理器基础"课程介绍》《"智能机器人设计与实践"课程介绍》《"电子电路与系统基础"课程介绍》《因材施教集成电路方向项目介绍》《本研贯通课程"高等模拟集成电路"课程介绍》等大会报告,以及"数字逻辑与处理器基础""智能机器人设计与实践"两个分会场。

　　课程师资培训班得到了参会教师的一致认可，他们对精彩的报告、优秀的课程、杰出的教师给予了高度评价，表示开阔了视野，提升了认识、明确了方向，期待参加后续的、更深入的培训，学习先进的教育理念，跟进全新的课程体系。

　　教学改革研讨会、课程师资培训班的成功举办，得益于清华大学电子工程系"数十年磨一剑"的深厚积累，清华大学出版社的精心组织。清华大学电子工程系和清华大学出版社将继续密切合作，推出更丰富、更精彩的活动，为推动高等电子工程教育改革，促进高水平创新型人才培养，发挥示范引领作用。

后　记

在这本书稿即将收尾的珍贵时刻,恰逢2024年全国教育大会的召开,这无疑为我们的工作增添了更为深远的意义和使命。2024年全国教育大会正是在全球科技竞争加剧、信息技术日新月异的时代背景下召开的一次具有里程碑意义的大会。习近平总书记系统部署了全面推进教育强国建设的战略任务和重大举措,为建设教育强国指明了前进方向、提供了根本遵循。教育强国不仅强调了教育在推动经济社会进步中的基础性作用,更明确了教育科技人才体制机制一体改革在支撑国家创新驱动发展战略中的关键地位。在此背景下,《清华大学电子信息大类课程体系改革与实践》的出版,不仅是对清华大学电子工程系多年来教育教学改革实践的总结与提炼,更是对国家教育强国建设的积极响应。

自1952年建系以来,清华大学电子工程系(以下简称电子系)一直以服务国家为最高追求,努力为国家和社会输送优秀人才。电子系的发展历程见证了我国电子信息学科的蓬勃兴起。成立之初,电子系设置了无线电工程、无线电物理、电真空技术、电子学物理、半导体五个专业,为我国电子信息领域培养了第一批专业人才。随着电子技术的发展,本科专业方向逐渐拓宽为通信、雷达、图像、信息、线路、微波、半导体、光电、电物,旨在让学生毕业后能迅速投入相关领域的工作中。这种专业架构以及相应课程体系的设计,充分体现了电子系对于批量培养工程师目标的追求,也满足了当时社会对专业人才的需求。

随着时间的推移,特别是进入21世纪以来,电子信息技术迅猛发展,学科的发展和创新要求更完备的知识体系和更广泛的交叉融合,电子系积极响应学科发展的内在要求和国家战略需求,探索宽口径、厚基础的人才培养模式。电子系于2005年将电子信息工程与电子科学与技术专业合并,以电子信息类专业招生,开始了本科大类培养模式的初步探索。面对本科教育中知识的不断增长与有限学时之间的基本矛盾,电子系于2007年启动了教学改革,梳理学科知识体系,经过十多年的不懈努力,电子系已经建成了涵盖电子信息大类基础知识的统一课程体系,包括丰富的理论和实验课程,并建设了完整的英文课程体系,以适应国际化的教育需求,并逐步形成了"基础夯实、前沿导引、本研贯通"的教育理念,为拔尖创新人才培养奠定了坚实的基础。

新的课程体系自2011级起全面实施,以"信息载体与系统的相互作用"为核心概念,构建出电子信息大类的完整知识架构,电子系在此基础上建设了十门核心课和与之匹配的实验课、限选课和自主发展课程。数理基础课程和十门核心课为学生打下牢固基础;限选课引领学生进入自己感兴趣的专业领域;自主发展课程灵活设置,在传授专业知识的同时紧跟产业和科学研究前沿。实验课程体系与理论课程体系匹配，一方面提高学生的实践能力，另一方面注重系统概念，帮助学生建立对电子信息系统的整体理解与认知。与此同时，课程体系中专门建设了"电子信息科学技术导引"课程，向学生介绍电子信息的核心概念，学科知识发展的历史和前沿，帮助学生更快构建电子信息的知识体系，学生亲切地称这门课为"MAP课"。在教学过程中，教师还融合了思政元素，注重价值塑造、能力培养和知识传授的深度交融，积极培养学生的社会责任感与爱国情怀。

课程体系的建立需要全系教师的长期付出，通过教学委员会、青年教师论坛等平台，教师开展多层次深入研讨，形成统一思想，并不断探索和创新教学方法，提高教学质量，课程的持续改进也得到了学生的好评。经过多年的深耕细作和创新探索，课程体系的教学成果显著并得到广泛认可，目前，十门核心课中已有3门课程被认定为国家级一流本科课程，5门课程获市级优质课程；教材建设方面，已出版8部核心课教材，获评国家级优秀教材2部、市级优秀教材4部。

在本科生课程体系"基础夯实"的前提下，电子系也在不断完善"前沿导引"的培养模式，将科学研究和产业发展的前沿融合到日常教学中，激发学生的好奇心和求知欲，引导学生进入自己感兴趣的专业方向。电子系于2018年起开始探索校企协同育人的新模式，与重点企业合作，批量化开设校企共建课程。一方面，建设面向产业前沿的理论课程，如与微软亚研院共建的"高等机器学习"，与上海人工智能实验室共建的"人工智能技术导论"，与华为公司共建的"智能基座"课程组等。截至目前，已开设9门校企共建课程，每年有近300位学生选课。另一方面，电子系和企业合作共建综合系统实验课程，发挥产业界的平台优势，如与大疆公司合作的"智能无人机技术设计实践"，与乐聚公司合作的"智能机器人设计实践"，帮助学生在先进的研发平台上实践一个较为完整的电子信息系统，深受学生的喜爱，两门课均入选了"教育部产学合作协同育人项目"。

在教学体系中，电子系一直重视本研培养过程的衔接与贯通。本科生教学改革更注重"宽口径、厚基础"的培养模式，强调学科的基础知识体系；研究生培养更多要面向专业，要求学生迅速掌握前沿、交叉技术。本研培养目标的变化，要求我们做好本科和研究生培养之间的衔接，在本科生以学科为主的培养方案中适度灵活地安排专业方面的教育，构建"本研贯通"的培养体系。电子系于2021年开设"因材施教"特色项目，面向国家重大需求，启动光电子、AI+系统、集成电路和未来通信四个培养方向，通过构建丰富的第一课堂和第二课堂融合的教学环节，如跨校学术交流、参与高端学术会议及产业实践、海外访学等，搭建起理论与实践、学习与创新的桥梁，为学有余力的学生提供专门的科研指导和产业实践条件。经过三年多的实践积累，该项目已成功举办了上百次国内外产教融合的交流活动，获得电子信息行业内十多家科技领军企业的支持,招收了 219 名优秀学生。与此同时,电子系整体调整本科生和研究生专业课程设置,减少冗余,加强本研课程衔接,本研学生可按需选修贯通课程,为本科生提供更广泛的专业课程,引导学生进入研究领域。

通过持续不断深化的教育教学改革,当前电子系的本科培养体系日臻完善,电子系培养出的本科生无论在国内还是在国际上,都可以说是出类拔萃,以学术界为例,我们优秀的本科毕业生已有相当一批在世界顶尖高校担任教职。但我们也清醒地认识到,我们的研究生培养与世界顶尖高校还有差距,研究生是就业主体,研究生培养的质量直接关系到我们向国家输送的人才能否完成强国使命。因此,2020 年我们在"十四五"规划中,提出了培养世界一流研究生的抓总目标。电子信息类的研究生人才培养面临产业要素快速演进与大学有限教育资源之间的矛盾,解决这个矛盾的关键就在于探索科教融合和产教融合育人新模式,将人才培养、科学研究和社会服务有机结合起来,形成更加高效、协同的创新生态体系,真正做到"解决真问题,真解决问题"。围绕上述目标,电子系主要有三大推进方向,分别是数字化、社会化、国际化。数字化是为了提升协同创新体系的效率,社会化是科教融合、产教融合的发展路径,国际化是人才培养和学科建设的视野和格局。尤其是社会化,我们贯彻习近平总书记"三个第一"有机结合的重要指示精神,与央地政府和科技领军企业开展合作,有效构建学科产业生态,打通科技成果转化输出和社会信息输入的闭环链条,共同搭建"政、产、学、研、金"的交叉学科生态,努力打破教育界、学术界、产业界的边界,形成了更加开放和协同的人才培养环境。这样的学科生态有力地支持了本科生的"因材施教"计划,使学生可以有组织地调研学科生态企业,了解产业前沿,并且到我们深耕合作的地方政府交流,看到更加真实的中国式现代化的万千气象。清华大学天津电子信息研究院、合作的领军企业如中国移动、学科生态企业如华慧芯科技公司都作为我们的工程硕士培养基地,使硕士研究生能够看到来自产业的真实的工程问题。我们也与 10 家科技领军企业合作培养工程博士,通过深化与企业的合作,使全部研究生在校期间能够参与到实际的科研项目或企业实践中,有效提升了学生的实践能力和创新能力。这些措施不仅增强了学生的竞争力,也有助于他们未来的职业发展。

2022 年至 2023 年,随着教育教学改革的日渐深入,电子系的人才培养也必须在更高的站位上,与全国高校一同探讨中国特色的电子信息学科人才培养模式。此背景下,电子系基于十多年来在育人方面的思考,与全国电子信息学科的同仁合作,通过推动搭建全国高校电子信息学科产学研用资互助交流共享平台和专业教育人才培养联合体,共同应对电子信息领域快速发展中人才培养与产业需求之间的不匹配,以及学科建设面临的不充分、不平衡等挑战。通过集体智慧与努力,培养出更多具有深厚理论功底和实战能力的电子信息人才,为中国电子信息产业的跨越式发展提供坚实支撑,助力实现强国建设的宏伟目标。

　　基于此,2024年4月,清华大学电子工程系参与推动筹建的中国电子学会高校电子信息学科建设推进委员会正式揭牌,标志着这一平台建设迈出了坚实的一步。2024年8月,由中国电子学会主办,中国电子学会高校电子信息学科建设推进委员会和清华大学电子工程系联合承办的第十八届中国高校电子信息学院院长(系主任)年会暨第一届全国高校电子信息学科建设大会在清华大学成功举办。来自全国高校的近400位院系院长、系主任或学科负责人齐聚一堂,围绕电子信息学科建设、人才培养、学术研究和产业转化等核心议题,深入分享了各自的发展经验,交流了多样化的培养方案,并探讨了创新的合作模式。同年9月,新一代信息通信技术领域卓越工程师培养联合体揭牌成立,进一步推进了信息通信技术领域高校和产业协同育人生态建设步伐。这些不仅是对我们过去课程体系改革与实践努力的肯定与延续,更是对中国电子信息学科未来发展的期许与承诺。

　　前述的历程,记录了电子系教育教学改革一路走来的艰苦求索,相信读者在阅读本书的过程中也会有更深的体会。本书的编纂,集合了清华大学电子工程系几乎所有教师的心血与智慧。本书每一章节都经过精心策划与撰写,书中融入了教师在教学实践过程中的真实经验,使得本书内容既有理论深度,又具实践广度,不仅为读者提供了宝贵的学习资源,更为其他高校的教学改革提供了可借鉴的范例。此外,清华大学出版社也为本书的出版提供了专业、高效的支持与帮助,在此,我们向所有参与此书的老师、工作人员表示由衷的感谢。

　　当前,电子信息技术仍在不断变革发展,人类对于电子信息学科的知识积累也在不断增加,电子信息学科的知识体系也需要持续发展。这就要求我们对课程体系要不断完善更新,比如随着人工智能技术的发展,在媒体与认知方向上的知识发展就要求我们进一步积累知识、梳理课程,下一步我们要开展新一轮课程建设,以适应电子信息技术的蓬勃发展,希望能与全国乃至全世界的教育同行一道努力。

　　同时,我们也深知,任何一项工作都难免存在不足之处,本书自然也不例外。我们衷心欢迎广大读者、专家学者以及同行对本书提出宝贵的批评与建议,帮助我们不断完善与提高。我们相信,通过大家的共同努力与批评指正,我们一定能够取得更大的进步。我们也期待本书的出版能够为广大读者提供有益的参考与借鉴,进一步共同推动我国电子信息高等教育事业的发展与进步。这一征程,我们满怀信心,让我们携手并进,为建设电子信息学科更加美好的未来而努力奋斗!

汪　玉

2024年12月